the offer you can't refuse

the offer you can't refuse

Wat als klanten meer willen dan een uitstekende service?

Steven Van Belleghem

LANNOO CAMPUS | VAN DUUREN MANAGEMENT

Ook verschenen in het Engels: *The Offer You Can't Refuse,* LannooCampus, 2020.

D/2020/45/359 – ISBN 978 94 928 7305 7 – NUR 802

Vormgeving omslag en binnenwerk: Karl Demoen

Uitgeverij LannooCampus maakt deel uit van Lannoo Uitgeverij,
de boeken- en multimediadivisie van Uitgeverij Lannoo nv.

Uitgeverij LannooCampus
Vaartkom 41 bus 01.02
3000 Leuven
België
www.lannoocampus.be

Van Duuren Management BV
Triosingel 38
4101 XC Culemborg
Nederland
www.vanduurenmanagement.nl

Inhoud

HOOFDSTUK 2.
HET OFFER YOU CAN'T REFUSE MODEL

DEEL 2. GENERAL PURPOSE TECHNOLOGIES

HOOFDSTUK 3.
VIER TECHNOLOGIEËN DIE VERDER KUNNEN GAAN DAN HET ULTIEME GEBRUIKSGEMAK

DEEL 3. STRATEGIEËN VOOR 'THE OFFER YOU CAN'T REFUSE'

HOOFDSTUK 4. DE ULTIEME CONVENIENCE

HOOFDSTUK 5. PARTNER IN LIFE

HOOFDSTUK 6.
SAVE THE WORLD

DEEL 4. SUCCESVOLLE IMPLEMENTATIE

HOOFDSTUK 7.
THE OFFER YOU CAN'T REFUSE VOOR DE MEDEWERKERS

HOOFDSTUK 8.
HET ZANDLOPERMODEL – EEN PRAKTISCH INNOVATIEMODEL

HOOFDSTUK 9.
DO IT BETTER

introductie

Maatschappelijke uitdagingen

Op haar zestiende werd Greta Thunberg verkozen als TIME's Person Of The Year 2019. Daarmee werd de Zweedse klimaatactiviste de jongste *'person of the year'* ooit. Thunberg heeft haters en lovers. Sommige mensen waren fan van de grote klimaatbetogingen van 2019, anderen vonden het net verschrikkelijk dat kinderen niet naar school gingen om te kunnen betogen. Haar beroemde *'How dare you!'*-quote op een bijeenkomst van wereldleiders bij de Verenigde Naties kon zowel op applaus, als op boegeroep rekenen. De reacties op haar activiteiten zijn heel dubbel.

Los van de polarisatie zal iedereen echter beamen dat de klimaatdiscussie nooit hoger op de agenda stond, dankzij het activisme van Greta Thunberg en haar volgers. De voorbije maanden zijn er over heel de wereld initiatieven opgestart om de klimaatverandering tegen te houden. Meer en meer bedrijven ondernemen acties om hun ecologische voetafdruk te verkleinen. De maatschappij kijkt dan ook steeds meer naar ondernemingen om maatschappelijke problemen aan te pakken. Het vertrouwen in bedrijven is groter dan het vertrouwen in de overheid, blijkt uit een jaarlijkse studie van het Amerikaanse pr- en marketingadviesbureau Edelman.[1]
Bedrijven als Unilever, Danone, Salesforce, Nestlé en vele andere hebben heel duidelijke klimaatdoelstellingen, die in lijn zijn met de maatschappelijke ambitie om de klimaatopwarming te beperken.[2] Jeff Bezos, CEO van Amazon, besliste in februari 2020 om tien miljard dollar te investeren in een fonds tegen klimaatverandering. Dat geld zal gebruikt worden om wetenschappers en activisten te ondersteunen in hun activiteiten tegen de opwarming van de aarde.
Het is duidelijk dat zowel het bewustzijn als de acties omtrent ons klimaat zich in een stroomversnelling bevinden. Maar ondanks de hoopvolle berichten, valt het op dat slechts 25 procent van de bedrijven een echt klimaatplan heeft.[3] De opportuniteiten om daar als maatschappij in te groeien, zijn nog gigantisch.

Mensen maken zich meer dan ooit dagelijks zorgen over maatschappelijke uitdagingen. De klimaatproblematiek is daarbij slechts een van de grote bezorgheden van de gemiddelde burger. Uiteraard staat gezondheidszorg ook in die lijst van zorgen.
Door de onverwachte uitbraak van het coronavirus zijn we allemaal met onze neus op onze zwaktes gedrukt. De mensheid is kwetsbaar en alleen door ongeziene samenwerkingen tussen burgers, bedrijven, wetenschappers en politici kunnen we de strijd tegen dit verschrikkelijke virus winnen. Elk bedrijf is voortaan ook actief in de gezondheidszorg. Dat belangt ons allemaal aan.

De verwachtingen van klanten zullen de komende jaren ook steeds meer gekleurd worden door hun maatschappelijke bezorgdheden. Almaar meer consumenten zullen op zoek gaan naar bedrijven die hun verantwoordelijkheid voor de maatschappij nemen.

De grootste digitale transformatie ooit

Tegelijk slaan de verwachtingen van klanten niet alleen op de maatschappelijke problematiek. Voor de meeste consumenten staan hun persoonlijke uitdagingen, dromen, angsten en verlangens trouwens helemaal bovenaan de lijst. Alleen goed doen voor de maatschappij zonder de basisverwachtingen van klanten (inzake prijs, product en service) in te lossen, is dan ook bijna niet mogelijk. Bedrijven staan voor de opdracht om ook de persoonlijke uitdagingen van klanten mee te helpen aanpakken.
In 2020 hebben we de grootste digitale trainingscursus ooit meegemaakt. Iedereen – jong, oud, rijk, arm, voor- en tegenstanders – kon niet anders dan tijdens de grote lockdown digitale tools te gebruiken. Zowel om te werken, te communiceren en te ontspannen als om producten aan te kopen, was iedereen op digitale kanalen aangewezen.
Consumenten stortten zich volledig op het digitale, waardoor de leercurve en het gebruik een ongeziene piek meemaakten. De *chief technology officer* van Shopify, het grootste e-commerceplatform voor handelaars en bedrijven, zei eind april 2020: 'Het dagelijks aantal aankopen via het web is nu vergelijkbaar met het aantal aankopen op Black Friday.'[4] Black Friday en Cyber Monday zijn de drukste online shoppingdagen van het jaar in de Verenigde Staten. Die jaarlijkse piek werd plots het daggemiddelde.
Voor ondernemingen was het de grootste oefening om snel digitaal te schakelen in hun bestaan. Tal van bedrijven waren niet voorbereid op medewerkers van thuis uit laten werken en plots moest dat op enkele dagen tijd geregeld worden. Tal van bedrijven beschikten niet over een e-commerceoplossing, maar hadden die nu zo snel mogelijk nodig. Satya Nadella, de CEO van Microsoft, zei: 'De digitale transformatie in maart en april is omvangrijker dan de digitale transformatie die we de voorbije twee jaar hebben gezien.'[5]

Door die digitale sprint zijn vele digitale barrières, zowel bij de klant als bij de bedrijven, verdwenen. En die barrières komen niet meer terug. Digitaal maakt meer dan ooit onderdeel uit van alle aspecten van het leven. Als je als bedrijfsleider door het raam naar buiten kijkt, zie je maar een klein stukje van de wereld. Maar het digitale, onzichtbare deel wordt steeds groter en belangrijker. Bij het formuleren van klantenstrategieën wordt het dus uitermate belangrijk om digitaal de zaken op orde te hebben. Klanten weten ondertussen welke digitale interfaces goed werken en welke niet. Het kwaliteitsniveau van digitale diensten is de voorbije jaren zo sterk toegenomen dat het ondertussen een minimumvoorwaarde vormt. Het wordt snel de nieuwste commodity.

Het begin van nieuwe klantenverwachtingen

Tussen 2010 en 2020 ontstond een nieuw type klantenrelatie, gebouwd op een toenemend digitaal gebruiksgemak. Bedrijven als Uber, Amazon, Zalando, WeChat, DiDi, Booking.com en vele andere digitale ondernemingen hebben perfect ingespeeld op die verwachting, waardoor sommige uitgegroeid zijn tot de grootste bedrijven van de wereld. De achterliggende technologieën waren vooral 4G, mobiel en sociale media. De curve van klantenverwachtingen gebaseerd op die technologieën heeft ondertussen zijn plafond bereikt. De komende jaren zullen we een nieuwe curve met nieuwe klantenverwachtingen tot stand zien komen. In dit boek beschrijf ik hoe je als bedrijf kunt omgaan met die nieuwe klantenverwachtingen, die stilaan zichtbaarder worden. Vandaag staan we aan het begin van hun curve. Het is mijn hypothese dat veel elementen uit dit boek in 2025 de normaalste zaak van de wereld zullen zijn.

De nieuwe klantenverwachtingen worden door drie elementen beïnvloed:

- **General-purpose-technologie:** de komende tien jaar zullen we de groei meemaken van technologieën als 5G, artificiële intelligentie, *quantum computing* en robotica. Elk van die technologieën heeft het potentieel om industrieën te veranderen. De combinatie van de vier technologieën samen kan voor een grote omwenteling zorgen in de manier van werken en leven. De technologieën zullen nieuwe mogelijkheden bieden om de klantenrelatie tot een hoger niveau te tillen.
- **Persoonlijke uitdagingen:** iedereen heeft persoonlijke dromen, angsten, wensen en ambities. Als digitaal gebruiksgemak de norm wordt, is de vraag hoe je als bedrijf het verschil kunt maken op de meer emotionele aspecten in het leven van de klant. Digitaal gebruiksgemak zorgt voor transactionele convenience. Ook de emotionele aspecten van het leven gemakkelijker maken voor klanten, is de volgende stap.
- **Maatschappelijke uitdagingen:** steeds meer mensen stellen zich vragen over de toekomst van de maatschappij. Uitdagingen inzake technologie, gezondheid en klimaat staan bovenaan de agenda bij heel wat burgers. Als bedrijf kun je je sterktes gebruiken om positieve maatschappelijke meerwaarde te creëren.

The Offer You Can't Refuse

Als je bedrijf slim weet in te spelen op deze drie drivers, heb je de kans om een sterkere relatie met je klanten op te bouwen. In dit boek neem ik je graag mee op reis, om die nieuwe klantenrelatie tot stand te laten komen. Aan de hand van een strategische visie, veel concrete voorbeelden en praktische tips wil ik bereiken dat jouw klanten binnenkort een *'Offer They Can't Refuse'* in ontvangst mogen nemen.

Het *'Offer You Can't Refuse'* bouw je op door te investeren in deze drie assen, die gepast inspelen op de nieuwe klantenverwachtingen:

- **De ultieme convenience:** gebruik nieuwe technologie op een slimme manier, om interfaces nog meer geautomatiseerd te maken, zodat de klant nagenoeg geen inspanning moet leveren om zaken met jouw bedrijf te doen. Dat leidt tot de perfecte transactionele relatie.
- **Partner in Life:** hier gaat het niet over jouw *customer journey*, maar om de Life Journey van de klant. Welke aspecten in het leven van klanten zorgen voor negatieve of positieve energie? Wat kost hen te veel energie? Als je daarvoor een oplossing biedt, optimaliseer je de emotionele relatie.
- **Save the World:** neem als bedrijf je verantwoordelijkheid om goed te doen voor de maatschappij. Elk bedrijf heeft sterktes die tot maatschappelijke meerwaarde kunnen leiden. Ga voor concrete oplossingen en bijdragen, waarbij je onderneming echt tastbare impact kan realiseren.

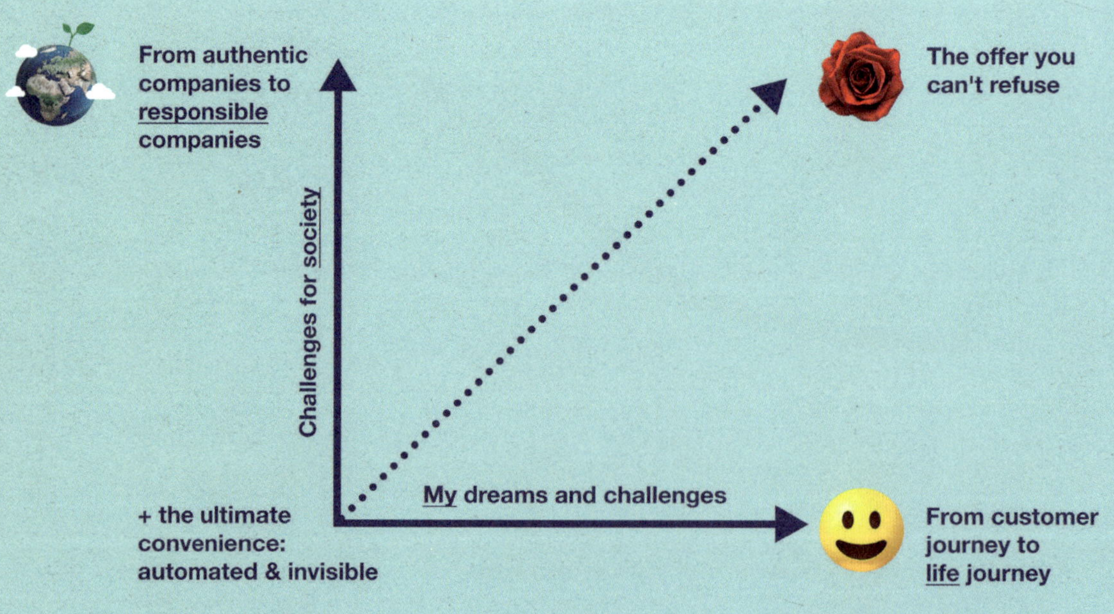

De research voor The Offer You Can't Refuse

Ik heb dit boek tijdens de *'great lockdown'* van 2020 geschreven. Toch is dit geen COVID-19-boek. Alle concepten en alle research over *The Offer You Can't Refuse* waren afgewerkt in februari 2020. De negen maanden voor het begin van de crisis heb ik hard gewerkt om alle nieuwe ideeën uit te werken en vorm te geven.

Oorspronkelijk was ik van plan om dit boek tussen mei en augustus 2020 te schrijven. Door de onverwachte lockdown ben ik echter twee maanden vroeger met het schrijfproces gestart, waardoor het boek ook wat vroeger op de markt komt. Uiteraard verwijs ik erin naar COVID-19, gezien de impact van de pandemie op de totale maatschappij en dus ook op de *customer experience*. Ik ben er ook van overtuigd dat de ideeën en modellen uit dit boek (die klaar waren vóór COVID-19) sneller noodzakelijk zullen worden voor bedrijven. De snelle veranderingen in digitaal gebruik gekoppeld aan een veranderende attitude, versnellen de nood aan een ander type klantenrelatie. De ongeziene crisis was voor mij een grote motivatie om dit boek af te werken. Bij elk hoofdstuk voelde ik: dit is nu meer dan ooit de realiteit.

Ik ben ervan overtuigd dat de ideeën en modellen uit dit boek (die klaar waren vóór COVID-19) sneller noodzakelijk zullen worden voor bedrijven.

Het onderzoek van dit boek is voornamelijk *field research*, aangevuld met deskresearch. De overgrote meerderheid van de voorbeelden uit het werk zijn verhalen die ik uit eerste hand heb mogen horen of meemaken.
De voorbije jaren sprak ik op honderden events, waarop ik veel bedrijfsleiders heb ontmoet die hun verhaal daar kwamen delen. Daarnaast organiseren we met ons bedrijf nexxworks een vijftigtal inspiratiereizen per jaar, waarbij we managers en ondernemers meenemen naar alle uithoeken van de wereld, om daar de nieuwste innovaties in real life te ontdekken. De voorbije drie jaar heb ik op die manier tientallen bedrijven kunnen bezoeken in het Oosten, het Westen, het Noorden en het Zuiden. Ten slotte had ik het genoegen om diverse mensen te interviewen en zo alle details van hun verhaal te ontdekken. Veel van de interviews kun je beluisteren via mijn podcast. Sommige staan ook op mijn YouTubekanaal. De combinatie van al deze inzichten leidde tot de filosofie van dit boek.

Feedback

Zoals altijd mag je je feedback, vragen of opmerkingen doorsturen naar mij. Mijn e-mailadres is *Steven@VanBelleghem.biz*. Het doet me altijd plezier om jullie feedback te lezen. Veel plezier met mijn boek, *The Offer You Can't Refuse*. Steven Van Belleghem
www.stevenvanbelleghem.com | *www.youtube.com/stevenvanbelleghem*

De soundtrack van 'The Offer You Can't Refuse'

Een boek is meer dan een verzameling letters op papier of op een scherm. Een boek omschrijft een idee, een verhaal, een visie. Met het schrijven van mijn boeken wil ik graag enthousiasme losweken, nieuwe inzichten bijbrengen, optimisme aanwakkeren en vooral de zin om klanten beter te helpen losmaken. Om die reden voeg ik graag een extra component toe. Mijn vorige boek, *Customers the Day After Tomorrow*, kende een augmentedrealitylaag. Zo konden lezers video's oproepen waarbij ik sprak met bedrijfsleiders van sommige voorbeelden uit het boek. Aan dit werk voeg ik een muzikale laag toe.

De voorbije jaren heb ik het genoegen gehad om te mogen samenwerken met Piet Goddaer. Piet schrijft, componeert en produceert al meer dan 25 jaar muziek. Hij is het meest bekend onder de artiestennaam Ozark Henry. In zijn carrière ontving hij diverse gouden en platinum platen, won hij de Zamu Music Award voor *'best writer-composor-arranger'* en trok hij de wereld rond om met zijn muziek mensen blij te maken. Ik heb Piet gevraagd of hij een soundtrack voor mijn nieuwe boek wou componeren. Filmmuziek is de normaalste zaak van de wereld; boekmuziek is iets nieuws. Piet gelooft er sterk in om aan alle aspecten van het leven een muzikale component toe te voegen. Hij werkt dan ook steeds meer samen met bedrijven, om hen te helpen hun eigen sound te ontwikkelen. Musea, vliegtuigmaatschappijen, universiteiten en vele andere vinden het dan ook steeds belangrijker om hun eigen herkenbare sound te hebben. Muziek voegt een extra dimensie toe aan ons leven. Muziek brengt ons in een bepaalde sfeer. Vandaar dat ik ongelooflijk blij en trots ben om het eerste managementboek met soundtrack aan jullie te mogen presenteren.

Voor, tijdens of na het lezen kun je genieten van de muziek, om nog meer in de sfeer van het boek te komen. Via deze QR-code kun je de soundtrack van *The Offer You Can't Refuse* beluisteren.

DEEL 1

the offer you can't refuse

1

klanten verwachtingen gaan verder dan gebruiksgemak

Het nieuwe minimum

De drie dansende bolletjes in Facebook Messenger of het 'Aan het typen'-bericht bovenaan de chatfunctie van WhatsApp zijn een ware ramp voor ons verwachtingspatroon. Geef nu toe. Als je een bericht naar iemand stuurt, dan hoop je gewoon dat die bolletjes aan het dansen gaan. Die bolletjes zijn een van de grootste verwachtingsopbouwende symbolen van onze hedendaagse wereld. Hoe langer die bolletjes dansen, hoe groter jouw verwachtingen worden. Bij elke extra dans, elke keer die bolletjes op en neer huppelen, stijgt je nieuwsgierigheid over de prachtige boodschap die in realtime voor jou geschreven wordt. Als je dan als antwoord gewoon een *'thumbs up'* krijgt, is dat een stevige ontgoocheling.
De voorbije jaren zijn we allemaal getuige geweest van hoe mobiele technologie, 4G en sociale media ons gedrag, maar ook ons verwachtingspatroon hebben beïnvloed. Mijn eerste boek, *De Conversation Manager*, kwam uit in 2010. In dat boek pleitte ik ervoor tools als Facebook en Twitter te gebruiken, om de conversatie met de klant aan te gaan. 'Zorg voor relevante of plezante boodschappen, deel die en laat klanten reageren', was een van de aanbevelingen eruit.
Als bedrijf kon je zo – voor het eerst – een-op-een het gesprek aanknopen met duizenden klanten per dag. Deed je dat op een goede manier, dan kreeg je een *word-of-mouth*-effect op heel grote schaal. De gesprekken over bedrijven vonden plots niet meer alleen in een lokale koffiebar of een voetbalstadion plaats. Nee, vanaf dat moment luisterde de wereld mee, met alle voor- en nadelen van dien. Ondertussen is dit gedachtegoed de normaalste zaak van de wereld. Bedrijven die vandaag nog steeds niet de sociale media gebruiken, zijn tien jaar geleden in slaap gevallen.

Als ik nu, tien jaar later, naar de impact van sociale media op *customer experience* kijk, dan is de impact groter dan ik ooit in 2010 had durven vermoeden. De grootste impact is echter niet de massa aan commerciële content, het inzetten van sociale media als servicetool of de talloze individuele conversaties tussen klanten en bedrijven. Nee, wat mij betreft is het allerbelangrijkste waar sociale media voor gezorgd hebben, een enorme transparantie in de wereld van *customer experience*. De manier waarop bedrijven met klanten omgaan, is heel visueel en uitermate duidelijk voor de hele markt en de klassieke media. Een consistent slechte behandeling van klanten levert meer negatieve pr op dan ooit. Bedrijven die uitblinken in klantgerichtheid, plukken daar de vruchten van, hun verhaal wordt op de sociale media bejubeld.
De transparantie heeft klantgerichtheid tot een urgentie gemaakt, waardoor het een actueel thema werd in heel wat bestuurskamers, en dat heeft dan weer tot een opbod aan klantgerichte maatregelen geleid.

Big Tech boetseerde de digitale norm

De periode tussen 2010 en 2019 is gekleurd door sociale media, mobiele technologie en 4G. De combinatie van die drie technologieën heeft voor nieuwe businessmodellen gezorgd, die het dagelijkse leven en de klantenervaring sterk hebben beïnvloed. Netflix is vandaag overal en in alle omstandigheden beschikbaar. Of we nu op een vliegtuig zitten, in de trein of thuis op de bank, het maakt niet uit, met een simpele druk op de knop hebben we toegang tot onze favoriete series en films. Amazon is geëvolueerd van een online boekenverkoper naar een van de grootste winkels van de wereld, die zowel online als offline actief is. Daarnaast is Amazon ook de wereldleider in cloudservices, beschikt het bedrijf over een online contentaanbod, maakt het slimme hardwareproducten, is het de eigenaar van offline retailwinkels en nog veel meer. Hotels reserveren doen we met één druk op de knop en dankzij de services van Booking.com outsourcen we het risico volledig naar het hotel, gezien bijna niemand nog een voorschot betaalt en annulatie tot 24 uur op voorhand bijna een standaard in de markt is.

De grote technologiereuzen in Silicon Valley en China hebben als de beste ingespeeld op de mogelijkheden van 4G, mobiel en social. De manier waarop zij digitale interfaces vorm hebben gegeven, is nu de norm in de markt. In welke sector jouw bedrijf ook actief is, de benchmark qua technologische gebruiksvriendelijkheid is niet het aanbod van je directe concurrent, maar wel de interface van Amazon, WeChat, Grab, DiDi of Uber. Hun digitale performantie is het nieuwe minimum geworden qua digitale dienstverlening.

De grootste digitale training ooit

In maart 2020 is in Europa en de Verenigde Staten de grootste digitale training ooit gestart. Meer dan 2,8 miljard mensen zaten door de coronacrisis in een verplichte quarantaine. Om dat aantal even in perspectief te plaatsen: 2,8 miljard mensen in quarantaine, dat betekent dat er meer mensen in hun huis opgesloten zaten, dan dat er mensen leefden tijdens de Tweede Wereldoorlog.[6]

Elk van hen was voor 100 procent aangewezen op het gebruik van digitale kanalen voor werk, communicatie en entertainment. Er was geen andere keuze. Zelfs de grootste sceptici over e-commerce ontdekten plots hoe gemakkelijk dergelijke diensten eigenlijk wel zijn. Zelfs mijn eigen ouders begonnen in die periode FaceTime te gebruiken, om zo hun kleinkinderen te zien. De barrières om e-commerce en tools voor digitale communicatie te gebruiken, zijn door corona sterk verminderd en die barrières komen ook nooit meer terug. Mensen ontdekten meer dan ooit hoe makkelijk en handig het wel is.

Een van de weinige aandelen dat in maart 2020 steeg, was dat van het bedrijf Zoom Video Communications. Zoom was al langer een van de meest populaire cloudoplossingen voor virtuele meetings. Tijdens de lockdown waren digitale meetings de enige aanvaardbare mogelijkheid om te vergaderen, waardoor het gebruik van Zoom van de ene dag op de andere exponentieel begon te stijgen. In maart 2020 had Zoom 200 miljoen dagelijkse gebruikers versus 10 miljoen vóór de start van de coronacrisis.[7] Ondertussen zijn digitale meetings onderdeel van het normale leven geworden.

In mei 2020 besliste Jack Dorsey, CEO van Twitter, dat zijn medewerkers voortaan 100 procent flexibiliteit kregen om hun werkplek te bepalen. Ze mogen uiteraard naar kantoor komen, maar dat is niet langer noodzakelijk. De medewerker beslist volledig zelf.

> ***Er was geen andere keuze. Zelfs de grootste sceptici over e-commerce ontdekten plots hoe gemakkelijk dergelijke diensten eigenlijk wel zijn.***

Wat een geluk dat deze quarantaine in 2020 plaatsvond. Beeld je in hoe je zo een periode zou doormaken – zowel privé als professioneel – zonder al onze digitale hulpmiddelen. Het massale gebruik van digitale tools heeft de druk op gebruiksvriendelijkheid echter nog vergroot. Op enkele weken tijd werd het voor iedereen duidelijk welke digitale interfaces goed werken en welke minder eenvoudig zijn.

Het nieuwe minimum gaat verder dan digitale interfaces

Het nieuwe minimum qua klantenervaring overstijgt echter verder de technische interface. Die is maar één aspect van het verhaal. Slimme retailers hebben er de voorbije jaren ook voor gezorgd dat hun winkelpersoneel vriendelijker, beter geïnformeerd en meer empathisch dan voorheen werd. Dat is namelijk iets wat je bij de meeste e-commercebedrijven niet kunt vinden.
In mijn derde boek *When digital becomes human* (2014) schreef ik over de samenwerking tussen technologie en mensen. Met computers kunnen we processen automatiseren, waardoor mensen meer tijd krijgen om zich in te zetten voor het emotionele deel van de klantenrelatie, was de kern van dat verhaal. Zowel in b2b-sales, als in de serviceafdelingen van telecombedrijven en bij kleine zelfstandigen heerst immers het besef dat mensen nog steeds het verschil kunnen maken. Sommige bedrijven hebben de voorbije jaren de kwaliteit van de menselijke dienstverlening zo sterk verhoogd dat de lat voor de fysieke klantenrelatie heel hoog komt te liggen.
De coronacrisis gaf een boost aan het gebruik van digitale tools, maar leidde ook tot het besef hoe graag we in de 'echte' wereld vertoeven. Al na één week lockdown begonnen mensen de fysieke wereld te missen. Online moet goed zijn, offline moet goed zijn, en het liefst van allemaal lopen beide kanalen vlekkeloos in elkaar, wat we ondertussen als *omnichannel* kennen.

Omnichannel, empathische medewerkers, perfect werkende en heel eenvoudige digitale interfaces, dynamische offline winkelpunten, gepersonaliseerde diensten ... Stuk voor stuk zijn dat facetten van het nieuwe minimum qua klantenverwachtingen. Wie onder die lat heen gaat, heeft het moeilijk om klanten te vinden en te houden. Wie de voorbije jaren sterk in de brede diversiteit aan nieuwe verwachtingen investeerde, voldoet binnenkort gewoon aan de norm.

Starbucks, mobile commerce en China

Starbucks heeft een strategie om boven het nieuwe minimum uit te steken. De volgende fase van groei zal er komen door snelle en gepersonaliseerde leveringen. Heel binnenkort zullen mensen aan hun telefoon vragen om hun favoriete Starbucksdrankje tot bij hen te krijgen.

Als je een drankje koopt bij Starbucks, dan is dat drankje ofwel kokend heet, ofwel ijskoud. In beide gevallen is het concept 'voor middernacht besteld, morgen geleverd' niet echt zinvol. Bij dit soort producten zoek je de magie waarbij je de bestelling aan je telefoon doorgeeft en een vijftal minuten later dat drankje bij jou verschijnt, waar je je op dat moment ook bevindt.

Starbucks werkt in het Westen samen met bedrijven als Uber Eats en in China met Alibaba, om die service mogelijk te maken. Uber Eats en Deliveroo optimaliseren dergelijke diensten momenteel in de meeste westerse markten, maar Kevin Johnson, de huidige CEO van Starbucks, zegt letterlijk: 'We zullen in de Verenigde Staten toepassen wat we in China leren.'[8]

Kevin Johnson, de huidige CEO van Starbucks, zegt letterlijk: 'We zullen in de Verenigde Staten toepassen wat we in China leren.'

Iedere waarnemer stelt vast dat de Chinese markt ondertussen heel matuur is in snelle leveringen van zowel eten, als andere producten. In China is het nieuwe minimum momenteel een levering binnen de 29 minuten, waarbij het product niet tot bij jou thuis komt, maar wel naar de locatie waar je je op dat moment bevindt.

Tijdens mijn laatste bezoek bij JD, naast de Alibaba-groep het tweede grootste Chinese e-commercebedrijf, werd de term *'lightning delivery'* gebruikt. In 2019 bedroeg hun gemiddelde leveringstijd inderdaad al 29 minuten. De komende jaren moet die evolueren naar slechts enkele minuten, maximum vijf. Je voelt het nieuwe minimum elk jaar opnieuw een stukje verder opschuiven.

Starbucks wil een voorsprong uitbouwen tegenover het nieuwe minimum. Het bedrijf wil met de eerste groep mee voorop kunnen rijden. Het heeft de ambitie om tussen 2019 en 2022 elke 15 uur een nieuwe fysieke locatie in China te openen.[9] Uiteraard zijn dat allemaal winkelpunten waar mensen langs kunnen gaan om koffie te kopen, maar daarnaast bouwt het bedrijf via al die winkels een indrukwekkend logistiek netwerk uit. Dat netwerk van locaties zal hen op korte termijn in staat stellen om hete of ijskoude drankjes binnen de vijf minuten te leveren in steden als Beijing en Shanghai.

Meituan Dianping

Elk jaar maakt het Amerikaanse mediabedrijf FastCompany een lijst bekend met de meest innovatieve bedrijven van de wereld. Tijdens het voorbije decennium kleurden steevast de grote Silicon Valleynamen de top drie in. Apple, Amazon, Uber, Facebook en Tesla maakten jaar na jaar deel uit van deze indrukwekkende ranking. Toen ik in januari 2019 het bericht ontving dat de nieuwe lijst aankondigde, ging ik zoals elk jaar heel nieuwsgierig meteen naar de website van FastCompany. En daar stond het dan. Op nummer één prijkte, als meest innovatieve bedrijf ter wereld: Meituan Dianping.[10]
Dit was de eerste keer dat een Aziatisch (niet-Amerikaans) bedrijf op de eerste plaats van de ranking stond. Ik ben ervan overtuigd dat minstens 90 procent van de westerse mensen nog nooit van dit bedrijf had gehoord. Ook tijdens mijn lezingen in Europa en de Verenigde Staten vraag ik het publiek in de zaal regelmatig wie dit bedrijf kent. In de meeste gevallen kent niemand het. Alleen als er Chinese mensen in de zaal zitten, gaan er handen de lucht in.

Meituan Dianping is nochtans een bedrijf om in het oog te houden. Het verlegt heel snel de norm qua *customer experience*. Het nieuwe minimum schuift elk jaar verder op en Meituan Dianping is een van de voortrekkers in deze beweging.
Meituan werd in 2010 opgericht als een soort Chinese variant van Groupon, waarbij consumenten via groepsaankopen interessante kortingen konden verkrijgen. In 2015 fuseerde de onderneming met Dianping, waarna de echte opmars startte.
De kern van hun model draait niet langer rond groepsaankopen of kortingen. De onderneming wil een soort Amazon.com voor diensten worden. Via Meituan kun je maaltijden bestellen, boek je hotelkamers, reserveer je restaurants en koop je tickets voor de lokale bioscoop. Alle facetten van lokale dienstverlening wil het bedrijf aan zijn ondertussen meer dan vierhonderd miljoen actieve gebruikers bieden. In 2018 leverde het voor 33,8 miljard Amerikaanse dollar aan maaltijden. Dat komt neer op 178 bestelde maaltijden per seconde. Het werkt als volgt: lokale handelaars en restaurants bieden hun producten op het Meituanplatform aan. De klanten kiezen wat ze willen. Daarna brengen de medewerkers van Meituan de bestelling naar de klant, waar die zich op dat moment ook bevindt, en dat in minder dan dertig minuten. De komende jaren wil Meituan in nog snellere bezorgingen investeren. Xia Huaxia, Meituans *chief scientist*, mikt daarvoor op algoritmes, die de gewoontes van klanten in kaart brengen. 'Onze vierhonderd miljoen actieve gebruikers hebben allemaal een bepaald patroon. Eens we dat patroon begrijpen, kunnen we voorspellen wat mensen nodig hebben, waardoor onze dienstverlening sneller wordt.'
Mensen zijn namelijk veel grotere gewoontedieren dan we zelf graag toegeven. Heel wat mensen kennen een terugkerend patroon in de diensten waar ze gebruik van maken en in de maaltijden die ze graag eten. Tijdens je eerste gebruiksweken worden je consumptiepatronen in kaart gebracht. Daarna beginnen de algoritmes te doen waar ze goed in zijn: voorspellingen doen. De laatste stap bestaat er dan in heel gericht maaltijdopties voor te stellen waaruit de klant kan kiezen. Op termijn wil Meintuan zelfs exact voorspellen wat zijn klanten willen eten, waardoor het de maaltijd nog sneller kan leveren.
Toen JD tijdens onze meeting over *lightning delivery* sprak, klonk daar exact dezelfde filosofie: 'Als wij binnen enkele minuten een product of dienst moeten leveren, moeten wij perfect weten wat die mensen willen, nog vóór ze de effectieve bestelling plaatsen.'

De artificiële intelligentie wordt niet alleen gebruikt om het gedrag van de consument te voorspellen, dat is slechts één kant van het verhaal. Om een bliksemsnelle service aan te bieden, moet ook de logistieke kant geoptimaliseerd worden.
Meituan zet momenteel zo'n zeshonderdduizend mensen in, die voor hen leveringen uitvoeren. Je herkent ze aan de opvallende gele jasjes, die ze dragen terwijl ze op hun elektrische scooters door de reusachtige Chinese steden rijden. De algoritmes van Meituan Dianping bestuderen continu de routes van hun medewerkers en combineren die analyse

met de actuele verkeerssituatie, om zo efficiënt mogelijk bij de klant te leveren. De chauffeur wordt door het verkeer geleid, om zo optimaal mogelijk te kunnen werken. De slimme algoritmes zorgen er zo voor dat tijdens één rit ongeveer 10 klanten beleverd worden. Door de logistiek op deze manier te optimaliseren, daalde de levertijd met 30 procent.

Voor de klant van Meituan ging een nieuwe wereld open. Op enkele jaren tijd kreeg hij een platform waarop hij zowat alle producten en diensten uit het dagelijkse leven kan bestellen, waarna die in een recordtempo tot bij hem worden gebracht, zonder dat hij daar ook maar enige moeite voor moet doen.
Het bedrijf bouwde een cultuur op van 'Bestel via je mobiel en wij doen de rest'. Winkels veranderen bijna in logistieke centra, waar de Meituanmedewerkers de spullen komen ophalen en dan verdelen.

De nieuwe vorm van disruptie: goede kwaliteit, lage prijs en direct naar de eindklant

Vroeger was het eenvoudig. In een markt beconcurreerden alleen grote bedrijven elkaar, over enkele procenten marktaandeel. Disruptie kwam van een nieuwe speler, die producten tegen lagere prijzen en meestal ook met een lagere kwaliteit lanceerde. Heel vaak werd die nieuwe speler weggelachen door de marktleiders.

> ***Vroeger was het eenvoudig. In een markt beconcurreerden alleen grote bedrijven elkaar, over enkele procenten marktaandeel.***

Het klassieke voorbeeld is dat van Intel, dat een wereldpositie had ingenomen in het produceren van snelle, heel krachtige computerchips. Toen een ander bedrijf plots heel goedkope, maar ook minder krachtige chips lanceerde, lag werkelijk niemand bij Intel daar wakker van. De concurrerende chips waren gemaakt met een andere architectuur, waar de ingenieurs van Intel weinig vertrouwen in hadden. Toen enkele jaren later de smartphonehype losbarstte, bleken de smartphonebouwers vooral die goedkopere, lichtere chips te willen gebruiken. Intel had die marktbeweging gemist en was in snelheid gepakt.
Toen Toyota met zijn eerste auto's richting Europa kwam, zullen heel wat ingenieurs bij BMW, Audi en Mercedes eens goed gelachen hebben. 'Wie wil er nu met zo'n auto rijden?'

zal daar toch wel eens over de tong gegaan zijn. Enkele jaren later konden die grote merken niet anders dan ook kleinere en (iets) goedkopere auto's op de markt te brengen, omdat de markt het aanbod van Toyota begon te omarmen. Deze vormen van disruptie waren wel vervelend, maar je had tijd om je ertegen te wapenen. De nieuwe speler verzamelde in de meeste gevallen slechts stap voor stap wat marktaandeel.

De tijden zijn echter veranderd. In *MIT Sloan Management Review* verscheen begin 2020 een artikel met als titel *'The new disrupters'*. Het gaat over nieuwe spelers, die producten of diensten op de markt brengen die qua kwaliteit niet hoeven onder te doen voor het bestaande aanbod, integendeel soms. Daarnaast werken ze tegen lagere prijzen en beschikken ze vaak over meer klantgerichte zakenmodellen.
De Dollar Shave Club is een mooi voorbeeld van dergelijke disruptie. Hun scheermesjes zijn van goede kwaliteit, ze sturen die rechtstreeks naar de eindklant op en de prijs ligt een pak lager dan bij de marktleider Gillette. Bij de lancering van zijn product focuste de Dollar Shave Club op de kwaliteit en de prijs. Eigenlijk was de boodschap: wil je werkelijk twintig dollar per maand aan Gillette blijven betalen, waarbij wellicht negentien dollar naar Roger Federer gaat? Of verkies je even goede mesjes voor een veel goedkopere prijs? Het bedrijf kende een sterke groei, zorgde ervoor dat Gillette zijn prijzen moest verlagen en werd uiteindelijk aan Unilever verkocht, voor een miljard Amerikaanse dollar.
De abonnementsservices hebben een vergelijkbaar disruptief effect. Als consument krijg je toegang tot bepaalde producten voor een lagere prijs en met een lager risico. Vandaag vind je voor zowat alle producten al abonnementsformules. Van muziek, eten en kledij over bloemen, kunst en speelgoed tot huisdieren. Veel dergelijke *'direct-to-consumer'*-modellen hebben heel snel een stevig marktaandeel verworven. De klassieke voorbeelden zijn Uber, Spotify en Netflix.
Al die nieuwe spelers maken dankbaar gebruik van de mogelijkheden van nieuwe media en influencers, om hun bekendheid en merkidentiteit in ijltempo te boosten. Heel vaak doen ze dat op een coole manier, waardoor consumenten al snel een bepaalde sympathie voor die frisse nieuwkomers hebben. Als de kwaliteit van hun diensten dan ook nog eens goed meevalt, ontploft de *word of mouth* in hun voordeel. Klassieke bedrijven zitten er dan bij en kijken ernaar.

De voorbije jaren hebben veel bedrijven op digitale transformatie ingezet. Hun hoofddoel was om hun analoge processen om te zetten in digitale processen. Daar is veel geld naartoe gegaan en het is vaak nog gelukt ook. Om dan nadien op een pijnlijke manier te moeten vaststellen dat het onvoldoende bleek te zijn.
In veel gevallen is de fout gemaakt om geen rekening te houden met de veranderende wensen van de klant. Nieuwe spelers hebben hun succes niet alleen aan het gebruik van

digitale kanalen te danken. Ze hebben digitale kanalen ingezet om de dienstverlening fundamenteel te herdenken. Veel dergelijke nieuwe *disrupters* hebben het nieuwe minimum qua klantbeleving mee helpen vormgeven.

Uitstekende service wordt de nieuwe commodity

Het is eigenlijk heel gek. Door de continue stijging van klantenservice kunnen bedrijven zich daarmee steeds minder differentiëren. Hoge service wordt zo de norm, het nieuwe minimum. Als je ooit een marketingopleiding hebt gevolgd, dan heb je op een bepaald moment geleerd over de USP van een bedrijf of een product. Wat is jouw *unique selling proposition?* Welk uniek deeltje van je bedrijf slaagt erin de consument te overtuigen? De theorie zegt dat als je in één aspect uitblinkt, een gemiddelde score op al de rest volstaat. Eén negen op tien is genoeg om al de zesjes te compenseren. Als je in retail zat, kon je winnen door de beste locatie, de laagste prijzen of de vriendelijkste service te hebben. Uitmuntende service compenseerde bijvoorbeeld de prijs en/of een minder goede locatie. Een schitterende locatie kon de prijs of een beperkt aanbod compenseren.
Vandaag stel ik vast dat consumenten zowel een goeie service als een competitieve prijs verwachten. De nieuwe *disrupters* proberen op elk element goede punten te behalen. De Dollar Shave Club was goedkoop, goed van kwaliteit, maakte locatie minder relevant en had een coole communicatiestrategie. Zij wonnen door goede punten te scoren op alle facetten.

Goed zijn in alle aspecten van de dienstverlening is in gang gezet door de techreuzen. Bedrijven als Booking.com of Amazon hebben een oneindig aanbod, hun prijzen zijn competitief, locatie is irrelevant én hun service is beter dan het gemiddelde van de markt. Als je de schermtijd van de gemiddelde consument observeert, stel je bovendien vast dat meer dan 80 procent daarvan aan grote digitale bedrijven wordt besteed, waardoor die de verwachtingen steeds meer bepalen.

Het is duidelijk dat alle 'klassieke' elementen in het klantenaanbod niet langer zullen volstaan om het verschil te maken. Een uniek product aanbieden is misschien wel de enige manier om die dans te ontspringen, maar hoeveel bedrijven kunnen die kaart nog trekken? De meeste aspecten in dienstverlening zijn hygiënefactoren geworden: heb je ze, dan is dat prima; heb je ze niet, dan is het moeilijker om te winnen. Ook een goed werkende digitale interface is ondertussen de norm en als klant heb je daar zelfs een soort van

nultolerantie voor gekweekt. Analyseer je eigen gedrag eens even. Als je een nieuwe app downloadt, hoeveel kansen geef je die dan? Zowat iedereen antwoordt nu 'één'. Je geeft een nieuwe app welgeteld één kans. En hoe lang duurt die ene kans?
Als je nu 'twee minuten' zegt, ben je een heel brave en verdraagzame mens. Meestal duurt de kans niet meer dan dertig seconden. Na dertig seconden is ons oordeel klaar. Voldoet de app niet aan het nieuwe minimum qua gebruiksgemak, dan wordt die meteen weer verwijderd of heeft die app een heel eenzaam bestaan op het zevende scherm van je telefoon.

Een goed werkende app of een andere digitale interface is niet langer differentiërend. Het is een minimumvoorwaarde geworden om nog te mogen meespelen. Gebruiksgemak is de nieuwste commodity. De continue evolutie waarin gebruiksgemak zich nog altijd bevindt, maakt het ook niet gemakkelijker. Het is een commodity aan het worden, maar er zit nog steeds rek op de mogelijkheden. Zo heeft e-commerce het gemakkelijker gemaakt om producten te kopen, maar ondertussen hebben we *voice*-technologie, waarbij we niet eens meer op een knop moeten drukken; een mondeling commando volstaat. Binnenkort is zelfs dat commando niet meer nodig, als mijn printer automatisch nieuwe toners bestelt. We zijn geëvolueerd van complexe naar eenvoudige interfaces. De komende tijd zullen we evolueren van eenvoudige naar onzichtbare interfaces. De continue evolutie maakt het nog steeds noodzakelijk om te blijven investeren in nieuwe interfaces, maar hun differentiatiepotentieel daalt.

Ik en de wereld

Het komende decennium zullen klantenverwachtingen verder gaan dan gebruiksgemak en uitstekende service. Bij dergelijke evolutie rijst natuurlijk de vraag: hoe zullen bedrijven de komende jaren dan hun klanten nog kunnen overtuigen? Uit mijn onderzoek voor dit boek blijkt dat veel ondernemingen de komende jaren op twee klantenverwachtingen zullen inzetten.

1. De hoop, dromen en ambities van de consument invulling geven

Vandaag heb je tal van mensen met een bucketlist: een lijst met vaak exotische bestemmingen om nog te bezoeken, stevige persoonlijke uitdagingen om nog aan te gaan en mooie momenten om nog te beleven met het gezin. Andere mensen hebben maandelijks moeite om de eindjes aan elkaar te knopen. Sommige jonge gezinnen investeren bijvoorbeeld stevig in een eigen woning, waardoor het een bepaalde periode financieel zwaarder wordt. Alleenstaande ouders moeten vaak creatief zijn om alle kosten te kunnen blijven behappen.

Iedere consument heeft in zijn of haar hoofd een soort film over hoe het leven eruit moet zien. Als bedrijf ligt hier een opportuniteit, om positief in te spelen op die film van het leven van de consument. Hoe kun je een partner worden in dat leven, minder gericht op de eigen producten en diensten en eerder gefocust op de dromen en bezorgdheden van klanten? Hoe kun je hun dromen helpen waarmaken, hoe kun je hun hoop aanwakkeren en hoe kun je hun zorgen helpen verminderen?

2. De uitdagingen van de wereld aanpakken

Elke studie bevestigt het: meer en meer mensen, vooral jongeren, liggen wakker van het klimaat en de impact daarvan op onze planeet. De wereld staat voor grote maatschappelijke uitdagingen. Klanten werken graag samen met bedrijven die hun verantwoordelijkheid nemen en mee het verschil helpen maken.

De uitbraak van het coronavirus in de eerste helft van 2020 heeft aangetoond hoe weinig de wereld wel voorbereid is op onverwachte kritieke situaties. Nochtans roepen de wetenschappers vaak jaren op voorhand al dat een goede planning en reactieplan cruciaal zijn. Als zich dan zo een onverwachte crisissituatie voordoet, slaagt de politiek er vaak niet in om stevig leiderschap te vertonen en de zorgen van de mensen weg te nemen.

Ook daar ligt dus een opportuniteit voor bedrijven. Ze kunnen het leiderschapsvacuüm vullen, door een positieve bijdrage te leveren en een positief signaal te geven.

Tijdens de grote lockdown werd de essentie van grote distributiebedrijven zoals Amazon en Walmart meer dan ooit duidelijk. Ze zorgden niet alleen voor genoeg toiletpapier. Probeer je maar eens voor te stellen wat een chaos er zou zijn ontstaan als deze distributienetwerken tijdens de lockdown waren uitgevallen. Daarnaast kondigden Google en Apple heel vroeg aan dat ze samen traceringssoftware zouden ontwikkelen, om de pandemie te helpen indijken.

Deze en tal van andere bedrijven namen een belangrijke rol op in het wegnemen van de zorgen van de klanten, iets wat de politiek op dat moment niet kon. Consumenten verwachten veel meer leiderschap van bedrijven dan vroeger en die trend zal zich alleen maar voortzetten.

De druk op *customer experience* zal de komende jaren niet afnemen. Integendeel. De verwachtingen qua klassieke dienstverlening liggen al hoog, maar door de toenemende druk op het individu stijgt ook het verwachtingspatroon naar bedrijven. Zowel op persoonlijk als professioneel vlak verwachten mensen veel van zichzelf en kost het veel energie om hun film van het leven vorm te geven. Mensen kunnen daardoor alle hulp gebruiken om het leven eenvoudiger te maken. Daar ligt een eerste opportuniteit voor bedrijven.
Ook de druk op de maatschappij zal toenemen. De klimaatproblematiek is bijvoorbeeld geen kortetermijnprobleem, dat plots voorbij zal zijn. De kans bestaat dat de urgentie van dit soort wereldproblemen net nog zal toenemen. Daar ligt de tweede opportuniteit voor bedrijven.

Hoop, dromen en ambities

Hoe kun je de hoop, dromen en ambities van klanten helpen realiseren? Hoe ontzorg je mensen écht? Heb je zicht op de film van het leven van je klanten?
Iedereen zoekt naar een doel in het leven. Voor sommigen is het belangrijkste hun werk, voor anderen is dat het gezin. Sommige mensen dromen ervan om hun kinderen de wereld te laten zien, en anderen willen hen net leren om hun eigen groenten te kweken in de moestuin. Iedereen is anders. Iedereen heeft zijn of haar eigen film. Die film is bij elk van ons anders. Toch is er één ding identiek. Iedereen heeft nood aan hoop in moeilijke tijden. Iedereen droomt van leuke dingen of van betere tijden. Iedereen heeft bepaalde ambities in het leven. Hoe kun je daar beter zicht op krijgen en gevat op inspelen, als organisatie?

> ***Iedereen heeft bepaalde ambities in het leven. Hoe kun je daar beter zicht op krijgen en gevat op inspelen, als organisatie?***

Misschien zijn bedrijven als Aldi en Lidl niet alleen *hard discounters*, die winnen door de laagste prijs. Misschien zijn Aldi en Lidl wel bedrijven die mensen faciliteren om het einde van de maand iets makkelijker te halen. Op die manier zijn deze ondernemingen een soort partner in het financieel rondkomen voor die klanten. Misschien zorgen Aldi en Lidl ervoor dat heel wat consumenten bepaalde luxeproducten kunnen kopen tijdens de feestdagen, terwijl dat anders niet mogelijk zou zijn. Zo spelen zij een belangrijke rol in de film van het leven van die consumenten. Zo helpen zij voor heel wat gezinnen misschien de droom van gezellige feestdagen realiseren.
Dezelfde filosofie kun je toepassen op Ryanair. In de strategielessen noemen we Ryanair een lowcostspeler. Dat klopt uiteraard; dat is de vliegmaatschappij ook. Maar vanuit het

standpunt van sommige klanten is Ryanair mogelijk een bedrijf dat bepaalde gezinnen helpt om één keer per jaar een leuke citytrip te maken. Dankzij Ryanair kunnen ze Rome, Praag en Berlijn afvinken van hun bucketlist, terwijl dat via de klassieke airlines misschien niet haalbaar zou zijn.

Hoe kun je als bedrijf de 'hoop, dromen en ambities' van je klant faciliteren? Om dat te realiseren, volstaat het niet om naar de *customer journey* te kijken. Het is belangrijk om zicht te krijgen op de *'life journey'* van klanten.
Het gaat hier niet om het vinden van fricties in de processen van jouw bedrijf; het gaat hier om het vinden van fricties in het leven van de klant. Sommige van die fricties nemen de hoop weg of zorgen ervoor dat bepaalde dromen niet kunnen uitkomen.
Hoe kun je dan als bedrijf sommige van die fricties in het leven van je klant wegnemen? Zodat je een levenspartner van je klanten wordt. Zodat je boven op transactionele convenience ook emotionele convenience biedt.

De paradox van onze maatschappij

Veel mensen maken zich zorgen. De meerderheid van de mensen vindt dat het slecht gaat met onze wereld. En ook hier liggen kansen voor ondernemingen. Bedrijven kunnen een bijdrage leveren aan de maatschappij en op die manier de perceptie van de bevolking verbeteren.
In een ideale wereld bieden bedrijven waarde aan de maatschappij op een manier waarbij ze ook inspelen op de hoop, dromen en ambities van hun klanten. Zo krijgen hun inspanningen op maatschappelijk vlak een vliegwieleffect, dankzij de betrokkenheid of appreciatie van de klant.

De nood aan bedrijven die zich inzetten voor de maatschappij is groot. De wereld kampt met grote uitdagingen en veel mensen maken zich zorgen over de toekomst. Het gekke is: mensen maken zich meer zorgen dan ooit, maar eigenlijk heeft de wereld er op veel dimensies nooit beter voor gestaan.
Een van mijn favoriete boeken is *Factfulness*, geschreven door Hans Rosling. Ik vind dat een geniaal werk. Het boek gebruikt beschikbare data van de Verenigde Naties om iedereen op objectieve wijze te overtuigen dat de wereld er nooit beter voor stond.
In het begin van zijn boek doet Rosling een test met een twintigtal vragen. Die handelen over de huidige status van honger, armoede, klimaat, aangroei van de bevolking ... in de wereld. De meeste mensen beantwoorden minder dan 15 procent van de vragen juist. Rosling lacht daarmee in zijn boek en zegt dat chimpansees het beter zouden doen dan 85

procent van de mensen. Je krijgt bij de test immers altijd drie antwoordopties. Een chimpansee zou met andere woorden minstens 33 procent scoren, terwijl de meeste mensen niet eens de helft daarvan behalen. Het toont aan dat de overgrote meerderheid van ons een totaal verkeerd beeld heeft van de feitelijke evolutie in de wereld.
Enkele voorbeelden. 88 procent van de baby's in de wereld wordt in het eerste levensjaar gevaccineerd. Daardoor is het aantal kindersterftes wereldwijd sinds 1990 gehalveerd. Bovendien steeg de gemiddelde levensverwachting van 29 jaar in de vroegmoderne tijd tot 73 jaar in 2019. 90 procent van de meisjes gaat vandaag naar school, tegenover slechts 65 procent in 1970. Daardoor is het aantal kinderen per gezin drastisch gedaald en zal op middellange termijn ook het aantal mensen op de planeet minder snel groeien. In het jaar 1800 was 85 procent van de mensen arm (inkomen van minder dan twee dollar per dag), in 1966 was dat nog 50 procent en in 2017 was hun aandeel tot 9 procent gedaald.
Veel mensen hebben het gevoel dat de wereld momenteel overspoeld wordt door natuurlijke rampen, en uiteraard zijn die er nog steeds talrijk. Maar het aantal slachtoffers is drastisch gedaald. In de jaren dertig van de vorige eeuw stierven gemiddeld 971.000 mensen per jaar wegens een natuurramp. In het voorbije decennium waren dat slechts 72.000 mensen per jaar. Dat zijn er nog altijd 72.000 te veel, maar het aantal ligt wel dertien keer lager dan honderd jaar geleden, terwijl de totale wereldpopulatie sterk gestegen is. Ik word oprecht enthousiast, wanneer ik het boek van Hans Rosling lees.

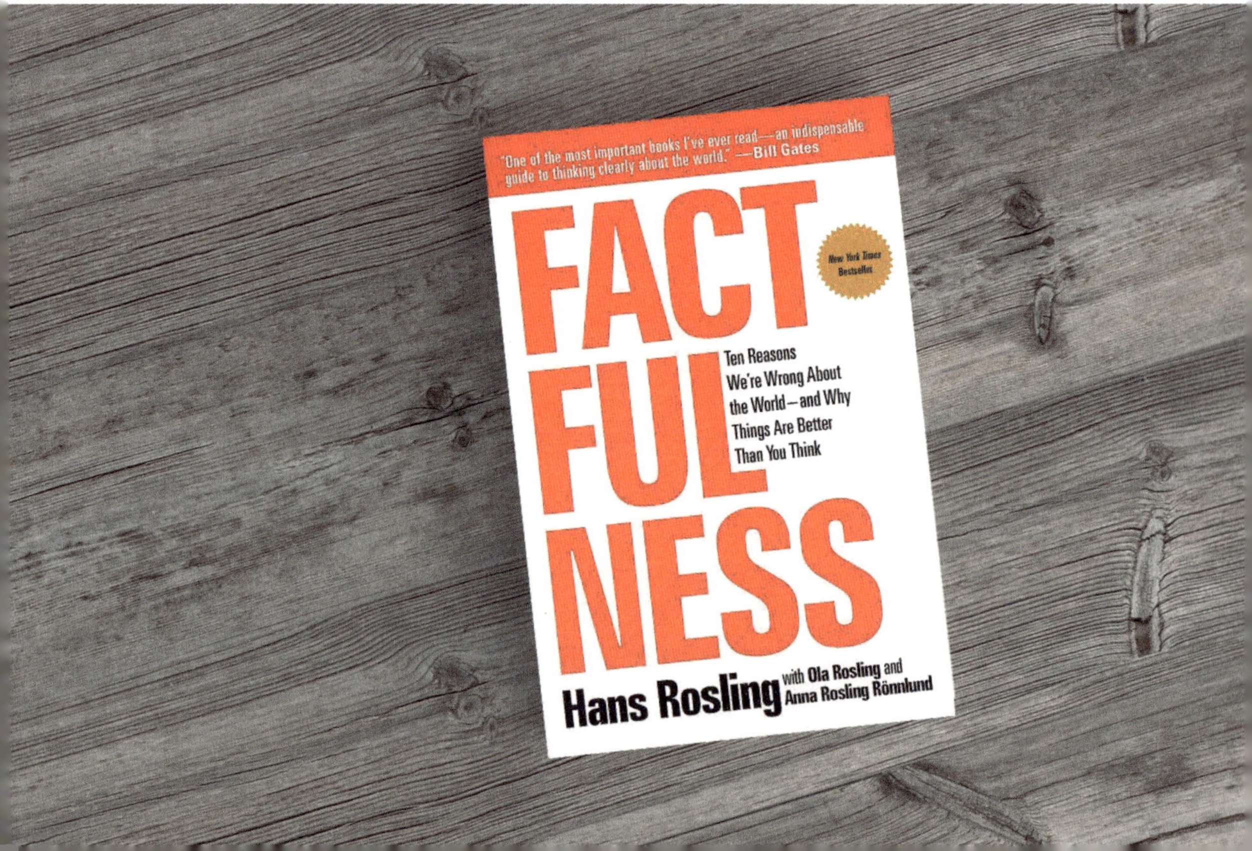

Uiteraard laat het werk van Hans Rosling ook ruimte voor kritiek en nuance. Zo kijkt hij alleen naar evoluties en problemen uit het verleden. De voorbije jaren is de klimaatproblematiek bijvoorbeeld alleen maar groter geworden, wat niet in zijn boek aan bod komt. Op het vlak van klimaat staat de wereld er minder goed voor dan honderd jaar geleden.
Gaat het perfect met de wereld? Uiteraard niet! Hebben we nog veel grote problemen? Absoluut. Maar gaat het beter dan dertig jaar geleden? Daar is geen twijfel over.

Ik schrijf dit boek in volle coronacrisis, waardoor het zelfs voor mij, als optimist, vreemd aanvoelt om dit stukje te schrijven. Het jaar 2020 zal voor een piek zorgen in de curve van overlijdens wegens ziekte, zoals eerder deze eeuw ook de Mexicaanse griep en in mindere mate het SARS-virus daarvoor zorgden.
Het aantal slachtoffers van terrorisme kende in 2001 een piek door 9/11, maar nam vanaf 2002 opnieuw af. Hoe moeilijk en radeloos de situatie in 2020 voor de wereld ook is, hoe erg het ook is dat er tienduizenden mensen overlijden door COVID-19, toch gaat het op grote schaal evolutionair gezien vandaag nog altijd veel beter met de wereld dan enkele decennia geleden. Op één uitzondering na. Door de coronacrisis zal de wereldwijde armoede voor het eerst sinds 1998 opnieuw stijgen. Meer dan een half miljard mensen zal opnieuw in de armoede getrokken worden door de coronacrisis.[11] Nog een vreselijk gevolg van dit verschrikkelijke virus.

De meerderheid van de mensen heeft een totaal verkeerd wereldbeeld. En het is niet een klein beetje fout, maar echt volledig fout.

De coronacrisis van 2020 heeft voor wereldwijde paniek gezorgd en tot ongeziene situaties geleid, waardoor het vertrouwen van de wereldbevolking uiteraard lager is dan in 2019. Maar al vóór de coronacrisis maakten veel mensen zich grote zorgen over de status van de wereld.
Een wereldwijde studie, *Our world in data*,[12] uitgevoerd door Ipsos, toont, net zoals Hans Rosling met zijn klein experiment aantoonde, dat de mensheid een volledig fout beeld heeft van de staat waarin onze planeet zich bevindt. 52 procent van de mensheid denkt dat armoede toeneemt. Vooral in de klassieke 'rijke' landen, zoals Europa en de VS, leeft een verkeerde perceptie daarover.
Daarnaast denkt 61 procent dat steeds meer kinderen veel te vroeg sterven. Opnieuw denken vooral de mensen uit het oude, rijke Westen dat verkeerd. In de meeste Afrikaanse landen schatten mensen dit wel juist in, want zij zien het verschil met hun eigen ogen. De meerderheid van de mensen heeft een totaal verkeerd wereldbeeld. En het is niet een klein beetje fout, maar echt volledig fout. In de perceptie gaan heel wat curves omhoog,

terwijl die in werkelijkheid heel snel dalen (of omgekeerd). Hans Rosling heeft er zijn levenswerk van gemaakt om die perceptie te doen keren. Enkele jaren geleden is hij echter overleden en ik vrees dat hij, ondanks zijn grote inspanningen, niet in zijn missie geslaagd is. De realiteit is dat mensen zich nog steeds zorgen maken over de evolutie van onze wereld. Mensen zien in hun gedachten een stijging van gewapende conflicten, criminaliteit en sterfte door terrorisme en krijgen geen vat op de werkelijkheid.
Hoe komt dat nu? De (sociale) media zijn de voorbije jaren naar een 24-uur-op-24-nieuwswedloop geëvolueerd, waardoor we met z'n allen het gevoel hebben dat er meer deprimerende dingen dan ooit gebeuren. Vroeger las je elke ochtend een krant en zag je om zeven uur 's avonds een nieuwsuitzending. Dat verplichtte de nieuwsredacties om zorgvuldig de echt belangrijke onderwerpen te kiezen. Nu komen er elke seconde tweets met nieuwe informatie en elke paar minuten pushberichten van je mobiele nieuwsapps binnen.
Die vloedgolf aan berichten kleurt de perceptie zonder twijfel meer negatief. Als er vandaag iets negatiefs gebeurt, zitten we allemaal op de eerste rij als getuigen naar de gebeurtenissen te kijken, live. De heftige bosbranden in Australië drukken ons met de neus op de klimaatproblematiek en het uitslaande coronavirus toonde hoe zwak we als maatschappij staan tegenover nieuwe uitdagingen. De (sociale) media zaten er elke keer bovenop, waardoor we er allemaal bijna zelf bij waren. De livestream van berichten stopt dan ook nooit meer.

Het is een interessante paradox: het ging op heel veel vlakken nog nooit zo goed met de wereld, maar de meerderheid van de mensen is daar niet van overtuigd. Als bedrijf die perceptie proberen te veranderen lijkt me een zinloze strijd. Inspelen op de thema's die onder consumenten leven en daar een positieve bijdrage aan leveren, is wel een opportuniteit. Want onze planeet staat wel degelijk nog voor heel wat uitdagingen en mensen maken zich over veel zaken zorgen. Drie bezorgheden steken er op dit ogenblik echter boven uit: het klimaat, technologie en onze gezondheid.

Bezorgdheid 1: het klimaat

De klimaatproblematiek is de voorbije jaren sterk gestegen in de mindset van de gemiddelde consument. In de recentste Young Shaper[13]-studie stond klimaat met stip op de eerste plaats als de grootste bezorgdheid van de jongere generaties.
Maar niet alleen jongeren zijn bezorgd over het klimaat. Ook bedrijven beseffen de ernst van de situatie. Het World Economic Forum berekende dat 44 triljoen Amerikaanse dollar aan economische waarde, meer dan de helft van de totale GDP van de wereld, van de natuur afhangt.

De meest vatbare sectoren zijn de bouw (4 triljoen Amerikaanse dollar), landbouw (2,5 triljoen Amerikaanse dollar) en voedselindustrie (1,4 triljoen Amerikaanse). Een concreet voorbeeld: 60 procent van de koffiebonen is met uitsterven bedreigd door klimaatverandering. Dat kan grote gevolgen hebben in een sector van 83 miljard Amerikaanse dollar.[14]
Elk bedrijf zit nu dus in de *sustainability business*. Het risico bestaat erin dat veel aspecten omtrent *sustainability* als een commodity zullen aanvoelen. De kunst bestaat erin manieren te vinden om je bedrijf er toch mee te differentiëren.

MAX Burgers is klimaatneutraal

Sinds Greta Thunberg het bewustzijn rond de klimaatproblematiek in 2019 steviger dan ooit op de kaart zette, kan geen enkele organisatie er nog omheen. Er moet gehandeld worden met de klimaatproblematiek in gedachten. Vooreerst is dat het juiste om te doen. Bovendien neemt de druk uit de markt toe.
Steeds meer studies tonen economische waarde gekoppeld aan positief maatschappelijk gedrag. Een studie van McKinsey[15] bewijst dat 70 procent van de consumenten bereid is om 5 procent meer te betalen voor een groen product, indien dat product aan dezelfde kwaliteitsnormen voldoet als het niet-groene product.
Mensen krijgen er een goed gevoel bij wanneer ze meehelpen de wereld te verbeteren, maar er staat wel iets tegenover. De producten moeten minstens even goed zijn en de dienstverlening moet zich boven het nieuwe minimum bevinden.

MAX Burgers is de oudste hamburgerketen in Europa. Zijn eerste restaurant ging open in Zweden, in 1968. De burgers ervan zijn overheerlijk. Ik ben grote fan! Een tijdje geleden ontmoette ik Kai Török, de verantwoordelijke voor de *sustainability*-strategie van het bedrijf, tijdens een event in Stockholm. Bij het begin van zijn presentatie vroeg hij het publiek of iedereen zich nog een lekkere hamburger kon herinneren. Uiteraard was dat geen probleem. Dan vroeg hij: 'En als je nu denkt aan je lekkerste

hamburger ooit, bij wie was dat een burger zonder rood vlees?' Ik keek achterom in de zaal en zag slechts een tiental handen van de duizend de lucht ingaan. Bijna iedereen dacht aan een sappige biefburger. Ikzelf ook, moet ik toegeven. MAX Burgers wil klimaatpositief zijn en om daarin te slagen, moet de keten een op de twee verkochte burgers zonder rood vlees maken, gezien de impact van veeteelt op het klimaat. Dan zit er maar één ding op: heerlijke burgers maken waarin kip, vis en plantaardige alternatieven de hoofdrol spelen. Je moet het niet alleen aanbieden, de kwaliteit moet ook super zijn. En daarin zijn ze geslaagd.
De hamburgerketen lanceerde zijn eerste *'climate-positive'*-menu in 2018. Klimaatpositief betekent voor het bedrijf de negatieve emissies compenseren en daar nog iets extra bovenop doen. Het wil meer positieve effecten dan negatieve effecten genereren. Concreet onderneemt het daartoe de volgende acties:

1. Het meet de negatieve uitstoot gelinkt aan zijn producten. Die omvat alle emissies, van de landbouwers tot het product in de hand van de klant terechtkomt. Ook de afstanden die medewerkers moeten afleggen van en naar het werk, telt MAX Burgers mee. Ten slotte kijkt de onderneming ook naar de uitstoot door hun afvalverwerking. Zo wordt het hele proces van a tot z in kaart gebracht.
2. In dat hele proces doet de hamburgerketen er alles aan om de emissies te verlagen. Zo weinig mogelijk biefproducten verkopen is daarbij heel belangrijk. Zijn eigen plantaardige burger doet het bijvoorbeeld supergoed. De voorbije jaren zag MAX Burgers een groei van 1000 procent in die productcategorie. Door samen te werken met al zijn leveranciers en zijn eigen processen heel kritisch te bekijken, is de keten erin geslaagd de uitstoot stevig te verminderen.
3. Toch blijft er uiteraard nog uitstoot over, waar MAX Burgers als bedrijf verantwoordelijk voor is. Om die te compenseren, plant het voor 110 procent van de emissies aan nieuwe bomen. 10 procent meer dus dan wat het uitstoot, waardoor de onderneming klimaatpositief wordt.

MAX Burgers kende de voorbije jaren een groei van meer dan 20 procent per jaar en is ondertussen uitgegroeid tot de meest winstgevende hamburgerketen van Zweden.[16] Zijn niet-biefproducten zijn echt fantastisch lekker – mocht dat niet zo zijn, dan zou het nooit lukken – waardoor steeds meer klanten aangemoedigd worden om mee de missie van MAX Burgers te realiseren.
Samen met hen wil de keten de wereld een stukje beter maken, terwijl de klant niet aan smaakbeleving moet inboeten. Zoiets gaat in de richting van *'an offer people can't refuse'*, vind je niet?

Bezorgdheid 2: technologie

De hele maatschappij bevindt zich in een grote digitale transformatie, die bepaalde uitdagingen en spanningen met zich meebrengt. Het onderzoekswerk van de Brits-Venezolaanse wetenschapster Carlota Perez[17] toont de impact van de vijf grootste technologische revoluties in de geschiedenis van de wereld. De eerste grote technologische revolutie was de industriële revolutie (1771). De grote doorbraak vond daarbij plaats in Engeland. Begin jaren 1800 begon het stoomtijdperk, met de daarbij horende treinen. Aan het einde van de negentiende eeuw kwam de staalindustrie op, die Duitsland en de Verenigde Staten in poleposition bracht. In 1908 ving het tijdperk van de olie- en massaproductie aan, waarbij de auto-industrie een van de toonaangevende voorbeelden was. Vandaag bevinden we ons in de vijfde technologische revolutie: de digitale.

Alle vier de vorige revoluties verliepen volgens hetzelfde patroon:

1. **Installatiefase:** deze fase wordt steevast gekenmerkt door een verstoring van de markt. De huidige manier van werken wordt in vraag gesteld en 'aangevallen' door de nieuwe technologie. Amazon zet de retailmarkt op zijn kop. Door de komst van Netflix gaat Blockbuster failliet. Nokia verdwijnt door de smartphone. Muziek aankopen op een cd wordt vervangen door een digitaal product: eerst iTunes, daarna Spotify. Je kent de voorbeelden. De eerste fase kenmerkt zich ook door de opkomst van enkele heel grote partijen, die als de beste de nieuwe technologie weten te bespelen. In de tijd van de massaproductie was het klassieke voorbeeld Ford. Paardenhandelaars en fabrikanten van koetsen waren niet meteen fan van mijnheer Ford. Als gevolg ontstaat er een ongelijkheid in de markt. Een handvol mensen wordt héél rijk en succesvol, ten koste van anderen. In deze fase zijn er grote winnaars en zware verliezers, waardoor er onvrede en onzekerheid ontstaat in de markt. Na een tijd wil iedereen mee op de kar springen en ontstaat er een soort blind naïef geloof in de mogelijkheden van de nieuwe technologie, wat dan weer tot financiële bubbels leidt.
2. **De ommekeer:** deze fase is niet meteen de vrolijkste fase van de revolutie. Tijdens alle vier de vorige fases kwam er op een bepaald moment een stevige recessie. Denk aan de jaren dertig van de vorige eeuw. De verwachtingen werden niet ingelost en er volgden stevige financiële verliezen. Uiteindelijk stortte de beurs in en waren heel wat mensen ontgoocheld in de nieuwe maatschappij. Die recessie en ontgoocheling eindigden in de Tweede Wereldoorlog. Het keerpunt, de ommekeer, is meestal een moeilijke periode voor iedereen in de maatschappij.
3. **De uitrolfase:** hoe somber het *'turning point'* ook is, achteraf klaart de hemel weer op. Na de Tweede Wereldoorlog kenden we heel goede economische tijden, waarbij zowat iedereen uit de bevolking van de nieuwe mogelijkheden kon meegenieten.

De nieuwe technologie wordt niet langer ingezet om een handvol mensen rijk te maken, maar bedient een bredere doelgroep, waardoor de maatschappij blij is met de gemaakte vooruitgang. Carlota Perez omschrijft het als de *'golden ages'*.

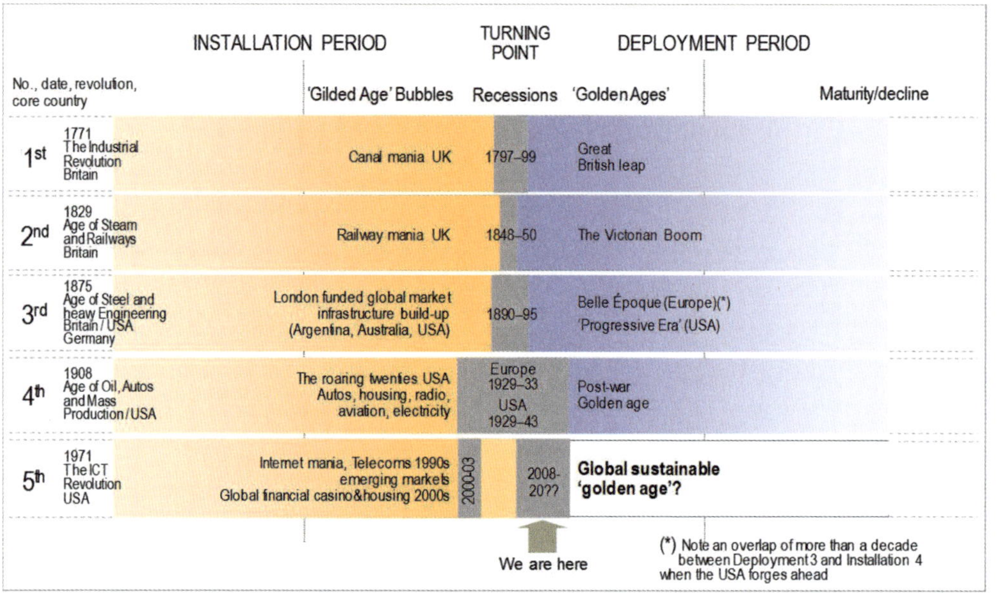

Bij elk van de grote technologische revoluties kunnen we hetzelfde patroon vaststellen. Onze maatschappij bevindt zich vandaag midden in de vijfde revolutie, meer bepaald in de ommekeerfase daarvan, met alle werkloosheid, populisme, groeiende ongelijkheid, onrust en boosheid die daarmee gepaard gaan. Het gevoel van disruptie en overdreven macht voor de grote technologiespelers in China en de Verenigde Staten leeft nog altijd. Een dergelijke ommekeer kan verscheidene jaren duren en gaat altijd gepaard met een of meerdere financiële crisissen. We hadden er al één in 2008. De coronacrisis is de tweede, veel heftigere, crisis tijdens de digitale revolutie.
De hamvraag is nu: is dit het moment waarop de structurele verandering ingezet wordt en beginnen we aan onze eigen *golden age?* Zullen we in 2030 naar het jaar 2020 terugkijken als de start van de *golden age* van digital? Vandaag zorgt het nog vooral voor onzekerheid en onbegrip bij een groot deel van de bevolking.
Carlota blijft echter positief, en gelooft ten stelligste dat we de milieu- en klimaatproblemen waarmee we nu te kampen hebben, als een opportuniteit moeten zien voor een sterke economie, gedreven door commercieel interessante innovaties die net die problemen aanpakken. Zij noemt dat Smart Green Growth.

De Digital Dark Side

Nieuwe technologieën hebben de voorbije jaren voor een toegenomen klantbeleving gezorgd, maar anderzijds wordt de wereld ook steeds meer geconfronteerd met de *dark side* van technologie.
In haar boek *The age of surveillance capitalism* pleit Shoshana Zuboff[18] voor een andere vorm van kapitalisme. Vandaag maakt een handvol bedrijven gebruik van een zee aan consumentendata, om onwaarschijnlijk veel geld te verdienen. De prijs die de maatschappij daarvoor betaalt, is een manipulatie van onze manier van denken en leven door algoritmes. Meer en meer mensen voelen dat onbehagen, als ze denken over de impact van Big Tech. Voor concurrerende bedrijven voelt het soms als oneerlijke concurrentie aan. De sterkte van een handvol grote bedrijven voelt op verschillende plaatsen bedreigend aan, maar de mogelijkheden die mensen met slechte intenties hebben, zijn wellicht nog dreigender.
De *dark side* duikt op in alle gebieden van de wereld. In het Westen is het ondertussen bewezen dat duistere krachten democratische beslissingen in een bepaalde richting willen duwen. De case rond Cambridge Analytica en de manipulatie van content op Facebook heeft ons met de neus op de feiten gedrukt. Sociale media zijn fantastisch, maar voor veel louche partijen zijn ze een soort *'weapon of mass influence'* geworden. Het gebrek aan transparantie en daadkracht bij de leiders van Facebook heeft voor een dip in het vertrouwen van het bedrijf gezorgd. Toch blijft iedereen het platform massaal gebruiken, ondertussen bijna 2,5 miljard mensen, omdat er eenvoudigweg geen alternatief is. De consument kan niet kiezen en dat voelt niet altijd even fijn.

In China gebruikt de overheid de sociale media dan weer om haar bevolking in het oog te houden. Toen in de eerste weken van de coronacrisis enkele Chinese wetenschappers via hun sociale netwerken over een nieuw en gevaarlijk virus praatten, werden ze het zwijgen opgelegd. Big brother zag de berichten, was het er niet mee eens en snoerde de bron de mond. Ook bedrijven maken het mee. Enkele jaren geleden maakte de hotelketen Marriott een inschattingsfout. Op zijn Chinese website positioneerde de keten Taiwan als een afzonderlijk land. Dat was niet naar de zin van de Chinese overheid. Enkele uren later was de Chinese Marriott-site plots offline. Pas weken later was die opnieuw beschikbaar. Ondertussen werd negatieve propaganda tegen het bedrijf aangewakkerd, om het zo bewust schade toe te dienen.

Een allesziende big brother doet veel mensen huiveren. Als het fout gaat, kan hun gedrag trouwens volledig omslaan. Tijdens rellen in Hongkong (2019-2020) toonden televisiebeelden hoe betogers gewapend met een paraplu of een laserlichtje de straat op gingen. De paraplu diende niet als bescherming tegen zon of regen. Het laserlichtje was er niet om een beetje sfeer te scheppen. Met beide tools wilden de betogers vermijden dat ze herkend zouden worden door de duizenden camera's met gezichtsherkenningssoftware.
Uit schrik voor de digitale waakhond daalde ook het mobiel betalen drastisch. De keuze tussen convenience en privacy werd plots heel duidelijk. Zowat heel de wereld verkiest elke dag convenience boven privacy, gelinkt aan het feit dat tijd een schaars goed is. In Hongkong veranderde de balans in die periode radicaal. Privacy was toen het allerhoogste goed, convenience kwam erachteraan gehuppeld.

> ***Bankovervallen zijn geëvolueerd naar het digitaal leegroven van bankrekeningen.***

Allicht staat de *digital dark side* nog maar aan het begin van zijn evolutie. Bankovervallen zijn geëvolueerd naar het digitaal leegroven van bankrekeningen. De manier waarop digitale fraude gepleegd wordt, ziet er steeds geavanceerder uit. Het zou binnenkort wel eens kunnen dat je een mailtje krijgt van je partner met de vraag om snel een overschrijving uit te voeren, omdat hij/zij zelf geen tijd heeft. Allicht zal het om een klein bedrag gaan, honderd euro of zo. De e-mail zal vanaf het adres van je partner lijken te komen, het taalgebruik en de stijl zullen die van je partner zijn. De kans zal dus groot zijn dat je die overschrijving uitvoert.
Het mailadres van de financiële vraag en het échte mailadres van je partner vertonen echter een minuscuul verschil, dat je alleen opmerkt mits opperste concentratie aan de dag te leggen. De verzender kent jullie tone of voice, door al enkele dagen jullie mailconversaties

te bekijken via artificiële intelligentie. Waarna op basis van al die info automatisch een valse mail gestuurd wordt, met de vraag tot betaling.
Wat als je als cybercrimineel zo tienduizend mailtjes per uur de deur uit kunt sturen? Dan worden dat best lucratieve dagen. Wie is nu nog gek genoeg om een bank te overvallen? Die middeleeuwse manieren van werken verdwijnen sneller dan we kunnen denken.

In januari 2020 werd het Belgische bedrijf Picanol aangevallen door hackers. Het volledige informaticasysteem van het bedrijf werd stilgelegd. De fabriek waar de onderneming weefgetouwen produceerde, kon niet meer draaien. Heel wat medewerkers werden naar huis gestuurd. Het aandeel werd even geschorst, om de koersval te beperken. De economische schade was enorm.
Wat Picanol heeft meegemaakt, is vreselijk, maar allicht nog maar het topje van de ijsberg. Meer en meer bedrijven zullen aangevallen worden. Wat als straks ziekenhuizen of energiecentrales een aanval meemaken? De digitale *dark side* is een concrete bedreiging en een nieuw soort criminaliteit, waar veel mensen zich terecht zorgen over maken en waar de overheid en ondernemingen nog onvoldoende op voorbereid zijn.

Het gaat beter dan ooit met de wereld, maar toch maken mensen zich zorgen. Ze stellen zich vragen over de uitdagingen waar de wereld voor staat en over de (negatieve) gevolgen van de technologische revolutie waar we midden in zitten.
De digitale revolutie is dan ook complex en gaat snel. Iedereen beseft de voordelen van de technologie en kan nog moeilijk zonder de nieuwe mogelijkheden ervan leven, maar anderzijds zijn veel mensen ook bezorgd over de impact op het bedrijfsleven, de maatschappij en hun eigen, persoonlijke kansen in de toekomst. Wat betekent de huidige revolutie voor mij persoonlijk en hoe kan ze de maatschappij ten goede komen?

Bezorgdheid 3: gezondheid

Ik begon dit boek te schrijven in maart 2020, terwijl de coronacrisis uitbarstte in Europa. Prestigieuze events als het festival South by Southwest in Austin, het Indian Wells-tennistoernooi, het Europees kampioenschap voetbal en de Olympische Spelen werden in groten getale afgelast. Af en toe wordt de wereld geraakt door iets wat we niet voor mogelijk hielden. Voor september 2001 konden we ons niet inbeelden dat vliegtuigen als wapen zouden worden gebruikt om skyscrapers te laten instorten. In 2007 was het ondenkbaar dat banken konden omvallen. Vanaf 2008 was dat een nieuwe realiteit. Een virus dat de wereldeconomie kon raken, dat gebeurde alleen in Hollywoodfilms. Vanaf 2020 is het ook een nieuwe realiteit.

Every company is becoming a healthcare company

Steven Van Belleghem

Sinds 2020 kunnen we stellen dat elk bedrijf actief is in de gezondheidszorg. Iedereen kan niet anders dan veel striktere regels qua hygiëne en voorzichtigheid introduceren. Een goede gezondheid zal voor een lange tijd niet meer als een evidentie beschouwd worden. Als we op 1 januari 2021 iedereen 'een goede gezondheid' toewensen, zal dat oprechter zijn dan ooit tevoren. En tijdens meer boardmeetings dan ooit zal de vraag gesteld worden hoe je als bedrijf een positieve bijdrage kunt leveren aan de gezondheidszorg.
De grote technologiespelers duwen al een tijdje op de deur van de gezondheidsindustrie. Amazon heeft bijvoorbeeld een mysterieus project Gesundheit, waarbij het bedrijf probeert een medicijn te vinden tegen een verkoudheid. Dit binnen zijn Amazon Grand Challenge-researchgroep, die naar oplossingen zoekt voor problemen met een grote impact op de maatschappij. De universiteit van Michigan heeft berekend dat een gewone verkoudheid de Amerikaanse economie ongeveer veertig miljard dollar aan medische zorgen en lagere productiviteit kost. Al sinds de jaren vijftig van de vorige eeuw zoeken wetenschappers naar een vaccin of effectieve behandeling, tot nu toe zonder resultaat. Ook Google heeft verschillende initiatieven in de gezondheidszorg lopen, zoals samenwerkingen met Novartis of hun eigen medisch bedrijf Calico, dat ernaar streeft de effecten rond veroudering te verminderen.

De komende jaren zal elke sector allicht met gezondheidszorg te maken krijgen. De wereld heeft een schrik opgelopen voor pandemieën. De kans is reëel dat er in veel sectoren nieuwe hygiënevoorschriften komen om de kans op een nieuwe wereldwijde pandemie te verlagen. Legers kunnen met de grootste precisie een gebouw of vliegtuig vernietigen. In de toekomst zal de maatschappij diezelfde precisie verwachten naar nieuwe virussen toe. Klanten zullen verwachten dat bedrijven zelf nadenken over de juiste maatregelen om over hun gezondheid te waken. Onze gezondheid is de absolute top van de Maslowpiramide en die top is in 2020 in het hart geraakt. De focus zal verschuiven van zieke mensen opnieuw gezond maken, naar ervoor zorgen dat mensen niet meer ziek worden. Elke consument en elk bedrijf kan daaraan meewerken.

The Offer You Can't Refuse

> ***De coronacrisis heeft me gesterkt in de overtuiging dat dit de richting is waarin customer experience de komende jaren zal evolueren.***

Onze eigen reactie op de coronacrisis illustreert perfect de nieuwe verwachtingen van klanten. Door onze reactie te analyseren, kunnen we de veranderingen in verwachtingen beter begrijpen.

De meeste mensen die ik ken, stellen zich veel vragen over de impact van corona. In de eerste plaats denkt zowat iedereen aan zichzelf en de nabije familie. 'Hopelijk worden we niet ziek of zal er niemand uit onze nabije omgeving sterven', is de allereerste reflex. Daarnaast stellen we vragen die wat verder gaan dan de gezondheid. Wat betekent de crisis voor mijn vakantieplannen en voor het trouwfeest van mijn vriendin? Wat zijn de gevolgen voor mijn bedrijf en mijn spaargeld? Dat zijn voorbeelden van onze initiële reflecties. Daarna maken velen zich zorgen over de volledige maatschappij. Hoe is het om in Italië te leven, waar zo veel mensen in trieste omstandigheden sterven? Hoelang zullen we de economische gevolgen van dit virus dragen? Zullen farmaceutische bedrijven snel een vaccin vinden? Hopelijk zullen er niet te veel mensen sterven ...
We kijken naar dat soort incidenten met een dubbel gevoel: we denken aan de impact op onszelf en daarna aan de impact op de volledige maatschappij.

Het concept voor het The Offer You Can't Refuse-model ben ik beginnen uitdenken in september 2019. Aan welke persoonlijke noden van een klant moet worden voldaan, en aan welke van zijn behoeften om de maatschappij te verbeteren? Die dubbele manier van denken ligt aan de basis van mijn theorie in dit boek.
De coronacrisis heeft me gesterkt in de overtuiging dat dit de richting is waarin *customer experience* de komende jaren zal evolueren.

Hoe kun je klanten winnen in een wereld waar gebruiksgemak en goede service een commodity zijn geworden? Dat is het vraagstuk waarop ik in dit boek graag een antwoord wil formuleren. De uitdaging ligt in het formuleren van een aanbod voor klanten, waarbij die geen enkele argumentatie meer vinden om het aanbod nog te weigeren. *Make them an offer they can't refuse!* Als je als ondernemer door het raam naar buiten kijkt, zie je maar een deel van de wereld meer. De onzichtbare digitale laag is ondertussen overal aanwezig. Het verschil tussen online en offline wordt steeds kleiner. Eigenlijk leven we vandaag in een hybride wereld, waar ook alle offline interacties een digitale component hebben. Investeren in een stevige digitale aanwezigheid wordt een belangrijk onderdeel van 'The Offer You Can't Refuse'.

Begrijpen wat er speelt bij de mens achter de klant zal je helpen om verder te gaan. De bestaande digitale investeringen leiden meestal tot een uitstekend digitaal gebruiksgemak: transactionele convenience. Maar als je de mens achter de klant begrijpt, kun je verder gaan. Dan kun je erin slagen om 'emotionele convenience' te bouwen. Dan word je een partner in het leven van consumenten. Investeren in emotionele convenience wordt een tweede element van de strategie. Ten slotte gaat het om het nemen van je verantwoordelijkheid als bedrijf. De markt kijkt vandaag meer naar bedrijven dan naar overheden om een positieve impact op de maatschappij te hebben. Dat is het derde onderdeel van de The Offer You Can't Refuse-strategie.

Hybrid

Every part of the offline world will have a digital layer!

het offer you can't refuse *model*

Vreemd dat Spotify het haalde!

Eind 2019 maakten 271 miljoen mensen gebruik van de Spotifymuziekdienst.[19] Miljoenen consumenten vinden de beschikbaarheid van miljoenen liedjes voor een beperkte maandelijkse kost ondertussen de normaalste zaak van de wereld. Een topdienstverlening went snel. Spotify werd in april 2006 opgericht door de Zweden Daniel Ek en Martin Lorentzon. In 2006! Misschien herinneren sommigen het zich nog. In 2006 ging meer dan 40 procent van de westerse wereld op zoek naar illegale muziekdownloads.[20] Muziek downloaden leek in die tijd niet echt illegaal, het was zo goed als normaal gedrag. En net op dat hoogtepunt van de gratis (illegale) muziek lanceerde Spotify een betalend model. Op papier leek het een zelfmoordmissie. Het draaide anders uit. Begin 2020 is Spotify meer dan 25 miljard Amerikaanse dollar waard. Hoe is dat gelukt?
De eerste stap was de digitale interface. Toen iemand in 2006 een liedje illegaal wou downloaden, duurde dat al snel enkele minuten. Je moest toen letterlijk zitten wachten voor je naar een liedje kon luisteren. Via Spotify klikte je een liedje aan en begon het meteen te spelen. De eerste gebruikers kregen het magische gevoel alsof al deze liedjes op hun eigen harde schijf stonden. De mensen klikten en de muziek weerklonk. Vandaag lijkt dat evident, toen was dat een doorbraak. De snelheid van de Spotify-interface was toen een eerste differentiator tegenover het illegale model. In 2008 waren al vijftig miljoen tracks in Spotify beschikbaar en lanceerde het bedrijf zijn beroemde playlists. Daarmee begon Spotify muziekliefhebbers een reis aan te bieden langs nieuwe ontdekkingen en vergeten topnummers. Daar komt trouwens hun naam vandaan. De naam Spotify combineert twee woorden: *'spot'* – een nummer herontdekken dat je eigenlijk vergeten was – en

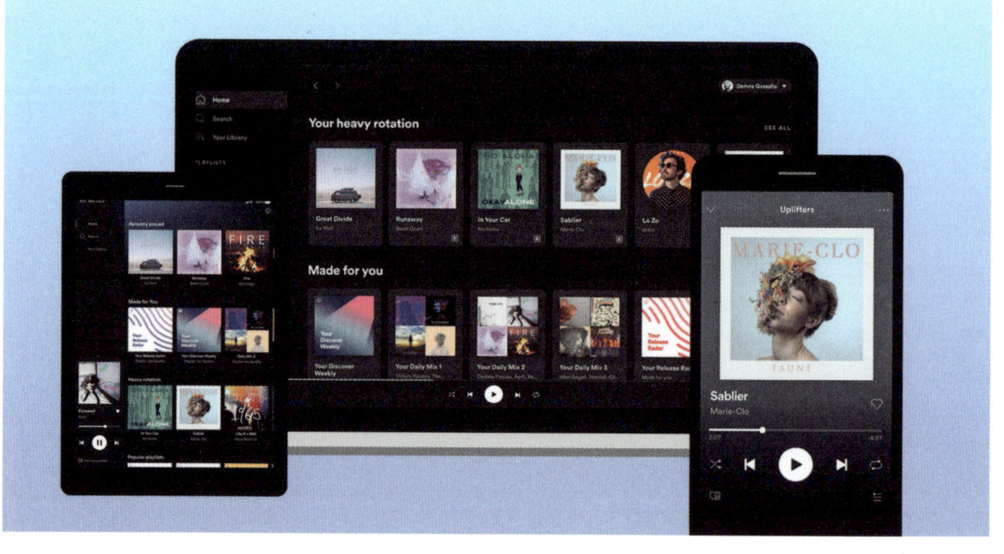

'identify' – het vergeten nummer ook kunnen identificeren. Met de playlist werd Spotify een partner in het leven van de moderne muziekliefhebber. Mensen stelden met hulp van het algoritme hun eigen playlists samen. Daarna konden ze die delen met vrienden en familie. Spotify hielp hen zo om als muziekliefhebber hun passie te delen.

Ondanks de soms grote kritiek die Spotify krijgt, wegens de beperkte betalingen aan artiesten, heeft het bedrijf er mee aan gewerkt om digitale muziek uit de illegaliteit te halen. Bij sommige consumenten hielp Spotify het geweten te sussen. Dankzij Spotify konden veel muziekliefhebbers immers op een efficiënte, intelligente en eerlijke manier hun favoriete muziek beluisteren. Alles samen lijkt Spotify wel een aanbod dat je niet kunt weigeren.

The Offer You Can't Refuse

De quote 'Make him an offer he can't refuse' is wereldberoemd geworden dankzij de The Godfatherfilms (vanaf 1972). In een van de bekendste scènes krijgt don Corleone (Marlon Brando) bezoek van zijn petekind, Johnny Fontane (Al Martino). Johnny is een bekende zanger, die echt hoopt op een filmrol die zijn uitdovende zangcarrière nieuw leven moet inblazen. De baas van de filmstudio had hem de rol eerder al geweigerd.
Op dat moment volgt de legendarische uitspraak van don Corleone: 'I'm gonna make him an offer he can't refuse.' In de The Godfatherfilms verwijst deze uitdrukking naar een nakende moord. Laat mij duidelijk zijn: dit boek gaat niet over klanten vermoorden, als ze niet met jou willen werken. Ik gebruik graag de originele betekenis van de quote. In de film Burn 'Em Up Barnes (1932) wordt met de uitspraak bedoeld wat die letterlijk betekent: laat ons iemand zó een aantrekkelijk aanbod bieden dat die het echt niet kan weigeren.
De kunst bestaat erin klanten een aanbod te doen dat alle elementen bevat die zij belangrijk vinden. Begrijp de hedendaagse noden van klanten en speel daarop in zodat je hun een *'offer they can't refuse'* kunt aanbieden. Zorg ervoor dat alle zinvolle argumenten om niet bij jou te kopen, wegvallen. Bied hun waarde op verschillende niveaus, waardoor de aantrekkingskracht om bij jou te kopen groot is.
Zo heeft Spotify zijn succes opgebouwd: het bedrijf zorgde voor een perfect werkende interface, werd een partner voor muziekliefhebbers en loste het probleem van illegale muziek voor een deel op.

Vier strategieën bouwen het 'Offer You Can't Refuse'

Het Offer You Can't Refuse-model bouwt verder op de klantenverwachtingen uit het eerste hoofdstuk. Vier elementen leiden samen tot dat niet te weigeren aanbod.

1. **Kwaliteitsvolle producten, goede service voor een goede prijs**
   Dat is uiteraard de basis van elke goede klantenrelatie. De producten en de dienstverlening moeten goed zijn. Hoe unieker je product, hoe sterker de propositie. Maar laat ons eerlijk zijn, zo veel écht unieke producten zijn er momenteel niet. De meeste bedrijven bevinden zich met hun producten in een (zo goed als) commoditysituatie. Toch blijft dit gelden: je kunt de meest geavanceerde *customer-experience*-strategieën verzinnen, als de basis niet goed zit, dan werkt het niet. Dat is voor elk bedrijf een absolute minimumvoorwaarde. Ik ga niet dieper in op deze strategie in het vervolg van dit boek. Het is de basis.
2. **Transactionele convenience**
   Gebruiksgemak is de nieuwe commodity, maar verdwijnt niet, integendeel. Een optimaal gebruiksgemak is het nieuwe minimum. Tijd blijft het meest schaarse goed van de moderne consument. Klanten tijd besparen blijft dan ook een grote prioriteit voor bedrijven. De komende jaren zal digitaal gebruiksgemak nog verder evolueren. De trend is heel duidelijk: de inspanningen voor de klant om een transactie uit te voeren, zullen blijven afnemen. De volgende stap in deze evolutie bestaat uit onzichtbare,

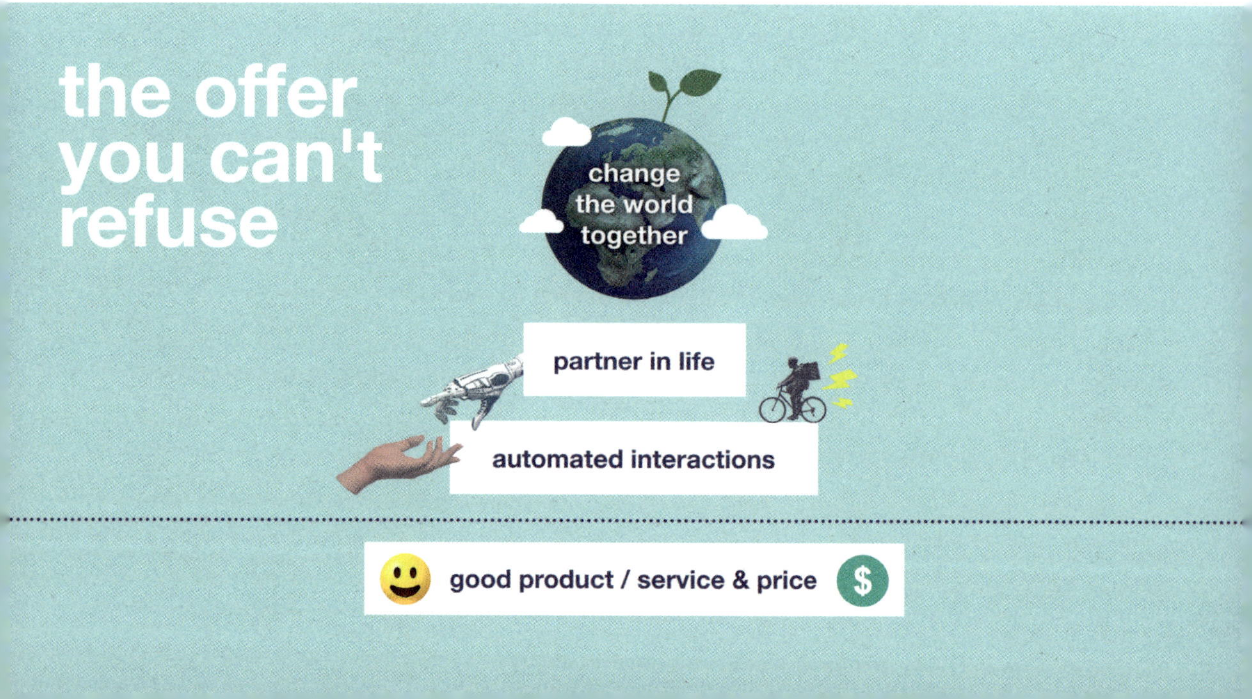

automatische transacties. De interfaces die dat mogelijk maken, herleiden de inspanning van de klant letterlijk tot nul. De transactie gebeurt zoals de consument dat wil, zonder ook maar enige inspanning. Het komende decennium zullen we die verdere evolutie van convenience zien plaatsvinden, maar het gekke is: hoe beter het gebruiksgemak nog zal worden, hoe minder differentiërend het zal zijn. Want nogmaals: het is echt het nieuwe minimum.

3. **Partner in life**
   Mensen zoeken hoop, hebben dromen en ambities. Hoe kun je de film van het leven van de klant optimaal helpen invullen? Help klanten hun dromen te realiseren, bezorg ze unieke momenten en help hen door hun moeilijke tijden. Slimme merken zullen erin slagen om de bezorgdheden uit het dagelijkse leven weg te nemen bij hun klanten. Verder zullen ze hen helpen de taken van elke dag beter uit te voeren. Bij die strategie gaat het niet over het verwijderen van fricties in het verkoopproces van het bedrijf. Nee, het gaat om het wegnemen van fricties in het dagelijkse leven van de klant. Het begint niet bij de *customer journey*, maar bij de *life journey*.
4. **Save the world**
   Hoe kun je (samen met klanten en medewerkers) een maatschappelijke meerwaarde creëren? Er zijn veel bezorgdheden over de toekomst. Probeer als bedrijf om een steen in de rivier te verleggen en op de juiste momenten je verantwoordelijkheid te nemen. De voorbije jaren was authenticiteit het modewoord in de marketingwereld. De komende jaren wordt dat wellicht verantwoordelijkheidszin. Consumenten zullen verwachten dat ondernemingen hun verantwoordelijkheid nemen, om bij te dragen aan de gemeenschappelijke verbetering van de wereld.

Eindelijk! Een slimme koelkast

Een slimme koelkast! Daarover schreef ik voor het eerst in 2010. Toen was het internet of things nog een abstracte theorie. Sindsdien is de magie van een slimme koelkast altijd in ons collectieve brein blijven hangen. Ondertussen klinkt een slimme koelkast als het zoveelste gadget dat de wereld niet nodig heeft, maar dat hoeft echt niet zo te zijn. Een écht slimme koelkast kan uitgroeien tot een *'offer you can't refuse'*.
Een slimme koelkast kan immers zorgen voor de ultieme convenience. Als de laatste fles melk op is, zou het best wel eens kunnen dat jouw koelkast automatisch melk op je boodschappenlijstje zet. Op het einde van de dag, of twee keer per week, afhankelijk van je instellingen, wordt de lijst met bestellingen dan doorgegeven aan je favoriete supermarkt. Kort daarna worden de producten bij je thuis geleverd. Dat is een perfect voorbeeld van een interface, waarbij de inspanningen van de klant tot nul herleid worden.

De meest recente Samsungkoelkasten slagen erin om ook een *partner in life* te zijn voor de consumenten. De koelkast scant zelf welke producten er nog aanwezig zijn. Die informatie wordt gekoppeld aan een database met recepten. Zo stelt de koelkast zelf bepaalde recepten voor, op basis van de aanwezige ingrediënten. Ontbreken een of twee ingrediënten om een bepaald recept te maken, dan voegt de koelkast die toe aan het boodschappenlijstje. Op die manier worden consumenten geholpen om hun menu voor de volgende dag te kiezen. De koelkast kiest daarbij trouwens automatisch welke producten het dichtst bij hun vervaldatum komen, zodat je ook de juiste prioriteiten stelt bij je keuze. De koelkast wordt een partner in voeding en helpt je om voedselverspilling tegen te gaan.

Die laatste toepassingen hebben uiteraard ook een positieve impact op de planeet. Een gemiddeld Amerikaans gezin gooit tot 43 procent van zijn voeding weg, omdat de vervaldatum is overschreden.[21] Als gezinnen dankzij de intelligentie van de koelkast erin slagen om de resterende ingrediënten in recepten te combineren, neemt de voedselverspilling af. Zo kunnen bedrijven als Samsung samen met de klant een groot probleem van de huidige maatschappij aanpakken. Alle niveaus van het Offer You Can't Refuse-model – goede productkwaliteit, transactionele convenience, *partner in life* en *saving the world* – zijn aanwezig.

De lamp van Aladdin

Ik ga ervan uit dat je het verhaal van Aladdin en de wonderlamp kent. Als grote Disneyfan moet ik toegeven dat Aladdin een van mijn lievelingsfilms is. Het liedje *A whole new world* is bovendien een van mijn favoriete Disneysongs. Mocht je de film niet gezien hebben, het verhaal is eenvoudig samen te vatten. Aladdin vindt een lamp en wrijft erover. Plots komt de geest tevoorschijn, die Aladdin de vervulling van drie wensen schenkt.
Ik nodig je even uit om na te denken wat jij zou doen als je het geluk had deze lamp te vinden. Voor je helemaal enthousiast wordt, geef ik nog even de regels mee. Het is verboden om nog meer wensen te vragen. Verder kan de geest er niet voor zorgen dat iemand verliefd op je wordt of dat iemand terugkeert uit de dood. Dat zijn de krijtlijnen. Alle andere dromen mag je wel in vervulling laten gaan.
Beeld je nu even in dat jij de lamp van Aladdin vindt. Je wrijft erover en daar komt de geest. 'Beste mevrouw, beste mijnheer, ik ben je meester. Je hebt drie wensen.' Zou dat niet zalig zijn?

Ik ben benieuwd wat je eerste wens zou zijn. Denk daar gewoon even over na. Wat zou het allereerste zijn dat je aan de geest zou vragen? Het voorbije jaar stelde ik die vraag aan duizenden mensen tijdens mijn presentaties. Op diverse continenten, aan verschillende lagen op de managementladder, aan zestigplussers en aan zestienjarigen. Telkens wanneer ik het experiment bij een nieuwe doelgroep uitprobeerde, was ik heel benieuwd naar het resultaat. Wel, aan wie ik de vraag ook stelde, de antwoorden waren overal en voor iedereen identiek.

Wat zou jij als eerste wensen?

Iets voor jezelf?
Iets voor familie, vrienden of kinderen?
De oplossing van een wereldprobleem?

De resultaten van mijn reallifeonderzoek waren sluitend. Ongeveer 95 procent van de mensen zou iets voor zichzelf of voor familie, vrienden of kinderen wensen. Slechts 5 procent wil een wereldprobleem oplossen. Ik vind dat fascinerend. Iedereen heeft altijd de mond vol over de grote problemen van onze planeet en hoe iedereen een steentje zou moeten bijdragen aan de oplossing daarvan. Maar eens er dan een geest uit een lamp zou komen, zouden we dat blijkbaar meteen vergeten. We zouden alle gezondheidsproblemen kunnen oplossen, we zouden de hongersnood in Jemen kunnen oplossen, de oorlog in Syrië stopzetten, maar toch kiezen we liever voor de vervulling van een wens die impact heeft op ons eigen leven. Wel, daar is eigenlijk niets mis mee. Zo zitten mensen nu eenmaal in elkaar. We denken eerst aan onszelf, daarna aan de wereld.

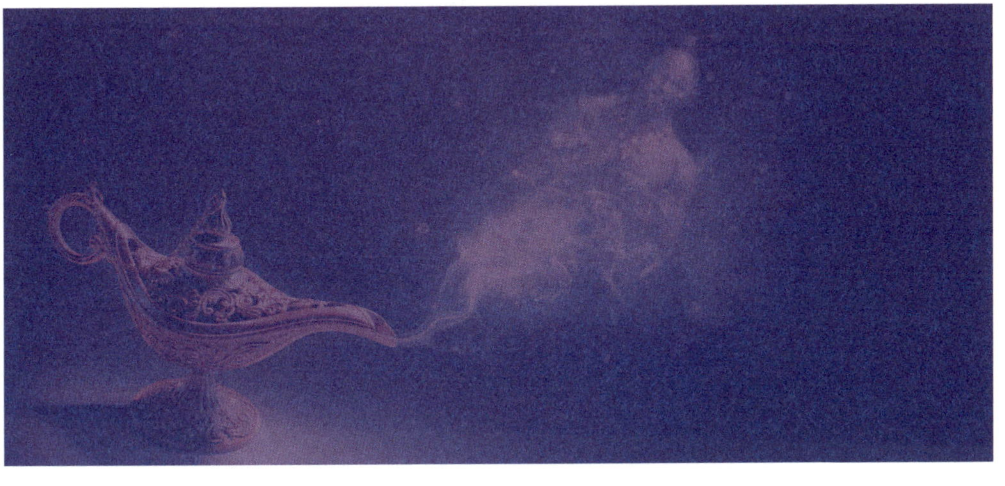

Work your way up!

Het Offer You Can't Refuse-model werkt maar in één richting: van beneden naar boven. Als je succesvol wilt zijn, heb je eerst nood aan perfect werkende interfaces, daarna gaat het om het leven van de klant en daarna kun je de wereld verbeteren. Dat is soms de frustratie van ngo's. Die mensen zeggen me dan: 'Maar Steven, wij verbeteren de wereld toch, wij bereiken de top van je model. Waarom lukt het dan toch niet zoals verhoopt?' Het antwoord bevindt zich aan de onderkant van het model: 'Jullie maken het te moeilijk om geld aan jullie organisatie te schenken. De inspanning voor de geïnteresseerde klant is te groot. Daardoor hou je alleen de écht gemotiveerde mensen over, de rest haakt af.' Alleen goed doen voor de wereld is niet goed genoeg, de andere niveaus van het model zijn minstens even belangrijk.
Er gaapt een grote kloof tussen wat mensen zeggen en wat ze doen. De voorbije jaren spraken heel veel mensen over hoe belangrijk de klimaatdiscussie is. In realiteit leverde niet iedereen echter evenveel inspanningen. Iedereen weet bijvoorbeeld dat vliegen heel slecht is voor het milieu, maar onze persoonlijke vrijheid is ook belangrijk.

Tijdens de coronalockdown stopte het internationale vliegverkeer, dan konden we niet meer vliegen. Iedereen zag dan met eigen ogen hoe de natuur zich herstelde, nu de mens minder vervuilde. Het effect was op korte termijn heel zichtbaar. In het begin van de epidemie in China, toen er in veel regio's nog gevlogen mocht worden, daalde het aantal passagiers al drastisch. De schrik om besmet te worden was immers zo groot dat er minder gereisd werd.

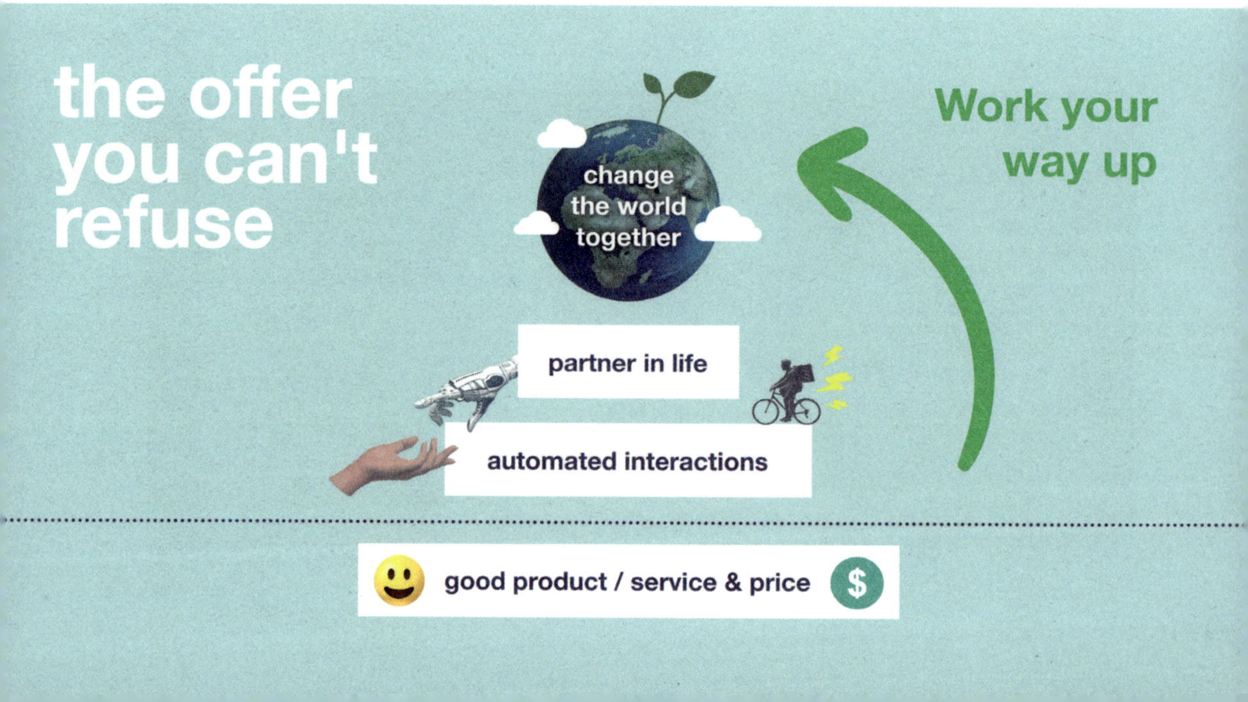

De massale communicatie over het klimaat en de rol die vliegtuigen daarin spelen, heeft geen enkele impact op ons gedrag gehad. Maar nu het voor onszelf gevaarlijk werd, pasten mensen hun gedrag wel massaal aan. We denken eerst aan onszelf, dan pas aan de rest van de wereld.

Centraal Beheer: NPS +50

Centraal Beheer is een van de grootste en populairste verzekeringsbedrijven in Nederland. De maatschappij is opgericht in 1909, gevestigd in Apeldoorn en onderdeel van de Achmea-verzekeringsgroep. In Nederland is het bedrijf bekend om zijn legendarische reclame-uitspraak 'Even Apeldoorn bellen'.

In 2016 mocht ik voor het eerst bij dit mooie bedrijf spreken. Die bijeenkomst zal me voor altijd bijblijven. Voor ik aan het woord kwam, had de toenmalige CEO, Pieter Louter, een boodschap voor zijn medewerkers. Die klonk als volgt: 'Beste mensen, wij hebben een prachtig bedrijf, maar onze klanten zijn niet echt tevreden. We werken allemaal heel hard, maar toch hebben we een negatieve Net Promoter Score.' De Net Promoter Score is het verschil tussen het aantal mensen dat een bedrijf actief wil aanbevelen en het aantal mensen dat een bedrijf actief wil afraden aan anderen. Meer mensen wilden Centraal Beheer dus afraden aan vrienden dan dat er waren die de onderneming zouden aanbevelen. Sommige reacties uit de zaal waren wat gelaten: 'Ja, dat weten we, maar we zijn toch nog altijd bij de beste verzekeraars van Nederland? En trouwens, in de verzekeringssector is een positieve NPS bijna niet haalbaar. De mensen houden gewoon niet van onze industrie.' Ik observeerde de directeur en de zaal, benieuwd naar wat er komen zou. 'Jullie hebben gelijk', zei Pieter. 'We zijn een van de beste bedrijven uit onze sector, maar eigenlijk zijn we gewoon de beste van de slechte. Een negatieve NPS is per definitie negatief, ook al ben je de beste van de sector. Ik moet eerlijk zijn: ik ben dat beu.'

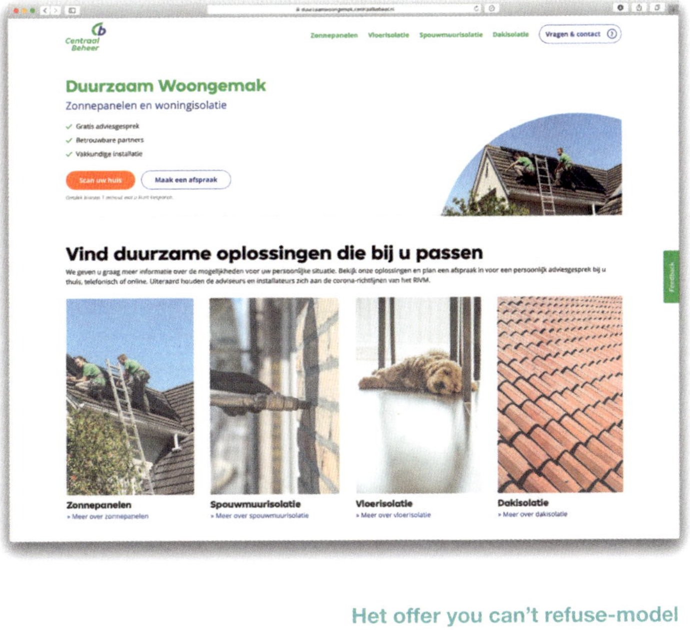

Ik voelde de spanning stijgen en zag al enkele mensen zenuwachtig op hun stoel wiebelen. Het remde de CEO niet af in zijn betoog, integendeel. 'Kijk, ik wil jullie een nieuwe ambitie meegeven. Ik wil dat wij zo snel mogelijk een NPS van +50 hebben.' Er volgde een stilte. Ik vond dat een fantastisch moment. Een NPS van +50 is heel uitzonderlijk, slechts een absolute minderheid van de bedrijven kan zulke cijfers voorleggen. Deze boodschap vlak voor mijn presentatie was super. Een betere voorzet kun je als spreker niet krijgen. Wanneer ik de zaal bekeek, was de reactie dubbel. De ene helft vond duidelijk dat de CEO niet meer geschikt was voor de job. Een NPS-score van +50 in de verzekeringssector was ongezien. De arme man had ze niet allemaal meer op een rijtje, zag je sommigen denken. De andere helft straalde enthousiasme uit. Eindelijk, zag je hen denken. Eindelijk mogen we onze manier van werken fundamenteel veranderen. Eindelijk mogen we ons écht op klantentevredenheid focussen.

Kleine-Deukjes-Dagen, uitstekende digitale interfaces en een royaal afscheid

De voorbije jaren heeft Centraal Beheer ervoor gezorgd dat het zo gemakkelijk mogelijk werd voor klanten om een verzekering af te sluiten en om een claim te behandelen.

Nu zijn we vier jaar verder. Heeft Centraal Beheer de doelstelling van +50 behaald? Tijdens het onderzoek voor dit boek sprak ik met Albert Spijkman, de algemeen directeur van Centraal Beheer. Je kunt ons gesprek integraal op mijn YouTubekanaal bekijken.

'Een algemene NPS-score van +50 hebben we nog net niet behaald', vertelt Albert, 'maar voor heel wat interactiemomenten behaalden we die score wel en zijn we er soms zelfs ruim boven gegaan.' De voorbije jaren heeft Centraal Beheer ervoor gezorgd dat het zo gemakkelijk mogelijk werd voor klanten om een verzekering af te sluiten en om een claim te behandelen. Dat was de basis. Verder heeft de maatschappij tal van nieuwe interacties opgezet, om de relatie met de klant te verbeteren. Een van de nadelen van een verzekeraar is dat je je klant bijna nooit ziet of spreekt, tenzij er iets aan de hand is. Daarin heeft Centraal Beheer verandering gebracht met zijn Kleine-Deukjes-Dagen. Tijdens die dagen kunnen klanten met hun auto naar verschillende plaatsen in Nederland rijden, waar Centraal Beheer helemaal gratis drie kleine deukjes uit de wagen verwijdert. De onderneming zorgt ervoor dat de sfeer daar

op-en-top is, zodat de klanten positief verrast terug naar huis gaan. Het is een moment waarbij ze hun verzekeraar ook eens 'in het echt' zien.
Centraal Beheer onderzoekt steeds weer in welke fasen van de klantenreis het bedrijf het beter kan doen. Een moment dat daarbij door veel bedrijven wordt vergeten, is dat waarop de klant beslist om niet langer klant te zijn. Centraal Beheer besliste om een Royal Goodbye te organiseren voor klanten die hun contract opzeggen. Ze worden bedankt voor de jarenlange trouw, waarna mooie woorden volgen en de boodschap dat ze altijd terug welkom zijn bij Centraal Beheer. Als allerlaatste stap in de afscheidscommunicatie stuurt Centraal Beheer die mensen wat vergeet-mij-nietje-bloemzaadjes. Is dat niet geniaal gevonden? Al die relatief kleine initiatieven hebben samen een enorme impact op de klantentevredenheid.

Partner in wonen

Eens de basis voor meer tevreden klanten was gelegd, was het tijd voor de volgende fase. 'Centraal Beheer is in transformatie van een verkoper van verzekeringsproducten naar een dienstenbedrijf dat mensen helpt bij comfortabel en duurzaam wonen', beschrijft Albert Spijkman de huidige strategie. In plaats van alleen woonverzekeringen te verkopen, wil Centraal Beheer mensen helpen om zo zorgeloos mogelijk te leven.
Een van hun eerste innovaties was de app Klushulp. Dat is een soort Uber voor klusjesmannen. Als je thuis een klus hebt, klein of groot, kun je online deze hulp inschakelen. Als je bereid bent een kleine vergoeding te betalen, kun je zelfs iemand op dezelfde dag langs laten komen. Centraal Beheer maakt daarbij gebruik van zijn netwerk van technische experten. Daarmee werken ze al jaren samen, voor herstellingen gelinkt aan een verzekering. Nu zet de verzekeraar dit netwerk los van een schadegeval in, om waarde toe te voegen.
Het leuke is: iedere Nederlander kan de Klushulp gebruiken, je hoeft geen klant van Centraal Beheer te zijn. Na één jaar had deze app ongeveer 25.000 gebruikers, waarvan 60 procent nog geen verzekeringsklant van Centraal Beheer was.
De dienst bevindt zich nog in het begin van zijn levenscyclus, maar zorgt nu al voor een concrete stroom van inkomsten. Het omschakelen naar dienstenleverancier is dan ook geen pr-gimmick. Het is de bedoeling een echt rendabele business uit te bouwen.

In 2021 worden rookmelders verplicht in Nederland. De meeste verzekeraars zullen een brief naar hun klanten sturen met de boodschap: 'Beste klant, om in orde te zijn met de wet en uw verzekering, moet u verplicht rookmelders van type X plaatsen.' Centraal Beheer gaat echter verder. De verzekeringsmaatschappij informeert klanten, maar stelt ook voor om die zelf te komen plaatsen. Zo biedt ze een service aan. Ze ontzorgt de klant en verdient er geld aan. Tegelijk maakt de klant zich geen zorgen of de geïnstalleerde rookmelders wel in lijn zijn met de voorwaarden van de verzekeraar.

Centraal Beheer: een 'Offer You Can't Refuse'!

Duurzaam energiebeleid is deel van het antwoord op de wereldwijde klimaatuitdaging. Een van de mogelijke oplossingen is de installatie van meer zonnepanelen. Alleen vinden veel consumenten het hele proces om zonnepanelen te installeren complex en onduidelijk. Die bezorgdheden zag Centraal Beheer als een opportuniteit. Dus begon de verzekeraar in 2019 met de verkoop én installatie van zonnepanelen. Via zijn site kun je op een uitermate gebruiksvriendelijke manier zonnepanelen aankopen. Je geeft je adres in en ziet met de online scan meteen of jouw dak geschikt is. Het systeem berekent automatisch hoeveel panelen je nodig hebt, waarna de offerte wordt opgemaakt. Dat alles gebeurt met de digitale efficiëntie zoals consumenten die vandaag gewoon zijn van de techreuzen. En doordat een verzekeringsbedrijf de zonnepanelen installeert, is iedereen meteen ook

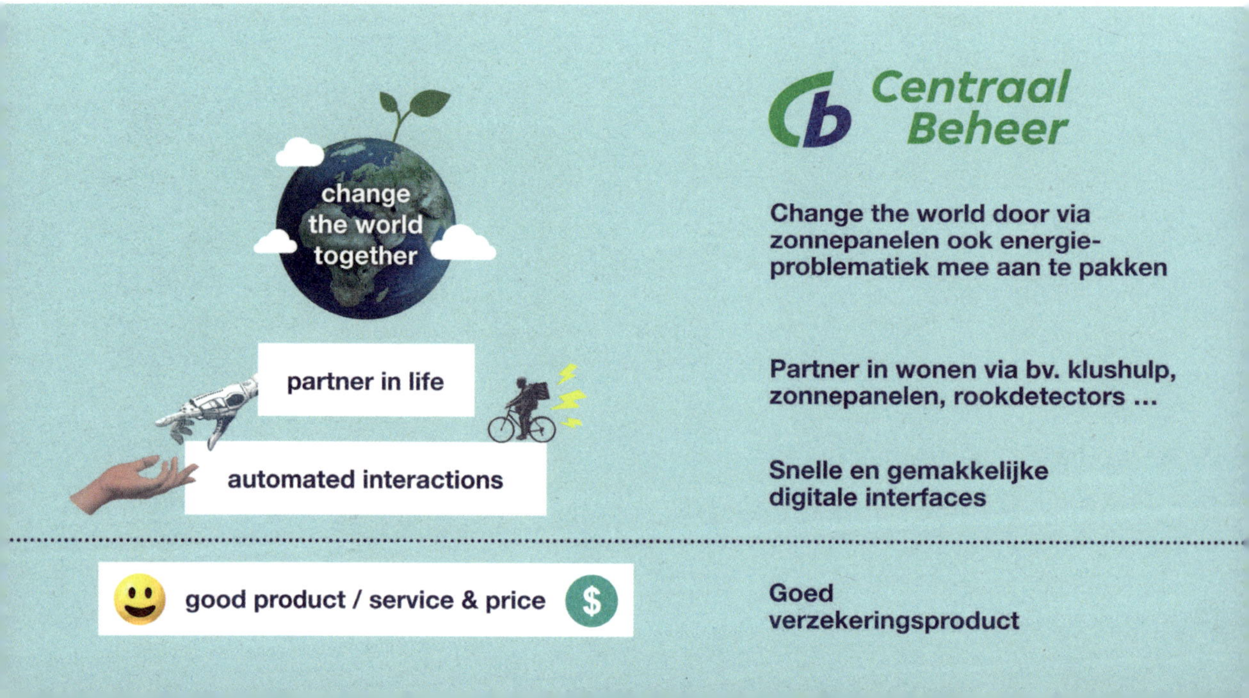

gerust dat de kwaliteit in orde zal zijn. Misschien vragen sommigen zich af waarom een verzekeraar nu plots met de verkoop van zonnepanelen moet beginnen. Wel, onderschat niet hoeveel kennis een verzekeringsmaatschappij over dat soort markten heeft. Centraal Beheer heeft bijvoorbeeld al meer dan vijfduizend schadegevallen met zonnepanelen behandeld. De verzekeraar weet perfect wat er allemaal fout kan lopen én wie goede kwaliteit levert. Hij weet ondertussen heel veel over de aansluitingen, beveiliging en kwaliteit van die producten.
Centraal Beheer heeft het zonnepanelenaanbod als een test op zijn site gezet. Zonder enige marketing volgden de eerste maanden al zo'n driehonderd bestellingen, die tot het plaatsen van meer dan vierduizend panelen leidden. In de loop van 2020 wordt deze dienst commercieel ondersteund en wordt het een volwaardige dienst binnen het bedrijf. Dat nieuwe aanbod vervult een dubbele rol: het ontzorgt de klant bij een complexe aankoop én draagt bij tot het oplossen van een maatschappelijke uitdaging.

Je voelt hoe Centraal Beheer onderweg is om zijn Offer You Can't Refuse-strategie zo concreet mogelijk te maken. Het doel is klanten heel tevreden maken (NPS +50). Daarvoor maakt de verzekeraar gebruik van de best werkende digitale interfaces, wordt hij een partner in wonen en zorgt hij met bepaalde diensten voor maatschappelijke meerwaarde.

Restaurant Addo in Seattle

Het Offer You Can't Refuse-model geldt niet alleen voor grote bedrijven. De filosofie is in elke onderneming, groot of klein, bruikbaar. Tijdens de coronalockdown van maart 2020 sloten wereldwijd duizenden restaurants. In de Verenigde Staten leidde dat meteen tot een golf van werkloosheid, terwijl de restauranthouders alle moeite hadden om het hoofd boven water te houden.
Chef Eric Rivera runt Addo, een populair restaurant in Seattle met zowel goedkope gerechten in Puerto Ricostijl, als uitgebreide highendmenu's met aangepaste wijnen. Ondanks de sluiting van zijn fysieke restaurant, is zijn omzet tijdens de eerste twee weken van de lockdown verdubbeld in vergelijking met die van maart 2019. In plaats van mensen te ontslaan, moest hij zijn *staff* verdubbelen tot tien medewerkers.
De eerste stap in Erics strategie was een goed digitaal platform gebruiken. Daarbij koos hij voor Tock, een minder bekend restaurantplatform. De meeste restaurants werken met bekende namen als OpenTable, maar in tijden van crisis is Tock interessanter. Via Tock bestellen klanten met een paar kliks een maaltijd, die ze op voorhand moeten betalen. De klant geniet gebruiksgemak, maar de restaurantmanager ook de zekerheid van betaling.

De tweede stap van Erics strategie bestond erin te begrijpen hoe consumenten tijdens zo'n gezondheidscrisis nadenken over eten. In de eerste plaats rekenen ze op een veilige, kwaliteitsvolle levering. Daarnaast willen ze niet elke dag hetzelfde eten. Voor de crisis was er sowieso een breder aanbod van eten beschikbaar.

Eric Rivera begreep die verwachtingen. Hij besloot om elke dag nieuwe gerechten aan te bieden. Bovendien behield hij het diverse aanbod van zijn restaurant: je kon er *food bowls* van negen Amerikaanse dollar bestellen, maar ook een uitgebreidere maaltijd met een fles wijn voor meer dan honderd Amerikaanse dollar.

Ten slotte nam Eric een cruciale strategische beslissing, die zowel zichzelf als zijn klanten ten goede kwam. Hij besloot om niet samen te werken met bedrijven als Uber Eats. Zijn eigen medewerkers werden verantwoordelijk voor de leveringen van de maaltijden. Op die manier konden ze hun klanten een veilige en kwaliteitsvolle levering garanderen en verloor het restaurant geen financiële marge aan die dure partners.

> ***Hij besloot om niet samen te werken met bedrijven als Uber Eats. Zijn eigen medewerkers werden verantwoordelijk voor de leveringen van de maaltijden.***

Via de derde stap in de strategie kon Eric bijdragen aan de maatschappij. Mensen kregen immers de kans om naast hun eigen bestelling ook een *food bowl* ter waarde van negen Amerikaanse dollar te schenken aan daklozen. Na twee weken waren er al meer dan duizend bowls geschonken.

Ik vind dit een prachtig voorbeeld van hoe een kleine ondernemer alle stappen van het Offer You Can't Refuse-model – een goed (lekker) product, transactionele convenience, *partner in life* (voeding), meerwaarde aan de samenleving brengen – toepast om tot een succesvol aanbod voor zijn klanten te komen.

En in mijn industrie? Moet ik echt alles doen?

'Is het wel nodig om in elke industrie vandaag al zo ver te gaan?', krijg ik vaak als vraag van vermoeide managers en ondernemers. De voorbije jaren zijn een race geweest om mee te kunnen met alle innovaties, veranderingen en crisissen. Als blijkt dat klanten nu opnieuw veranderende eisen hebben, ontmoedigt dat sommige mensen.
Hun vraag is bovendien terecht. Heel wat succesvolle ondernemingen bieden lang niet alle stappen van het Offer You Can't Refuse-model aan. Amazon.com is een van de meest succesvolle bedrijven ter wereld, maar werkt volgens mij niet meteen aan een betere wereld. De onderneming heeft uiteraard de perfecte digitale interfaces en is voor vele mensen ook een echte partner in hun dagelijkse leven, maar daar houdt het op.
Moet op dit moment elk bedrijf de volledige ladder van het Offer You Can't Refuse-model beklimmen? Ik denk het niet. Vandaag is dat niet overal nodig. Het is daarbij belangrijk om naar de benchmark binnen je eigen sector te kijken.

Werk je in een sector waarin alleen naar product en prijs wordt gekeken, dan heb je eigenlijk geluk. Hoe conservatiever een sector is, hoe gemakkelijker het is om het verschil te maken. Het enige wat je in dat geval moet doen, is ervoor zorgen dat je transactionele convenience 10 of 20 procent beter is dan bij de concurrent. Dan zal je bedrijf al meteen het verschil maken. Ben je actief in een sector waarin de meeste bedrijven al een goede transactionele convenience brengen, dan maak je het verschil door een *partner in life* te zijn.

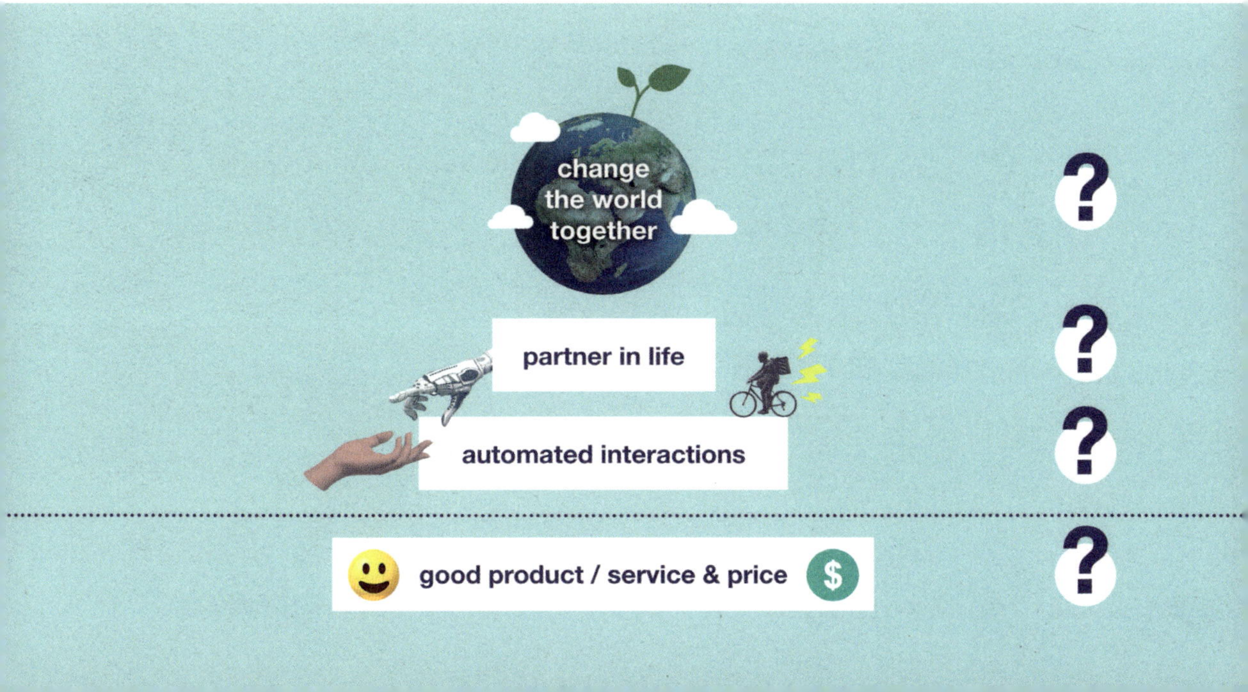

De retailmarkt is een interessante markt. Product en prijs zijn uiteraard al sinds jaar en dag cruciaal in deze wereld. De voorbije jaren hebben heel wat retailers hun best gedaan om digitale convenience zo goed mogelijk te implementeren. Nu vindt de strijd voor differentiatie plaats op de niveaus erboven.

In september 2019 had ik het genoegen om Jamie Oliver te ontmoeten, tijdens een event in Amsterdam. Jamie vertelde over zijn partnership met het Britse Tesco. Hun gezamenlijke doel was om kinderen in het Verenigd Koninkrijk gezondere voeding te laten eten. Zo hoopten ze een *partner in life* te worden voor ouders en op hetzelfde moment iets aan de gezondheid van de volgende generatie te doen – de twee hoogste niveaus van het Offer You Can't Refuse-model. Jamie maakte leuke video's en in de winkel kon je de recepten met bijbehorende producten vinden. Als er een gezond alternatief voor een bepaald product bestond, dan zette Tesco dat naast het ongezondere product, met bijbehorende uitleg. Bovendien zorgden ze ervoor dat het gezondste product ook altijd het goedkoopste van de twee was. Een decennium geleden was retail een product/prijs-industrie, door de komst van online zijn ook digital interfaces belangrijk geworden en nu zie je initiatieven waarbij de *partner-in-life*-en *save-the-world*-strategieën worden toegevoegd.

Misschien voelt het comfortabel om in een sector te werken waarin nog niet alle stappen van het model van toepassing zijn. Ik zou dan alleen willen waarschuwen voor het 'snelle slak'-syndroom. Zorg ervoor dat je niet de snelste slak bent.
Misschien doe je het heel goed in je eigen sector, maar evolueer je nog altijd heel traag en niet conform de evoluties in de wereld. Dan ben je wel de snelste slak, wat vast prettig voelt, maar op lange termijn is het toch interessanter om je met hazen en luipaarden te meten, dan met andere slakken. Jij bepaalt waar de benchmark ligt, niet je sector. Jij hebt zelf die beslissingsbevoegdheid.

Hopper lost een probleem op waar consumenten al jaren mee worstelen

Hopper is een opmerkelijk bedrijf. Het werd opgericht in 2007, maar presenteerde zichzelf pas in 2014 aan de wereld. De eerste zeven jaar deed Hopper wetenschappelijk onderzoek naar de prijscurves van luchtvaartmaatschappijen. Vandaag is Hopper een van de populairste reisapps in Noord-Amerika.
In oktober 2018 ontmoette ik de oprichter van Hopper, Frederic Lalonde, tijdens een event in Canada. Hij vertelde hoe het gebrek aan transparantie en de hoge volatiliteit van vlieg-

tuigtickets vele consumenten al lang een doorn in het oog waren. Sterker nog, ze hebben vaak het gevoel een slechte deal te sluiten. Wanneer moet je nu precies een ticket kopen? Zo vroeg mogelijk? Of moet je net langer wachten? Niemand weet het. Dat probleem losten Frederic en zijn team voor de consument op.
Hun algoritmes voorspellen heel erg accuraat de prijscurve van vliegtuigtickets. Als je via hun app een vlucht wilt boeken, ziet het er allemaal uit als bij elke andere travelapp. Je geeft je bestemming en datum in, waarna je een aanbod van vluchten krijgt. De meeste aanbieders van vliegtuigtickets zijn erin geslaagd om hun klanten een gebruiksvriendelijke online interface aan te bieden – de tweede stap naar The Offer You Can't Refuse.
Hopper gaat echter verder en wil een partner in reizen zijn. Het moment dat je een vlucht wilt boeken bij Hopper, is de kans groot dat je volgend bericht krijgt: 'Beste klant, u zou beter nu niet boeken. De prijs is nog te hoog. Mogen wij u een bericht sturen, wanneer het voordeligste moment aangebroken is om dit ticket te boeken?' Uiteraard antwoordt iedereen 'ja'. Enkele dagen of weken later krijg je dan een pushbericht. 'Beste klant, uw ticket naar New York is nu 15 procent goedkoper dan wanneer u een tijd geleden zelf keek. Dit is de beste prijs.' Hopper groeit zonder enige vorm van klassieke advertenties. Alles draait op een indrukwekkende *word of mouth*. Je begrijpt vast waarom.
De algoritmes van het bedrijf gaan zelfs nog verder in het adviseren van klanten. Stel, iemand uit New York wil tijdens de winter een reis naar Hawaï boeken. Vanuit New York is dat meer dan twaalf uur vliegen. Het Hopperalgoritme kan dan bijvoorbeeld reizen voorstellen naar Florida. In Florida is het tijdens de winter ook heerlijk qua klimaat, het is maar drie uur vliegen én meestal zijn de tickets een pak goedkoper.

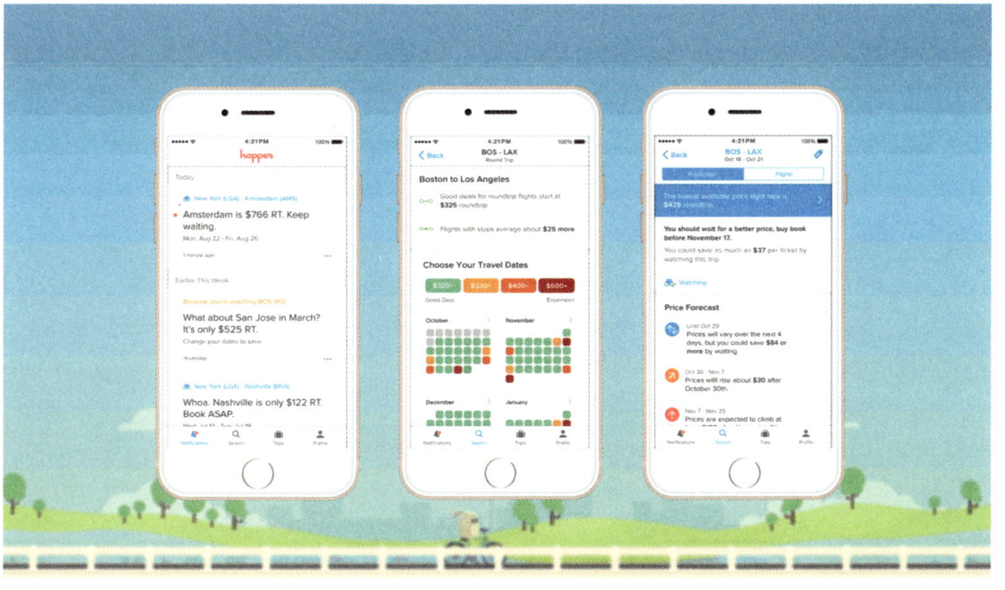

Frederic vertelde me hoe een heel groot deel van de klanten dat soort aanbevelingen volgt. Eigenlijk zegt het algoritme: 'Jij wilt helemaal niet naar Hawaï, je wilt graag naar een zonnig klimaat tijdens de koude winter. Ik weet dat, want je onderneemt nu al enkele winters lang telkens een reis naar de zon.' Op die manier worden mensen geholpen in de keuze van hun bestemming en in het optimaliseren van de prijs.

Je voelt het, Hopper gaat verder dan alleen een gebruiksvriendelijke interface aanbieden. Het bedrijf wil een partner in reizen zijn. Het groeit nu al een aantal jaren sterk. Concurrenten zien dat succes en beginnen ook aan de klim naar The Offer You Can't Refuse.

De volgende stap voor Hopper is nadenken hoe de onderneming een positieve bijdrage aan de wereld kan leveren. De luchtvaartsector zal meer en meer vragen moeten beantwoorden over zijn impact op het klimaat. Allicht zal Hopper op korte termijn een meerwaarde proberen te vinden op het *save-the-world*-niveau.

Markten blijven steeds verder evolueren. Enkele jaren geleden draaiden de sites met vliegtuigtickets alleen over een goede interface. Vandaag evolueren ze naar *'partner in life'*. De komende jaren zullen we vanuit deze sector steeds meer *save-the-world*-initiatieven zien. Hoe hoger de concurrenten in het model klimmen, hoe groter de noodzaak om zelf ook steeds verder naar boven toe te differentiëren.

Plots wordt het urgent

> ***Kijk naar je eigen sector en evalueer in welke fase jullie je bevinden. Als je dan één niveau hoger speelt, kun je al een verschil maken.***

Is het nodig om in elke sector al helemaal tot de top van het Offer You Can't Refuse-model te klimmen? Daarnet was mijn aanbeveling: kijk naar je eigen sector en evalueer in welke fase jullie je bevinden. Als je dan één niveau hoger speelt, kun je al een verschil maken. Ik wil daar een belangrijke nuance aan toevoegen.

De situatie vandaag biedt geen enkele garantie voor de situatie morgen of overmorgen. Het is dan ook belangrijk om te evalueren welke externe factoren de huidige situatie zouden kunnen veranderen. Is er bijvoorbeeld een kans dat in jouw sector de druk van de klimaatbezorgdheid plots sterk toeneemt? Bestaat er een kans dat nieuwe technologieen voor een compleet ander businessmodel zorgen? Probeer proactief na te gaan welke externe factoren de situatie urgent kunnen maken, want voor je het beseft, worden alle aspecten van het model plots urgent.

Verstraete IML: het verhaal van een drukkerij in volle transformatie

Ik woon in Knesselare, een kleine gemeente in België. Als kind groeide ik op in Maldegem, ongeveer tien kilometer van waar ik nu woon. Toen ik tien jaar geleden managementboeken begon te schrijven, had ik nooit gedacht dat ik daarin ooit een case uit mijn geboortedorp zou brengen. Maar nu breng ik je heel graag het verhaal van Verstraete IML, omdat de onderneming erin slaagt het Offer You Can't Refuse-model toe te passen in een wereld waarin het vroeger alleen om product en prijs draaide, maar waarin vandaag heel andere criteria beginnen mee te spelen.

Verstraete IML is een snelgroeiende kmo, waarbij vandaag ongeveer zeshonderd mensen werken. Het bedrijf is wereldleider in In Mould Labeling. IML is een decoratietechniek: een voorbedrukt label van polypropyleen (PP) wordt in een matrijs of een *mould* geplaatst. Die matrijs heeft de vorm van het eindproduct, bijvoorbeeld een botervlootje. In de matrijs wordt vervolgens gesmolten PP aangebracht. Dat versmelt met het etiket en neemt tijdens het verharden de vorm van de matrijs aan. Zo vormen het label en de verpakking één mooi geheel.[22]

Verstraete IML werd in 1975 opgericht door Geert Verstraete. Het bedrijf begon als een drukkerij van etiketten, vooral voor op bierflesjes en in de melkindustrie. Eind jaren tachtig van de vorige eeuw vroeg Van De Moortele, een grote klant, of de drukkerij bereid was te investeren in In Mould Labeling. In diezelfde periode begon de tweede generatie van de familie, Koen en Griet Verstraete, in het bedrijf te werken. Ze besloten in te gaan op de vraag van hun klant. De eerste machines werden gekocht. De eerste producten werden gedrukt. Na de geslaagde opdracht voor Van De Moortele volgden meer en meer klanten. Na een tijd stopte het bedrijf met het drukken van klassieke etiketten en zette het voor 100 procent op IML in. Zo begon een indrukwekkende groei. Tussen 2008 en 2020 nam het aantal medewerkers verder toe, van driehonderd naar zeshonderd. Verstraete IML opende een derde productiesite in de Verenigde Staten. De onderneming groeide uit tot wereldleider in deze niche en drukt in 2020 ongeveer zestig miljoen labels per dag.

War on plastic

Verstraete IML is zonder twijfel een succesvol groeiverhaal. In de eerste jaren van IML kende het bedrijf weinig concurrentie, wegens het innovatieve karakter, maar na een tijd steeg de druk op de prijzen. De prijzenoorlog tussen de retailers had gevolgen voor alle fasen van de productieketen. Ook Verstraete IML ontsnapte daar niet aan.
Om het verschil te maken in een prijsgevoelige markt, koos de onderneming snel de *partner-in-packaging*-strategie. Koen en Griet Verstraete wilden meer zijn dan een drukkerij, ze wilden advies geven aan klanten over verpakkingen. Teams van Verstraete IML dachten actief mee met de verpakkingsproducenten en de marketingteams van P&G, Nestlé en Unilever, over aantrekkelijke verpakkingen. Op die manier brachten ze extra waarde in de relatie en behielden ze hun koppositie.

Alles liep perfect, tot de *'war on plastic'* losbarstte. De grote klimaatprotesten van 2019 verhoogden de druk om actie te ondernemen tegen de opwarming van de aarde. Heel wat producenten van consumentengoederen lieten in hun jaarverslag weten dat ze minder plastiek zouden gebruiken. De CEO van Unilever kondigde bijvoorbeeld aan dat zijn bedrijf tegen 2025 de helft zoveel *virgin*-plastic (plastic dat voor het eerst gebruikt wordt) zou verbruiken. Dat is fantastisch nieuws voor de planeet, maar minder interessant als je een drukkerij hebt die leeft van plastic verpakkingen. Tot voor kort werd de IML-markt voornamelijk gedreven door het onderste niveau van het Offer You Can't Refuse-model – product en prijs. Op korte termijn werd het voor Verstraete IML plots noodzakelijk om mee te denken over hun maatschappelijke impact omtrent klimaat en plastic.

Ik besprak deze uitdaging met Nico Van de Walle, product & circular economy manager bij Verstraete IML. 'Toen in 2016 de Ellen MacArthur Foundation werd opgericht, was dat voor ons een eerste signaal dat er ooit een stevige disruptie in onze markt zou komen.' Ellen MacArthur is een Britse zeilster, die vooral bekend is door haar prestaties als solozeilster in langeafstandswedstrijden op de oceaan. Tijdens haar vele lange zeiltochten was ze elke keer opnieuw geschokt over de hoeveelheid plastic in de oceaan. In 2016 lag de Ellen MacArthur Foundation aan de basis van een wereldwijd commitment, The New Plastics Economy, waarbij meer dan 450 bedrijven het engagement aangingen om samen het probleem van plastic in het milieu aan te pakken. 'Al van het begin af was Verstraete IML lid van deze groepering. Je kunt bang naar de *war on plastic* zitten kijken of je kunt beslissen om zelf mee de toekomst vorm te geven. We kozen voor het laatste', vertelt Nico Van de Walle. De groepering wou van een lineaire naar een circulaire economie evolueren, door kunststofverpakkingen 100 procent recycleerbaar, composteerbaar of herbruikbaar te maken. De oplossing van de *war on plastic* is niet een wereld zonder plastic, dat is immers bijna onhaalbaar (en vanuit het perspectief van de CO_2-voetafdruk en voedselverspilling ook niet de beste keuze). Wel moeten we het probleem dat plastic vandaag vormt volledig neutraliseren.

The holy grail

De ambitie was duidelijk. Verstraete IML begon, samen met bedrijven als P&G en Danone, de toekomst van verpakkingen vorm te geven. Het doel: 100 procent recycleerbaar, 100 procent composteerbaar of 100 procent herbruikbaar zijn. Ze noemden het hun zoektocht naar de *holy grail*. De oplossing ligt volgens hen in het intelligent maken van verpakkingen. 'Verpakkingen zijn een erg complex geheel van verschillende grondstoffen. Om de ambitieuze doelstellingen te halen, is er nood aan een betere sortering en recyclage van verpakkingen. De sorteercentra hebben meer informatie over de verschillende grondstoffen nodig, om de juiste verpakkingen in het juiste circulaire traject te kunnen brengen. Dat probleem helpen wij oplossen via onze slimme verpakkingen.'

Verstraete IML is ondertussen begonnen met het produceren van verpakkingen waarop een Digimarc Barcode is gedrukt. Een Digimarc Barcode voegt een code toe aan elke verpakking. De code verspreidt zich over de volledige oppervlakte van de verpakking. Deze code is met het menselijke oog niet te zien, maar sensoren en slimme camera's halen er extra informatie uit. Eens de verpakking na gebruik in het sorteercentrum terechtkomt, herkennen de scanners van de sorteermachines op die manier de verschillende types verpakkingen. Zo valt het afval correct te sorteren, wat nodig is om de ambitieuze plasticdoelstelling te behalen.

Op termijn zullen alle verpakkingen voorzien worden van een onzichtbare digitale code. Het *proof of concept* is ondertussen goedgekeurd en zal de komende jaren versneld geïmplementeerd worden. Ik vind het fantastisch dat een bedrijf uit mijn geboortedorp zo'n significante impact kan hebben op de *war on plastic*.

Nico is enthousiast, maar ook realistisch over deze innovatie: 'Het helpt om de klimaatdoelstellingen te behalen en het is supercool, maar het zal heel snel een minimumvoorwaarde worden, niet meer dan dat.'
Vandaar dat Verstraete IML de Digimarc Barcode voor meer toepassingen wil gebruiken dan alleen sorteerdoelstellingen behalen. Het idee van een intelligente en interactieve verpakking opent nieuwe mogelijkheden. Je kunt via een smartphone de verpakking immers tot leven laten komen.
Een van de opdrachten voor voedingsbedrijven is hun klanten opvoeden over de juiste manier om een verpakking te recyclen. Stel je voor dat je binnenkort met een app de verpakking van een product scant en dat die je zelf vertelt hoe ze het best gerecycled wordt. En de verpakking moet je niet alleen functionele content brengen. Als je een koe op een verpakking hebt staan, kun je die laten praten. Die koe kan misschien zelfs spelletjes spelen met de kinderen. Wat als je een tube kindertandpasta maakt die een verhaaltje van twee minuten vertelt, zolang de kinderen moeten blijven poetsen? Zo help je op een leuke manier de ouders. Verstraete IML wil zich differentiëren via de *partner-in-verpakking*-strategie: samen met klanten nadenken over de mogelijkheden van deze nieuwe technologie.

Door de snelle opkomst van de *war on plastic* was het voor Verstraete IML een absolute noodzaak om alle lagen van het Offer You Can't Refuse-model te beklimmen. Hun industrie evolueerde van een pure prijsfocus naar een essentiële partner om de klimaatproblematiek te helpen aanpakken. De slimme, proactieve keuzes die het mooie familiebedrijf

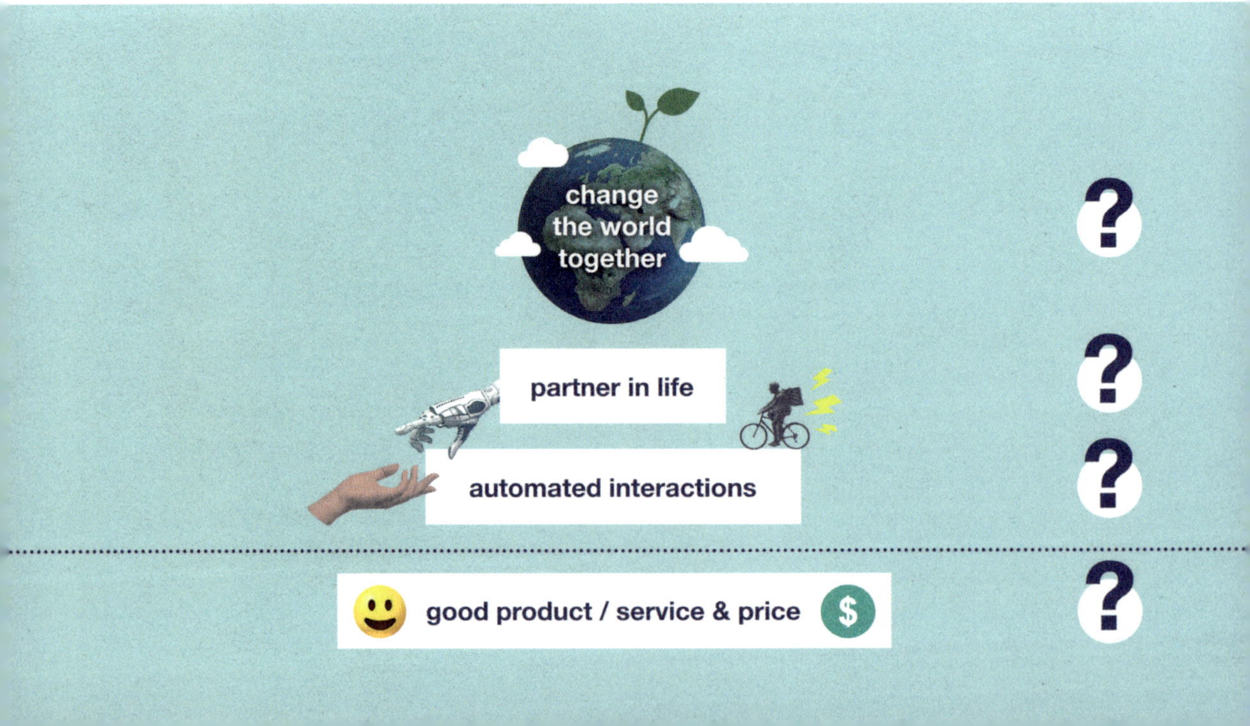

daarbij maakte, zorgt ervoor dat het vandaag nog altijd wereldleider is in zijn getransformeerde industrie. Het indrukwekkende is dat de onderneming nu door de *war on plastic* ook meer waarde dan voorheen kan leveren aan haar klanten én de maatschappij.

Waar bevindt jouw bedrijf zich?

Mijn uitnodiging naar jou toe is om even na te denken hoever jouw sector en bedrijf staan in het Offer You Can't Refuse-model. Werk jij in een markt die alleen met product en prijs bezig is? Wat een geluk, door te focussen op gebruiksgemak kun je jezelf dan al differentiëren. Ben jij net actief in een markt waar alle aspecten van het model meespelen? Dan sta je voor de grootste uitdaging. Dan is het een kwestie van op de meest geloofwaardige en consistente manier deze strategie uit te voeren.

Het is een leuke discussie om met collega's te organiseren tijdens de lunch. Waar staat onze sector en waar staan wij? Wat is er nodig om ons één trap te laten stijgen in het Offer You Can't Refuse-model?

De laatste vraag uit de brainstorm is: welke externe factoren zouden de urgentie om op alle niveaus het model toe te passen, kunnen aanwakkeren? Welke evoluties in onze eigen sector en daarbuiten zullen ervoor zorgen dat we moeten schakelen inzake zowel de digitale interface en de *partner-in-life*-filosofie, als onze maatschappelijke meerwaarde?

Een wereld met technologie die verder gaat dan puur gebruiksgemak

Verder in dit boek ga ik in op de details van de verschillende strategieën van het Offer You Can't Refuse-model. Vooraleer we in die strategieën en cases duiken, breng ik nog een ander hoofdstuk.

De implementatie van het nieuwe klantenmodel zal sterk beïnvloed worden door technologie. De komende tien jaar zullen we de doorbraak zien van vier *general-purpose*-technologieën: 5G, artificiële intelligentie, *quantum computing* en robotica. Elk van hen heeft het potentieel om de klantenrelatie van de toekomst sterk te beïnvloeden.

In het volgende hoofdstuk lees je alles over de evolutie en de mogelijkheden van deze vier technologieën.

DEEL 2

general purpose technologies

3

vier technologieën die verder kunnen gaan dan het ultieme gebruiksgemak

Complexe uitdagingen

De meeste mensen zullen het eens zijn met deze stelling: 'De voorbije jaren was de technologische vooruitgang spectaculair.' Uiteraard klopt dit, dat kan niemand ontkennen. Al hoort er een nuance bij: de voorbije twintig jaar van digitale vooruitgang hebben relatief eenvoudige problemen opgelost. De komende twintig jaar wachten er meer complexe problemen om op te lossen.

> ***De voorbije twintig jaar van digitale vooruitgang hebben relatief eenvoudige problemen opgelost. De komende twintig jaar wachten er meer complexe problemen om op te lossen.***

Kijk naar de wereld van de mobiliteit. De voorbije twee decennia hebben we daar kennisgemaakt met navigatiesystemen. Ik herinner me mijn eerste navigatiesysteem nog goed. Ik kocht het in 2001 en was heel trots op mijn nieuwste gadget, al bedroeg de *hit rate* dat het systeem me naar de juiste bestemming zou leiden, slechts 50 procent. In die tijd printte ik uit voorzorg ook nog altijd een routebeschrijving uit. Vandaag gebruik ik Waze, met een *hit rate* van 99,99 procent. Ik vertrouw blindelings op die technologie. Mijn leven is oprecht een stuk makkelijker en minder stressvol geworden dankzij deze bijna perfecte navigatietechnologie. Ik kan eigenlijk niet meer zonder. De komende twintig jaar is het de uitdaging om zelfrijdende en klimaatneutrale auto's op de wegen te krijgen. Om daarin te slagen, is de noodzakelijke vooruitgang in technologie én infrastructuur van een andere orde dan bij het digitaliseren van kaarten.

Of kijk naar de gezondheidszorg. De voorbije twintig jaar maakten we kennis met tal van gezondheidsapps en gadgets, die onze gewoontes qua sport, voeding en slapen in kaart brachten. Google zorgde allicht voor de grootste impact in de hele gezondheidsindustrie. Als iemand last heeft van een kwaaltje of het ergens pijn doet, dan stoppen we eerst vaak bij 'Dr. Google'. Wie luistert niet eerst even snel bij dokter Google, alvorens naar een 'echte' dokter te trekken? We weten trouwens allemaal hoe dokter Google werkt. Jij zegt dan: 'Hey Google, ik heb hoofdpijn.' Waarop heel wat antwoorden suggereren dat je de symptomen van een vreselijke ziekte hebt en dat er sombere tijden zullen volgen. Iedereen weet ondertussen dat je veel medische info online met een korrel zout moet nemen.
Mijn conclusie is: op het vlak van digitale gezondheidszorg staan we nog maar aan het begin van het proces. De voorbije twintig jaar stonden in het teken van zelfmetende apps en online informatie, de komende twintig jaar staan in het teken van diagnoses via artificiële intelligentie en het editen van DNA. In het volgende decennium zal het partnership tus-

sen artificiële intelligentie en de dokter evolueren tot een minimumvoorwaarde. Hoelang zullen patiënten een arts nog vertrouwen, wanneer die zich niet door slimme computers laat bijstaan wanneer hij een behandeling formuleert?
Wetenschappers onderzoeken dan weer hoe ze het DNA kunnen manipuleren. De Chinese wetenschapper He Jiankui heeft – op illegale wijze, de man zit ondertussen in de gevangenis – de genen van een ivf-tweeling zo aangepast dat ze niet meer met het hiv-virus geïnfecteerd kunnen worden. Hun DNA werd met andere woorden voor de geboorte aangepast, om bepaalde ziektes preventief uit te schakelen.
De gebruikte CRISPR-technologie staat evenwel nog niet helemaal op punt. Het is dan ook belangrijk te beseffen dat het niet 100 procent zeker is dat dat Chinese wetenschapper in zijn opzet is geslaagd. Misschien heeft hij zelfs onbedoelde mutaties gecreëerd.[23] Maar het potentieel van de methode, eenmaal die matuur wordt, is werkelijk enorm. Vandaag is dit illegaal en lijkt het onethisch, maar wat beslissen we als wetenschappers ons voor de geboorte kunnen beschermen tegen heel wat dodelijke ziektes? Kan zoiets ooit de standaard worden of blijft de maatschappij dit onethisch vinden? Je voelt de moeilijkheid van deze discussie. De complexiteit van deze nieuwe medische uitdagingen is in niets te vergelijken met het opvolgen van het aantal stappen dat je dagelijks zet of het continu meten van je hartslag. De makkelijke jaren van de digitale evolutie liggen achter ons. Online communicatie, via het internet producten bestellen, bepaalde diensten digitaliseren: het lijkt allemaal de wereld te veranderen, maar is niets vergeleken met de mogelijkheden die voor ons liggen. De komende decennia zullen we digitale technologie ontdekken die het potentieel heeft om de samenleving in haar kern te wijzigen.
De complexiteit beperkt zich daarbij niet tot de technologie. Een groot deel ervan slaat op de maatschappelijke en ethische gevolgen.

General purpose technologies

Welke technologieën hebben de wereld écht veranderd? Ik kan heel enthousiast worden over het idee van een iets sneller vliegtuig of over een robot die koffie kan zetten. Ik hou van dat soort innovaties, maar laat ons eerlijk zijn, het is niet die soort innovaties die de wereld in een nieuwe fase brengt. Dat zijn veelal *nice to have*, incrementele verbeteringen van wat al bestaat. Netflix is superleuk, ik ben fan, maar het heeft de wereld niet veranderd. We kijken nu gewoon op een niet-lineaire manier naar spannende of grappige content. Wat we doen, is niet veranderd, alleen de interface waarmee en de manier waarop we dat doen.

Vuur, het wiel, landbouw, de boekdrukkunst en het internet zijn voorbeelden van technologieën die de maatschappij wel in een volgende fase hebben gebracht. Daarbij spreken we over *'general purpose technologies'*. Stuk voor stuk hebben ze de hele wereld veranderd. Ze hebben het dagelijkse leven fundamenteel verbeterd. Wie geboren wordt in een wereld waar het wiel, de boekdrukkunst en het internet aanwezig zijn, kan zich niet inbeelden hoe mensen ooit zonder die technologieën hebben geleefd.

We staan vandaag aan de vooravond van de doorbraak van vier *general purpose technologies*. Vier technologieën die individueel de mogelijkheid hebben om élke sector te veranderen en die samen voor een ongeziene flow van innovaties kunnen zorgen.

Concreet gaat het over:

- **5G:** het mobiele netwerk van de vijfde generatie, met een grotere gegevensdoorvoer en minder vertraging dan bij een 4G-netwerk.
- **Artificiële intelligentie:** een computerwetenschap waarbij machines zelfstandig bijleren en zelf beslissingen nemen op basis van data of impulsen uit hun omgeving.
- **Quantum computing:** een nieuwe generatie computers die gebruikmaakt van de principes van de kwantummechanica. Een kwantumcomputer heeft een rekenkracht die exponentieel groter is dan die van een conventionele computer, waardoor we er complexere vraagstukken mee kunnen aanpakken.
- **Robotica:** de automatisatie van taken door machines is al enkele decennia bezig. De meeste fabrieken maken gebruik van robots. De komende jaren zal de technologie nog verfijnen, waardoor robots steeds meer taken kunnen uitvoeren. Denk daarbij aan fijnmotorische mogelijkheden, die bijvoorbeeld in operatiezalen kunnen worden ingezet, of aan automatische leveringen van producten bij je thuis.

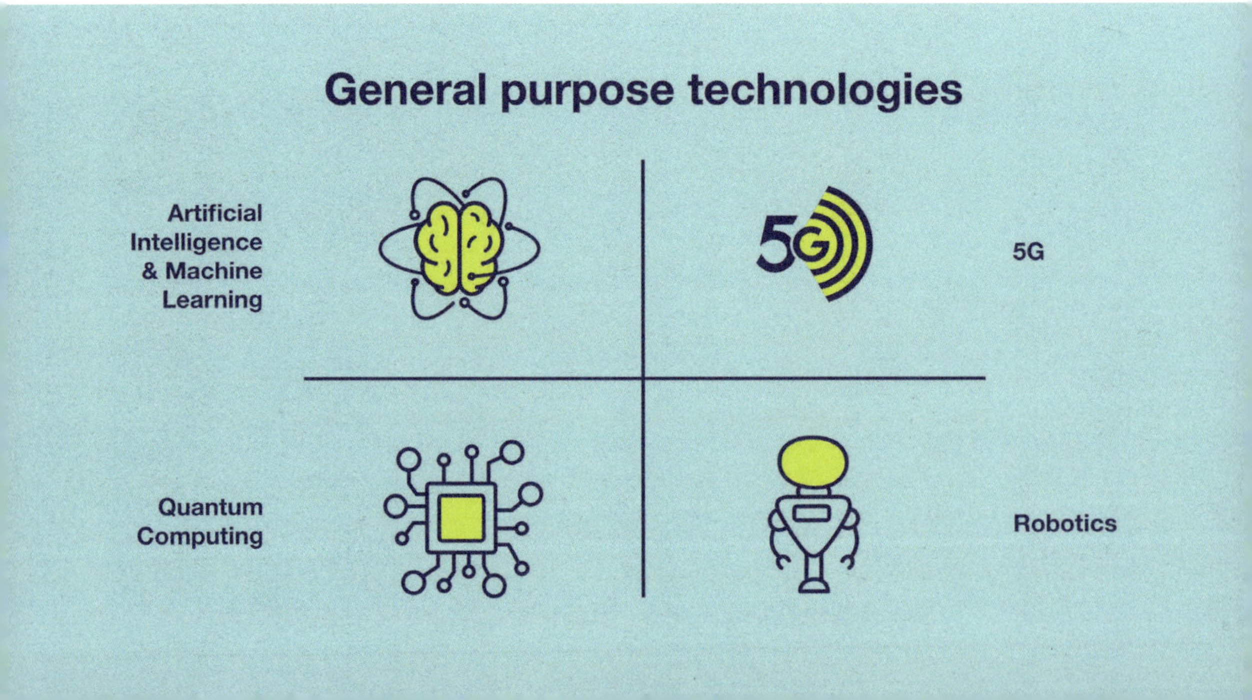

5G: meer dan sneller internet

5G is de mobiele-internetconnectie van de volgende generatie. Dankzij de eerste generatie, 1G, konden we met elkaar praten via onze mobiele telefoon. Bij de introductie van 2G werden er tekstberichten toegevoegd aan de communicatietools. Eens 3G arriveerde, konden we via onze smartphones het internet gebruiken. 4G opende de mogelijkheden voor snelle datatransfers, waardoor iedereen video en streamingtoepassingen op de telefoon ontdekte. En nu staan we aan de vooravond van 5G. Tegen 2024 zou 65 procent van de wereldbevolking toegang tot 5G hebben.[24] Er zijn drie grote verschillen tussen 4G en 5G:

1. De connectie is veel sneller, met bijna realtimeconnecties, waardoor ook de betrouwbaarheid toeneemt. Deze foutloze realtime-ervaring is noodzakelijk voor toepassingen als zelfrijdende auto's of medische operaties vanaf afstand.
2. 5G zorgt voor snellere upload- en downloadsnelheden. Een film van enkele gigabytes download je via 5G in enkele seconden op je mobiel.
3. De netwerkcapaciteit is groter, waardoor meer toestellen op hetzelfde moment het mobiele internet kunnen gebruiken. Dat voordeel is cruciaal voor veel toepassingen met internet of things. Als veel machines tegelijk met elkaar kunnen praten, zijn ze in staat om zelf accurater beslissingen te nemen. Ook voor de werking van *smart cities* is dit voordeel cruciaal.

Eenvoudig samengevat zou je kunnen zeggen dat 5G sneller en betrouwbaarder is dan 4G. Maar dat klinkt zo incrementeel, terwijl het om een radicale verandering gaat. Eens 5G doorbreekt, zal tegelijk het langverwachte internet of things ontbolsteren. Een groot aantal industrieën zal door die extra connectiviteit voor altijd veranderen.

> ***Eens 5G doorbreekt, zal tegelijk het langverwachte internet of things ontbolsteren.***

Steden zullen voor het eerst écht slim kunnen worden. Verkeerslichten zullen perfect afgesteld kunnen worden op de aanwezigheid van mensen en voertuigen. Snelle sensoren in onze telefoon, onze auto en de infrastructuur van steden zullen toelaten om al deze objecten met elkaar te verbinden en services daarop af te stellen. Sensoren zullen steden verwittigen als er acute problemen ontstaan door extreme weersomstandigheden of wanneer het verkeer volledig in de knoop zit.

5G is bovendien een essentiële component om zelfrijdende voertuigen operationeel te maken. Een van de absolute criteria om een auto zelf te laten rijden, zijn immers perfecte reacties in realtime. In het verkeer is er namelijk heel weinig tijd om een beslissing te nemen. Wij mensen kunnen vrij goed inschatten wat anderen zullen doen en hoe de verkeerssituatie in de komende seconden zal evolueren. De huidige telecomnetwerken zijn daar nog onvoldoende snel en betrouwbaar voor, maar de komst van 5G bespoedigt die evolutie.
Op het vlak van *customer experience* zal 5G helpen bij de komst van geautomatiseerde en onzichtbare interfaces. Als machines met machines praten, kunnen heel wat aankopen volledig automatisch verlopen. Dan is de klant zelfs geen onderdeel meer van het beslissingsproces. Heel veel routineaankopen kunnen consumenten dan uitbesteden aan slimme machines.
Verder is 5G noodzakelijk om de deuren van *'mixed reality'* te openen. Beeld je in dat er een virtuele laag boven een stad wordt gelegd. Jij loopt daarbij in de straten van New York en als je wilt, zie je meteen de Yelp-feedbackscores van elk restaurant dat je voorbijloopt. Hier en daar verschijnen persoonlijke reclameboodschappen op basis van jouw profiel en interesses. Het *mixed-reality*-concept heeft al heel wat gadgetachtige toepassingen gezien, waarvan allicht Pokémon GO de beroemdste is, maar dankzij 5G kan deze technologie echt onderdeel van het dagelijkse leven worden. Het verschil tussen de digitale en fysieke wereld wordt daardoor kleiner. Nu spreken we nog over online en offline. Dat zal het komende decennium evolueren naar een continue mix van de twee: *mixed reality.*
De eerste 5G-toepassingen zullen we vinden in de industrie of in bepaalde, welomlijnde locaties. Fabrieken en ziekenhuizen kunnen hun eigen 5G-hotspot opzetten, om zo deze technologische mogelijkheden te gebruiken. Voor de brede consumentenpopulatie zal het iets langer duren, omdat er voor 5G bijvoorbeeld veel meer masten nodig zijn dan voor 4G. Die infrastructuur uitbouwen zal nog enkele jaren vergen. Net daarom zien we de eerste adoptie daarom in specifiek bepaalde omgevingen.

5G-ziekenhuizen

Zuid-Korea is een van de wereldwijde voorlopers in de implementatie van 5G-netwerken. In oktober 2019 werd 5G er beschikbaar en begin 2020 waren er reeds meer dan vier miljoen gebruikers,[25] iets minder dan 10 procent van de bevolking van het land.
Een van de eerste belangrijke Zuid-Koreaanse projecten om de kracht van 5G te demonstreren, is de bouw van een 5G-ziekenhuis in de stad Yongin, vlak bij Seoul. Het voordeel voor de patiënten is uiteraard dat zij vlot hun eigen content kunnen bekijken tijdens een verblijf, maar dat is een incrementele verbetering.

De radicale verandering vinden we bij het diagnostische aspect van het ziekenhuis. Als er bijvoorbeeld stukjes weefsel worden weggenomen tijdens een operatie, is er altijd nood aan extra onderzoek. In de klassieke ziekenhuizen worden die stukjes weefsel van de ene kant van het ziekenhuis naar de andere kant gebracht, of zelfs naar een ander ziekenhuis. In een gemiddeld Koreaans ziekenhuis vergt dat een wandeling van twintig minuten. Dankzij het 5G-netwerk zullen de medici realtime-inzicht hebben in data die ze tijdens een operatie verkrijgen. Zo kan de exacte behandeling voor de patiënt veel sneller bepaald worden. Zowel de arts als de patiënt winnen zo kostbare tijd.

Verder maakt het ziekenhuis gebruik van verschillende autonome robots, die researchsamples kunnen rondbrengen van het ene naar het andere labo. Al de innovaties staan in het teken van efficiëntie en kwaliteitsverhoging.
Ook voor medische studenten biedt het 5G-netwerk voordelen. Normaal gezien volgen zij de operaties van chirurgen live mee in de operatiezaal. Daardoor zijn er eigenlijk te veel mensen bij de operatie aanwezig, wat de concentratie belemmert en slecht is voor de hygiëne. Bovendien heeft niet elke student perfect zicht op de handelingen van de chirurg. Door het 5G-netwerk kan een operatie in perfecte kwaliteit en in realtime worden uitgezonden naar een leslokaal, zodat tientallen studenten op een kwaliteitsvolle en hygiënische manier de operatie kunnen meevolgen. Bovendien kan iedere student elke beweging van de chirurg in detail observeren, waardoor die meer bijleert.

Wegens de coronacrisis heeft ook China ziekenhuizen met 5G-netwerken uitgerust. Het land wou zo vooral extra medische capaciteit vrijmaken. Toen in januari 2020 het aantal Chinese besmettingen exponentieel toenam, was er een beduidend tekort aan artsen. Dankzij de 5G-netwerken konden Chinezen uit de stad Wuhan digitale consultaties inplannen, met artsen uit ziekenhuizen in andere gebieden van het land. Dankzij perfecte realtimevideostreaming hadden de artsen goed zicht op de toestand van de patiënten. Zo waren ook de patiënten die deze *remote*-consultaties gebruikten zeker van een goede medische kwaliteit. Bovendien liepen de artsen zo geen enkel risico om zelf besmet te worden.

Artificiële intelligentie

Toen ik tien jaar oud was, ging een droom van me in vervulling. Met mijn ouders trok ik toen naar Universal Studios in Los Angeles. In het park kreeg ik de kans om achter het stuur te kruipen van mijn absolute held: KITT, de eerste slimme, pratende, zelfrijdende en over hindernissen springende auto. Ik was toen echt megafan van de tv-serie Knight Rider.
Die reeks was toen futuristisch. Alles wat KITT deed, leek echt onmogelijk. Ondertussen heb ik al in een échte zelfrijdende auto gezeten, die ik via spraaktechnologie kon besturen. Sommige van KITT zijn mogelijkheden zijn nu de normaalste zaak van de wereld. Denk maar aan telefoneren vanuit de auto, slimme navigatie, *voice controls* en automatisch parkeren. Over hindernissen springen lukt jammer genoeg nog steeds niet.
Eén ding is duidelijk: sciencefiction wordt steeds meer *science*. Computers worden slimmer en slimmer. Ze slagen er steeds beter in om grote hoeveelheden data te analyseren en te vertalen in predictief gedrag.

In mijn vorige boek, *Customers the Day After Tomorrow*, ging ik in detail in op de grote doorbraak van artificiële intelligentie en de impact van die technologie op de *customer experience*. Ondertussen zijn we drie jaar verder en wordt het potentieel van AI steeds tastbaarder.
Artificiële intelligentie bestaat al decennialang, maar de grote doorbraak kwam er in 2016 toen Google DeepMind de wereldkampioen Go – het meeste complexe boardgame in de wereld – vernederde. Sommige mensen vergeleken de Go-overwinning volledig ten onrechte met de overwinning van de IBM-computer Deep Blue op schaakgrootmeester Kasparov in 1996.
Het grote verschil tussen schaken en Go is het aantal potentiële bewegingen. Bij schaken heb je uiteraard heel veel mogelijkheden om je stukken te verplaatsen, maar dat aantal is nog enigszins begrensd, waardoor experten alle potentiële volgende zetten kunnen voorprogrammeren. Daarna kiest een slimme computer heel snel de optimale zet. Zo won Deep Blue destijds van Kasparov. Bij Go heb je exponentieel meer mogelijkheden, waardoor het onmogelijk is om alle zetten voor te programmeren. Toen een computer een

mens versloeg tijdens het spelen van Go, kon dat maar één ding betekenen: de computer speelde op eigen kracht en inzicht. Eind 2019 heeft Lee Se-Dol, de beste menselijke Go-speler, besloten er het bijltje bij neer te leggen. Uit frustratie besloot hij nooit meer Go te spelen. De man had zo vaak van een computer verloren, dat hij er geen plezier meer in vond. 'Zelfs al ben ik de beste mens, dan nog is er "iets" beter dan mij. Dat kan ik niet aanvaarden', klonk zijn uitleg.

Elke consument heeft ondertussen dagelijks te maken met artificiële intelligentie. Elke keer wanneer je Facebook opent, heeft het algoritme daarvan reeds bepaald wat je al dan niet te zien krijgt. Als je inlogt bij Netflix, maakt zijn artificiële intelligentie het aanbod automatisch voor je op. 75 procent van de Netflixgebruikers kiest trouwens films en series op basis van die suggesties.[26] Amazon stelt je op basis van historische data nieuwe producten voor. De slimme paspoortcontroles op luchthavens controleren automatisch of jij het wel echt bent. Als je Waze vraagt om de file te vermijden, neemt het algoritme je route over. Elke keer dat je met Google Assistant, Siri of Alexa praat, spreek je eigenlijk tegen een slimme machine. Siri of Alexa vragen om een liedje te spelen is standaardgedrag van mijn twee zonen (negen en elf jaar oud) geworden. Zij zijn er totaal niet van onder de indruk dat die machine elke keer opnieuw binnen de seconde hun liedje begint te spelen en de titel kan herkennen, desondanks hun (soms) stevige Engelse accent. Het is de normaalste zaak van de wereld geworden.

Ook in *customer service* krijgen we al vaak met slimme computers en algoritmes te maken. Steeds meer contactcenters laten een computer de emotie in de stem van de klant analyseren, waardoor de contactcenteragent gepast kan reageren. Hoe sneller de agent de emotie van de klant correct inschat, hoe groter de kans op een optimaal gesprek. In vele contactcenters formuleert de computer automatisch een antwoord als een klant via e-mail een vraag stelt. Menselijke agenten passen het antwoord dan nog een klein beetje aan, waarna het naar de klant kan vertrekken. Door die automatisering werken de agenten sneller en meer gepersonaliseerd, wat tot een hogere klantentevredenheid leidt.
Voor de klant is dat gebruik van artificiële intelligentie volledig onzichtbaar. De computer voorspelt wat er moet gebeuren zonder dat de klant het doorheeft. Sommigen vinden dat een vreselijke gedachte, maar de kans is groot dat je er nu al mee geconfronteerd werd, zonder dat je het wist.

De voorspellende kracht van AI heeft een onwaarschijnlijke impact op de totale klantenbeleving. De voorbeelden van Starbucks, JD en Meituan Dianping in het vorige hoofdstuk gaan allemaal over een snellere service, die alleen mogelijk wordt dankzij voorspellingen omtrent klantengedrag.

Als Starbucks binnen de vijf minuten je favoriete koffie moet leveren, kan dat eigenlijk alleen als het bedrijf al weet wat jij zult bestellen, nog voor je besteld hebt. DiDi, de *ride sharing service* in China, kan voor een groot aantal van zijn klanten al perfect voorspellen waar en wanneer ze een lift nodig hebben.
Elke consument heeft gewoontes, patronen. Zodra er een bepaald patroon aanwezig is, kan de technologie het toekomstige gedrag accuraat voorspellen. Hoe beter Amazon je patronen in kaart heeft, hoe gerichter zijn aanbevelingen worden. Daardoor geeft Alexa je op termijn misschien nog één mondelinge aanbeveling voor een bepaald product, met een grote kans dat die angstaanjagend correct is.
De toekomstige impact van artificiële intelligentie op klantenrelaties ligt in die steeds stijgende mogelijkheden qua voorspellingen maken. Als gevolg daarvan wordt een heel aantal processen nog gebruiksvriendelijker en efficiënter dan vandaag al het geval is. Op het einde van deze evolutie wordt de inspanning voor de klant in het aankoop- of serviceproces van bepaalde producten tot nul herleid. Artificiële intelligentie duwt de interfaces naar de volgende fase. Vroeger hadden alle bedrijven een complexe interface, daarna werd die gemakkelijk, vandaag vergt iets vaak slechts één druk op de knop, morgen een *voice*-commando en *the day after tomorrow* gebeurt het gewoon zonder dat je er nog iets voor hoeft te doen.

Ons leven wordt steeds meer door algoritmes bepaald. Artificiële intelligentie verandert niet alleen de voorkant van de klantenrelatie, ook achter de schermen bepalen slimme machines mee wat er gebeurt.
Zo gebruikt de financiële sector AI om risico's beter in te schatten, waardoor banken en verzekeraars meer gerichte beslissingen kunnen nemen in het al dan niet aanbieden van een lening of verzekering. De financiële markten worden massaal aangestuurd door algoritmes. 80 procent van alle transacties op de beurzen wordt niet langer door mensen gedaan.[27]

Een 'Digital Companion'

De komende jaren zal het verder evolueren en zal artificiële intelligentie een steeds belangrijkere rol spelen in alle aspecten van het leven. Samsung stelde begin 2020 zijn mysterieuze project Neon voor. Het gaat om een digitale levensgezel. Op grote schermen projecteert het bedrijf een mens, die zich ook als een echte mens gedraagt, alleen is het een computersimulatie.
De eerste verwachte toepassingen van deze simulatie bevinden zich in de zakelijke markt. Een onthaalmedewerker kan bijvoorbeeld door een dergelijke realistische avatar worden

vervangen. In sommige musea kan de technologie als virtuele gids ingeschakeld worden. Allicht komt er op termijn een doktersversie van deze avatar. In landen waar er schaarste is aan medisch personeel, kan een eerste medische screening dan via deze AI gebeuren, wat veel menselijker overkomt dan de huidige chatbots.
Op lange termijn kan dergelijke technologie uitgroeien tot een *'digital companion'*. Steeds meer mensen leven alleen. Eenzaamheid is een groot probleem in de wereld. Een *digital companion* kan op den duur zo levensecht zijn, dat het net een echte menselijke levensgezel lijkt. Beeld je in welke rol een levensechte *digital companion* had kunnen spelen voor mensen die in alle eenzaamheid in het ziekenhuis lagen of thuis angstig op nieuws van een geliefde wachtten tijdens de coronacrisis.

Het begin van de AI-curve

Bedrijven beseffen steeds meer het strategische belang van artificiële intelligentie, maar toch staan we nog aan het begin van de adoptiecurve. Een onderzoeksrapport van MIT[28] leert dat 62 procent van de bedrijven de investeringen in artificiële intelligentie opdrijft. Dat lijkt veel, maar aan de andere kant heeft een op de vijf niet in een budget voor AI voorzien. Slechts 5 procent denkt na over AI-toepassingen binnen het hele bedrijf. Bij zowat alle ondernemingen gaat het nog om relatief kleinschalige pilootprojecten. Ondanks de grote hype in AI, staat het bedrijfsleven dus nog maar in zijn kinderschoenen op dit vlak. Als je de voorbeelden even herbekijkt die ik daarnet gaf, namelijk van Meituan, Google Assistant, Waze, Siri, Alexa, Facebook en Netflix, dan zie je al snel de rode draad. Tot op

heden zetten vooral de grote techreuzen *full force* in op de mogelijkheden van AI. De rest heeft een achterstand van jaren.
Peter Guerra, de *chief data scientist* van Accenture Noord-Amerika, ziet een grote uitdaging bij veel bedrijfsleiders: 'AI is niet het zoveelste stukje coole technologie, AI heeft het potentieel om elke sector te transformeren. Bedrijfsleiders doen er goed aan om na te denken hoe hun business structureel kan evolueren door de komst van AI.'

De grootste uitdaging in de implementatie van AI draait om talent. Gebrek aan talent zorgt voor gebrek aan visie en executie. De grote technologiereuzen slagen erin heel wat van het AI-talent binnen te halen, waardoor er voor de anderen een enorme schaarste ontstaat. De enige uitweg is investeren in het omscholen van de eigen medewerkers. De kleine groep organisaties die erin slaagt AI in het hele bedrijf te implementeren, heeft ook het meest in die omscholing geïnvesteerd.
Alle onderzoeken wijzen in dezelfde richting: artificiële intelligentie maakt vandaag al heel concreet duidelijk hoe de technologie het bedrijfsleven kan veranderen, de technologiereuzen leiden de dans en de meeste bedrijven zijn in hun opstart. We staan nog aan het begin van de adoptiecurve.

Quantum computing

De krachtigste computer in je bezit is je smartphone. We vinden het ondertussen doodnormaal, maar eigenlijk is het niet te geloven dat je telefoon meer rekenkracht heeft dan de computers die een mens op de maan hebben gezet. Die waren zo groot als een huis en hadden maar een fractie van de rekenkracht van je smartphone.
De computers die we vandaag gebruiken, hanteren nochtans exact dezelfde principes als die computers uit de jaren zestig van de vorige eeuw. De kern van een computer was en is nog altijd een transistor.
Uiteraard heeft de transistor een gigantische evolutie meegemaakt. De voorbije decennia leerden we hoe Moore's law elke achttien maanden de capaciteit van de transistor verdubbelde. Die exponentiële groei heeft geleid tot waar we vandaag staan, hoewel sinds 2018 duidelijk is dat de rekenkracht minder snel begint te groeien.
Maar ondanks de grote toename in rekenkracht, is een computer nog altijd hetzelfde als tientallen jaren geleden: een heel krachtige rekenmachine, die zich baseert op een reeks van nulletjes en eentjes om tot een resultaat te komen. Het is een binair systeem. Ofwel is het '1', ofwel is het '0'.

Ondertussen zijn wetenschappers echter bezig met de volgende generatie computers. Kwantumcomputers werken niet met bits maar met qubits. Een qubit is niet binair, hij kan zowel '0' als '1' zijn op hetzelfde moment. Daardoor kan een qubit veel meer informatie opslaan en verwerken. Journaliste Mercedes Cardona helpt het je voor te stellen, op een heel visuele manier:[29] 'Zie een qubit als een ronddraaiend muntstuk en een klassieke bit als het opgooien van een muntstuk. Wanneer je een muntstuk opgooit, landt het op kop of munt. Een ronddraaiend muntstuk is zowel kop als munt op hetzelfde moment.'

Eens kwantumcomputers operationeel worden, zullen we een aantal heel complexe vraagstukken beter kunnen aanpakken dan met de huidige technologie.

Het is niet de bedoeling dat kwantumcomputers al onze huidige computers thuis of op het werk vervangen. Deze superkrachtige machines zullen vooral gebruikt worden om grote, uitermate complexe problemen op te lossen.

Momenteel racen bedrijven als Google, Microsoft en IBM om als eerste *'quantum supremacy'* te bereiken, het moment waarop een kwantumcomputer voor het eerst iets realiseert wat een traditionele computer niet kan. In november 2019 verscheen een artikel in het vaktijdschrift *Nature* waarin Google claimde *quantum supremacy* te hebben bereikt.[30] Hun Sycamore-computer loste in tweehonderd seconden een rekenprobleem op, waar de krachtigste 'gewone' computer maar liefst tienduizend jaar over zou doen.

IBM vond het statement van Google wat vervelend en betwistte de resultaten. Volgens IBM zou de sterkste computer het probleem in een paar dagen hebben opgelost. Zelfs al zou IBM gelijk hebben, dan nog is het een structureel betere prestatie. *Time Magazine* beschouwde de resultaten van Google als een scharnierpunt in de computergeschiedenis.[31]

Eens kwantumcomputers operationeel worden, zullen we een aantal heel complexe vraagstukken beter kunnen aanpakken dan met de huidige technologie. Zo zullen bedrijven als FedEx en DHL dankzij livedata van hun voertuigen hun routes continu kunnen optimaliseren, wat potentieel kan leiden tot 600 procent grotere efficiëntie.[32]

Delta Air Lines praat met IBM over het efficiënter maken van alle processen in luchthavens. Van het aanbrengen van gepersonaliseerde boodschappen op alle schermen van de luchthaven tot een efficiëntere bagagebehandeling. Airbus en Boeing willen de fenomenale rekenkracht dan weer gebruiken om vliegtuigen efficiënter en sneller te maken.

Naast deze potentiële efficiëntie-upgrades voor bedrijven kijken wetenschappers vooral uit naar de impact van *quantum computing* op essentiële problemen in de wereld.

ExxonMobil voert testen uit met kwantumcomputers om de *power grid* te optimaliseren. Energieoptimalisatie is trouwens een van de strategieën om klimaatsverandering te bestrijden.
Quantum computing kan daarbij ook helpen bij het ontwerpen van efficiëntere batterijen met een veel grotere opslagcapaciteit. Daardoor zou elektrisch rijden echt van de grond kunnen komen. Zo helpt de technologie de autoindustrie, maar krijgen we eveneens een positief effect op het klimaat.

Diverse aspecten van het klimaatvraagstuk kunnen geoptimaliseerd worden als we over betere rekenmodellen beschikken. Denk bijvoorbeeld aan de optimalisering van het gebruik van meststoffen in de landbouw en het aanpakken van de mobiliteitsproblematiek in steden. Dat zijn twee zaken met een grote impact op het klimaat, waar vandaag slechts halve oplossingen voor bestaan.
Om dat soort structurele uitdagingen het hoofd te bieden, kijken veel wetenschappers naar de mogelijkheden van de kwantumcomputer. Wanneer we steeds grotere hoeveelheden data kunnen verwerken en verschillende modellen tegelijk uittesten, krijgt de maatschappij sneller en accurater inzicht in deze maatschappelijke problemen.

Razendsnelle ontwikkeling van geneesmiddelen

De belofte van een ongeziene rekenkracht zorgt ervoor dat vele wetenschappers nu al dromen van nieuwe toepassingen. De kans is groot dat de eerste belangrijke veranderingen door *quantum computing* opduiken in de farmaceutische industrie. De grote rekenkracht maakt het namelijk mogelijk om na te gaan hoe moleculen interageren. Dergelijke processen zijn uitermate complex en kunnen met de huidige computerkracht niet worden gerealiseerd.
Een onderdeel van wetenschappelijk onderzoek gaat naar het uittesten van bepaalde chemische combinaties en kijken hoe daarop gereageerd wordt. Dat zoeken naar nieuwe moleculen en het in kaart brengen van hun eigenschappen en gedrag is heel tijdrovend en duur. Kwantumcomputers kunnen daarentegen zelf nieuwe combinaties uitdenken en uittesten. In theorie kan een kwantumcomputer simulaties doorheen alle mogelijke molecules runnen, om zo heel efficiënt de beste resultaten naar voren te schuiven. Dat opent de deur naar nieuwe medicijnen tegen vreselijke ziektes als bijvoorbeeld alzheimer.

Vandaag worden klinische testen uitgevoerd op mensen, wat opnieuw een tijdrovend proces is. Als kwantumcomputers operationeel zijn, ontstaat een wereld waarbij klinische testen niet langer op mensen of dieren plaatsvinden. Het is zelfs niet nodig om een therapie op een cel te testen. Alles kan worden getest in een computersimulatie, die fenomenaal snel resultaten oplevert.
En niet alleen het proces om nieuwe medicijnen te maken, kan fundamenteel veranderen. Ook het type behandeling zal er anders uitzien. *Quantum computing* maakt het namelijk mogelijk om medicijnen op maat van de individuele patiënt te ontwikkelen. Koen Bertels is kwantumexpert aan de TU Delft en ziet hierin enorme mogelijkheden. In een interview met de Belgische zakenkrant *De Tijd* geeft hij een blik in de toekomst:[33] 'Nu moet je bloed, speeksel of haar opsturen naar een labo en duurt het een dag tot een week vooraleer een peperdure machine je DNA-analyse heeft uitgelezen. Voor een ziekenhuis zijn deze machines momenteel ook veel te duur. In de toekomst zou je je vinger in een kwantumcomputer kunnen steken, die dan snel je DNA uitleest, zodat je dokter meteen zicht heeft op je ziektebeeld. De computer zou dan op basis van je genetisch profiel een gepersonaliseerd medicijn kunnen produceren.'

Quantum computing is voorlopig een veelbelovende theorie, die heel wat grote maatschappelijke problemen kan helpen oplossen. Vandaag staat de ontwikkeling ervan nog in haar kinderschoenen, maar de voorlopige resultaten zijn alvast veelbelovend.

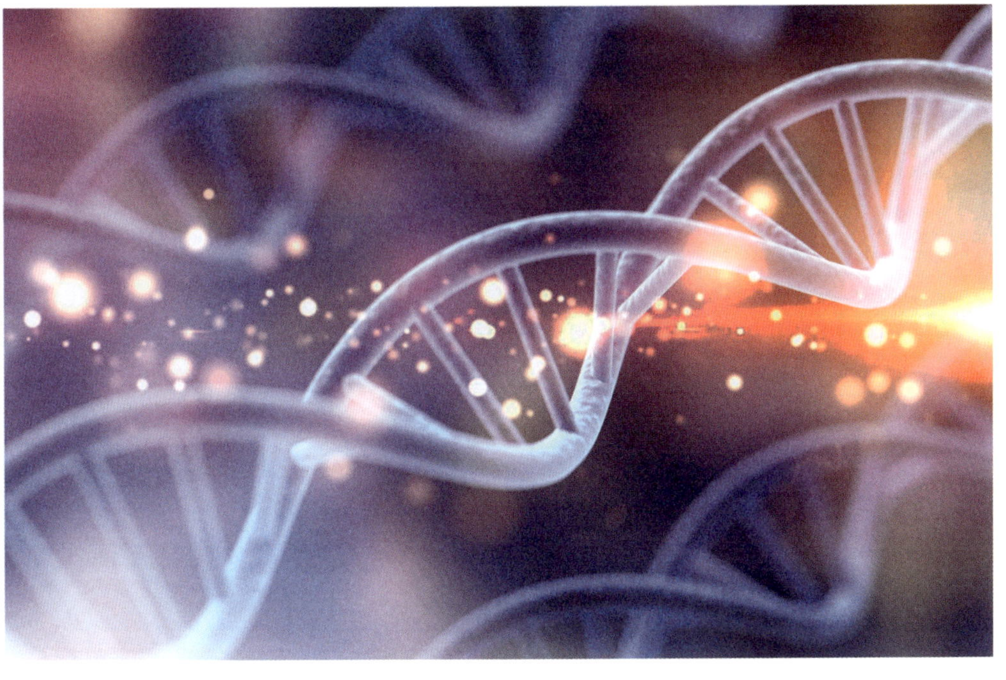

Robotica

Op 22 januari 1920, meer dan honderd jaar geleden, schreef de Tsjechische toneelschrijver Karel Čapek voor het eerst het woord 'robot'. Robot is afgeleid van het Tsjechische woord *'robota'*. Dat betekent letterlijk: het werk dat uitgevoerd wordt door een lijfeigene of een slaaf. Centraal in zijn theaterstuk stond de angst voor wetenschap die op een onethische manier gecommercialiseerd wordt. De robots in het stuk beginnen steeds meer menselijke gevoelens te ontwikkelen, waardoor ze alsmaar meer op een geavanceerde mens beginnen te lijken. Op het einde heeft de 'klassieke' mens geen functie meer in de wereld.

Een herkenbare storyline, niet?

Sindsdien zijn de wetenschap en de mensheid steeds meer in robots geïnteresseerd geworden. In 1920 waren robots de fantasie van een creatief brein; vandaag staan fabrieken er vol mee en maken robots steeds meer deel uit van ons dagelijkse leven.
Volgens de International Federation of Robotics zullen er tussen 2020 en 2022 wereldwijd twee miljoen nieuwe units aan industriële robots geïnstalleerd worden.[34] In de wereld van industriële robots zien we twee belangrijke trends:

1. **Robots worden slimmer.** Het programmeren en installeren van robots wordt de komende jaren een pak gemakkelijker. Sensoren en software maken het voor zowat iedereen mogelijk om een robot te trainen. De meest gebruikte techniek is *'programming by demonstration'*, waarbij een mens de beweging voortoont aan de robot en die machine dat gedrag imiteert. Daarna kan ze via *machine learning* haar eigen bewegingen optimaliseren.
2. **Robots werken meer samen met mensen.** Machines werken steeds meer in tandem samen met mensen. Mensen en robots bevinden zich daarbij in dezelfde ruimte en werken hun taken sequentieel af. De volgende generatie robots zal haar gedrag in realtime kunnen aanpassen aan de bewegingen van de mens. Zo ontstaat als het ware dezelfde situatie als wanneer twee mensen met elkaar zouden werken.

Naast de industriële robots kennen we een grote stijging van het aantal robots in andere sectoren. De kans is bovendien heel groot dat ook jijzelf thuis al over een robot beschikt: een automatische grasmaaier, een stofzuigrobot of misschien een programmeerbare speelgoedrobot van Lego. Wie weet, heb je ze wel alle drie in huis. Het komende decennium zal de wetenschap rond robotica alleen maar blijven toenemen.

Heel wat robottoepassingen zullen de efficiëntie en de veiligheid voor mensen verhogen. Denk bijvoorbeeld aan crisissituaties, waarbij het gevaarlijk is voor mensen om fysiek

aanwezig te zijn. De robots van Boston Dynamics worden speciaal voor dat soort situaties getraind.
Boston Dynamics is opgericht in 1992 en wordt gezien als een van de meest geavanceerde robotbedrijven ter wereld. Je kent vast de indrukwekkende YouTubefilmpjes van deze onderneming, waarbij ze de vooruitgang van haar robots demonstreert. Voor veel mensen lijken haar machines wel erg goed op de robots uit de Terminatorfilms. Elke keer als Boston Dynamics een nieuw filmpje lanceert, wordt het ook indrukwekkender.
Het in Boston gebaseerde bedrijf werd in 2013 gekocht door Google. Na een verschil in visie heeft Google de onderneming in 2017 opnieuw verkocht, aan het Japanse investeringsfonds Softbank. De robots van Boston Dynamics worden nu vooral getraind om ingezet te worden tijdens natuur- of kernrampen. Je hebt niet veel verbeelding nodig om ook militaire en logistieke mogelijkheden te zien.

Veiligheidstoepassingen zijn heel waardevol, maar staan toch nog ver van het dagelijkse leven. Kookrobots zijn dan weer heel dicht bij ons leven van elke dag. In San Francisco kun je op verschillende plaatsen een koffierobot gebruiken en ben ik ooit eens gaan eten bij Creator, een restaurant waar een grote robot hamburgers bereidt.
Ook tijdens medische operaties worden steeds meer robots betrokken. In januari 2019 gebruikte een Chinese chirurg een robot en een 5G-connectie om de eerste operatie vanaf afstand uit te voeren. De arts bevond zich vijftig kilometer van de operatiezaal. De operatie was een testcase, waarbij de arts succesvol de lever van een dier verwijderde. Door de 5G-connectie zat er slechts 0,1 seconde vertraging op de bewegingen van de arts en die van de robot. Daardoor voelde het voor de arts alsof de robothanden echt zijn eigen handen waren.

De ultieme droom is natuurlijk een huishoudrobot. Wie droomt er niet van een goed werkende digitale, rondwandelende butler? We zijn daar op dit moment nog heel ver vanaf. De meeste robots thuis hebben heel gerichte functionaliteiten, zoals grasmaaien of stofzuigen. Onze onzichtbare robots als Google Assistant, Siri en Alexa, komen voorlopig het dichtst bij onze droom van een digitale butler.

In januari 2020 introduceerde Samsung op CES, de grootste elektronicabeurs ter wereld, een soort robothulpje voor bij je thuis: Ballie. Ballie is een balvormige robot die ergens doet denken aan BB-8 uit Star Wars. Het kleine robotballetje kan in je huis rondrijden en alles in het oog houden. Daarna acteert Ballie als een soort organisator voor de andere robots in je huis. Als Ballie kruimels ziet liggen op de grond, trommelt hij de stofzuigrobot op. Speelt de tv per ongeluk nog steeds, terwijl je niet meer thuis bent? Dan zet Ballie die snel even uit. Als het te warm wordt, regelt Ballie dat de gordijnen dichtgaan.

Een robotboom in China

Toen in januari 2020 de Chinese overheid haar land in complete lockdown plaatste, had dat een ongeziene impact op de productiecapaciteit van de wereld. Van de ene dag op de andere lag de tweede grootste economie ter wereld volledig stil. Dat werd gevoeld in China, maar ook in Europa en de Verenigde Staten.
Midden maart mochten miljoenen Chinezen weer aan het werk in de vele automotive-, smartphone- en andere elektronicafabrieken. Het grootste technologische gevolg van de crisis werd snel duidelijk: er volgt een boom aan nieuwe robots in de Chinese samenleving. Fabrieken bekijken hoe ze minder afhankelijk kunnen worden van mensen. Robots kunnen de arbeidskosten verlagen en de productiviteit verhogen, maar vooral ook de con-

tinuïteit in de productie garanderen, ook als de mensen niet meer mogen komen werken. In 2019 had China al meer robots aangekocht dan om het even welk ander land.[35]
39 procent van alle verkochte robots ter wereld ging in 2019 naar China. De verwachting is dat het percentage in 2021 zal stijgen tot 45 procent.[36] Robotica is bovendien een van de technologieën waar China een wereldleider in wil zijn. Die ambitie maakt deel uit van het ambitieuze Made in China 2025-masterplan van de overheid.
Al tijdens de lockdown werd duidelijk dat robots een steeds belangrijkere rol zouden krijgen. Reeds een paar weken nadien doken er robots op die ingezet werden om hospitalen te desinfecteren of om medicijnen rond te voeren in de ziekenhuizen. Die robots zijn een extra verdedigingslijn voor het medisch personeel. Hoe minder artsen en verpleegkundigen met het virus in contact komen, hoe kleiner de kans dat ze zelf ziek worden. Als robots het percentage van hun virus-exposure kon verminderen, werden die ingezet.

In de verlaten straten van Wuhan doken er in het begin van de crisis ook al heel snel robots op die eten aan huis brachten. De e-commercegigant JD lanceerde een vloot van dat soort autonome voertuigen, waardoor mensen op een veilige manier hun eten konden bestellen. Zodra de bevolking die actie van JD zag, verdubbelde het aantal dagelijkse bestellingen tot zeshonderdduizend.[37] Verder werden robots ingezet om straten te desinfecteren en vanop afstand koorts te kunnen meten.

De mature smartphonecurve

5G, artificiële intelligentie, *quantum computing* en robotica. Vier technologieën met het potentieel om de komende tien tot vijftien jaar onze maatschappij en klantenrelaties radicaal te veranderen. Hoe zal het nu verder evolueren met deze nieuwe technologieën? Niemand kan het perfect voorspellen. Wat wel zeker is: alle vier deze technologieën staan nog aan het begin van hun ontwikkeling.

Het doet terugdenken aan 2007, toen de iPhone op de markt kwam. Dat was het begin van de adoptiecurve voor smartphones. Het eerste jaar kwam alles mondjesmaat op gang, kort daarna kregen we exponentiële groei en vandaag is de markt van de smartphone matuur. In de Verenigde Staten heeft meer dan 70 procent een smartphone, in de meeste Europese landen schommelt dat tussen de 75 en 80 procent, in Zuid-Korea is de penetratie het hoogst met 95 procent. In de groep van goed ontwikkelde, rijkere landen is de gemiddelde smartphonepenetratie 76 procent.[38]

Er is met andere woorden nog ruimte voor groei, zeker in economieën die nog in volle ontwikkeling zijn, maar de groeicurve is afgevlakt. We bevinden ons aan de bovenkant van deze S-curve.

Herinnert u zich trouwens nog hoe Steve Jobs de iPhone omschreef, bij de allereerste voorstelling? Hij noemde het *'your life in your pocket'*. Vandaag snapt iedereen wat hij daarmee bedoelde en herkennen we allemaal ons eigen gedrag in die omschrijving. In 2007 hadden we geen flauw idee wat Steve eigenlijk bedoelde. *'Your life in your pocket'*, voor een toestel waarmee we konden telefoneren en sms'en? Oké, voortaan zouden we via dat toestel ook op het internet kunnen surfen en naar muziek luisteren, maar om het dan

meteen *'your life in your pocket'* te noemen, dat snapten mensen niet of ze vonden het op z'n minst serieus overdreven. Vandaag beseffen we het visionaire van die uitspraak beter dan ooit. De smartphone is een extensie van ons brein en – hoe vaak we die dingen soms ook vervloeken – een leven zonder kunnen we ons niet meer inbeelden.
Herinnert u zich nog hoe u uw smartphone in het begin gebruikte? De meeste mensen maakten gebruik van de basisdiensten als telefoneren, sms, foto's nemen, naar muziek luisteren en e-mailen. Op dat moment waren er nog geen *mobile banking apps*, was er nog geen Spotify of WhatsApp ... Uber kwam pas later, Netflix verhuurde nog dvd's ...
We gebruikten de telefoon voor basisdiensten en gekke mobiele gadgets. Weet u wat de meest populaire app was om die nieuwe telefoon te demonstreren? iBeer, een app waarbij er op je iPhone-scherm eerst een virtueel biertje tevoorschijn kwam. Eens het 'glas' vol was, zette je de telefoon aan je mond en leek het alsof je dat biertje opdronk. Daarna plaatste je de telefoon weer op de tafel en volgde er een luide boer.
Ik herinner me nog hoe tal van mensen die app gebruikten om de 'kracht' van de iPhone te demonstreren. En in alle eerlijkheid moet ik toegeven dat die app ook lang op mijn telefoon heeft gestaan. Hoe gênant! Ik toonde het aan collega's, vrienden en familie, en herinner me nog goed de blik in de ogen van mijn mama, toen ik haar trots de iBeer-app toonde. Je zag haar denken: waar is het fout gelopen met mijn zoon?

Ik vertel deze anekdote om aan te tonen hoe beperkt het gebruik van de smartphone was in het begin van de curve. We gebruikten enkele basistools en wat gadgets, maar het zorgde nog niet meteen voor de transformatie van ons gedrag. Pas later, als de curve in een grote versnelling kwam, veranderde dat gedrag. Jaar na jaar kwamen er meer diensten en communicatiemiddelen bij, die de toegevoegde waarde van de smartphone lieten stijgen tot waar we vandaag zijn. Vandaag is het onze digitale hulp in alle mogelijke omstandigheden.

Alexa, zet een timer op acht minuten!

Als je kijkt hoe de markt vandaag AI-toepassingen gebruikt, is dat gedrag heel vergelijkbaar met dat van het begin van de smartphoneperiode. Laat ons de meest tastbare markt van AI-toepassingen even bekijken: de *smart voice assistants* zoals Google Assistant, Siri (Apple) en Alexa (Amazon).
De meest mature markt voor deze producten is China, gevolgd door de Verenigde Staten.[39] Midden 2019 had reeds 50 procent van de Amerikaanse gezinnen minstens één smartspeaker.[40] Daarmee verloopt de adoptie van deze toestellen sneller dan die van de smartphone.

Met een marktaandeel van 74 procent is Amazons Alexa begin 2020 de duidelijke marktleider in de Verenigde Staten, binnen deze nieuwe categorie. So far, so good. Het gaat hard met deze categorie.

Als je dan kijkt naar welke applicaties mensen vandaag gebruiken, is het resultaat nog heel basic. 49 procent van de gebruikers stelt de *voice assistant* vragen over het weer en het nieuws, of vraagt om een keukentimer in te stellen. Bij ons thuis is 'Alexa, zet een timer op acht minuten' heel populair als de kinderen zin hebben in diepvriespizza. 28 procent vraagt de assistent om het huis te bedienen. Denk daarbij aan de verlichting aan- of uitzetten of de tv bedienen. De killerapplicatie is duidelijk muziek. 72 procent gebruikt het device het meest om efficiënt muziek op te zetten. Slechts 14 procent werkt graag met Alexa of Google Assistant om aankopen uit te voeren.

Al die toepassingen zijn leuk, maar houden slechts een beperkte verandering van gedrag in. In plaats van al die zaken uit te voeren op hun telefoon, vragen consumenten het nu aan een slimme machine. Daardoor lukt het om een aantal zaken sneller of zonder handen uit te voeren. Dat heeft zeker zijn voordelen, maar meer niet.

De smartspeakers bevinden zich, ondanks hun populariteit, nog altijd aan het begin van de curve. Hun adoptie gaat snel, maar de échte impact op consumentengedrag moet nog starten. Consumenten verplaatsen hun oude smartphonegedrag naar *voice*, maar echt andere toepassingen of radicaal nieuwe services zijn er nog niet. Allicht hebben we daar de volgende generatie *voice assistants* voor nodig. Het is voorlopig wachten op het 'iPhone na de BlackBerry'-moment in de wereld van slimme assistenten. We bevinden ons nog aan het begin van de curve.

De tweede helft van de curve?

5G, artificiële intelligentie, *quantum computing*, robotica. Elk van deze vier technologieen bevindt zich nog in de eerste fase van hun evolutie. We staan aan het begin van de curve. Hoe ziet de tweede helft van de curve eruit? Dat is de elementaire vraag. Niemand kan de toekomst voorspellen, maar elk bedrijf heeft het potentieel om de toekomst zelf te creëren. Mijn uitnodiging naar bedrijven is: wacht niet af om te kijken wat de tweede helft van de curve zal brengen, maar vul die zelf in. Durf te dromen en te fantaseren over potentiële scenario's. Daarna *reverse engineer* je heel het proces en begin je zelf met de implementatie.

Een interessante oefening in dit proces is het stellen van *what-if*-vragen. Decathlon, een van de grootste sportretailers ter wereld, werkt momenteel zijn Vision 2030-strategie uit. Als kick-off voor het formuleren van deze strategie organiseerde Charlie Felgate, de visieleider van dit project bij Decathlon, een aantal inspiratiedagen. Ik had de eer om op een van de dagen te mogen spreken voor hun Vision 2030-groep. Toen ik klaar was met mijn lezing over de klant van overmorgen, startte de groep met een grote *what-if*-oefening. Tijdens het debat werden vragen gesteld als 'Wat als in 2030 e-sports veel dominanter zijn dan offline sport?', 'Wat als mensen hun sportaankopen uitbesteden aan een virtuele assistent?' en 'Wat als fysieke sporten zullen plaatsvinden in een virtuele wereld?'.
Elk van deze vragen gaat heel ver. Mocht een van deze drie *what-if*-vragen realiteit worden in 2030, dan zou dat het zakenmodel van Decathlon fundamenteel veranderen. Gewoon de vragen durven stellen verandert al de mindset. Ze wachten niet af. Ze willen zelf hun eigen toekomst en dus ook die van hun klanten vormgeven. Ze bouwen zelf aan de tweede helft van de curve.

De vier *general-purpose*-technologieën brengen heel veel nieuwe mogelijkheden qua klantenervaring. Hoe beter je die op voorhand weet te concretiseren, hoe groter de kans dat je ze ook echt zult bouwen.
Een sector met tal van mogelijkheden voor de vier *general-purpose*-technologieën is de financiële sector. Banken waren bij de eersten om de switch naar online te maken, toen het internet opkwam. Online bankieren was voor veel mensen dé reden om met internet thuis te starten.

Ook de mobiele evolutie hebben banken vanop de eerste rij kunnen waarnemen. Het begon met mobiele overschrijvingen en evolueerde razendsnel tot iedereen zo goed als elk financieel product mobiel ter beschikking kreeg.
Nu komen we in een nieuwe fase met opnieuw grote mogelijkheden voor de banken. De combinatie van 5G en AI zorgt bijvoorbeeld voor nieuwe mogelijkheden qua betalingen. Vanaf het moment waarop machines zelf aankopen kunnen uitvoeren, zonder dat er nog een mens betrokken is bij dat proces, moeten ze elkaar ook kunnen betalen. Binnen enkele jaren zal mijn auto automatisch de parkeermeter betalen. Mijn Nespresso-toestel zal zelf weten wanneer onze voorraad bijna op is en die automatisch weer aanvullen. Zo ontstaan er tal van nieuwe betalingsmomenten.
FINN is voor 100 procent een dochter van ING en heeft tot doel betalingen tussen machines mogelijk én veilig te maken. Via deze spin-in wil ING zelf de tweede helft van de curve vormgeven. In de toekomstvisie van de bank worden de meeste productaankopen vervangen door diensten. Misschien kopen we in de toekomst geen wasmachine meer, maar huren we er één en betalen we per gebruiksmoment. Op die manier verandert de verkoop van wasmachines in een dienst.
Als een wasmachine uitgerust is met de technologie van FINN, ontstaat er een continue geldstroom tussen de wasmachine en de originele producent. Elke keer als de consument zijn machine dan gebruikt, betaalt het toestel automatisch de producent. Dat soort van veilige machine-tot-machinebetalingen opent de deur naar compleet nieuwe businessmodellen.
Hoe ziet de tweede helft van de curve eruit? Dat bepaal je voor een groot stuk zelf.

Technology for good

In het eerste hoofdstuk sprak ik over de *dark side* van de digitale wereld. Hoe spijtig is het niet dat nieuwe toepassingen elke keer opnieuw misbruikt worden door mensen met slechte intenties? Maak je geen illusies: ook deze vier *general purpose technologies* zullen interessant lijken voor mensen uit de *dark side*. Het kan niet anders.
Maar er is ook goed nieuws. Deze vier *general-purpose*-technologieën hebben het potentieel om de wereld echt te verbeteren. De technologieën uit het vorige decennium – 4G, mobiel, sociale media – hebben ons gebruiksgemak bij aankopen en communicatie verhoogd. Hoe ze de wereld verbeterden, was niet altijd even zichtbaar. Al zijn er ook prachtige voorbeelden waarbij mobiel werd ingezet om echte problemen aan te pakken.
Een aantal jaren geleden had ik het genoegen te mogen presenteren voor het team van Vodafone Tanzania. Daar leerde ik voor het eerst het mobielebetalingssysteem M-Pesa

kennen. Dankzij M-Pesa kunnen mensen in verschillende Afrikaanse landen hun mobiele telefoon als bankrekening gebruiken. Je hebt er zelfs geen smartphone voor nodig. M-Pesa draait ook op een nostalgische Nokia.
Vodafone heeft zo, via mobiele technologie, een groot probleem in landen als Kenia en Tanzania opgelost. Heel veel mensen in Tanzania hadden geen bankrekening, omdat ze ofwel te ver van een bank woonden, ofwel niet genoeg geld verdienden. Daardoor liepen ze altijd met al hun beschikbare cash rond. Een ramp op het vlak van veiligheid! Vodafone lanceerde M-Pesa en het probleem was opgelost.
In december 2019 werden in Tanzania bijna driehonderd miljoen mobiele betalingen uitgevoerd. Als je in Tanzania op reis bent, kijk dan goed rond in elk dorp. Hoe klein het dorpje ook is, er zal altijd een M-Pesa-locatie zijn, waar mensen hun geld op hun mobiele telefoon kunnen plaatsen. Het is een prachtig voorbeeld van hoe technologie voor het goede van de wereld gebruikt kan worden.

Het potentieel van de combinatie 5G, AI, *quantum computing* en robotica om de wereld te verbeteren is groot. Samen zijn ze in staat om uitdagingen op het vlak van logistiek, energie, gezondheid, klimaat en economische spreiding aan te pakken. Allicht zullen deze vier technologieën voor de *golden age* in de maatschappij zorgen, zoals Carlota Perez het beschrijft. Het is deze soort technologieën die de wereld beter moet voorbereiden op natuurrampen en toekomstige pandemieën.

Een studie van McKinsey[41] binnen de Europese Unie toont bovendien het positieve sentiment van de bevolking tegenover innovaties als AI aan. Tussen 60 en 70 procent van de Europese inwoners ziet meer voor- dan nadelen bij deze technologieën. De bevolking kijkt vooral uit naar de impact op gezondheid (gemeten vóór de coronacrisis), onderwijs en klimaat.
Zelfs in het begin van de curve duiken er al mooie voorbeelden op. Momenteel lopen er testen waarbij artificiële intelligentie gebruikt wordt om de evolutie van wilde diersoorten beter in kaart te brengen. Drones maken continu beelden van de bewegingen van dieren, meten de evolutie in hun populatie en betrappen stropers op heterdaad.
Om de totale wereldpopulatie in 2050 te kunnen voeden, moet de voedingsproductie met 70 procent stijgen. Er komt niet meer landbouwgrond beschikbaar, dus voldoende voeding produceren kan alleen door de huidige productie te optimaliseren. En die productie kan stijgen, doordat de combinatie van AI en *quantum computing* het mogelijk maakt om betere zaden te ontwikkelen. Verder zal de technologie in staat zijn om ziektes in de gewassen snel te ontdekken. Daarna worden robots uitgestuurd om elke plant gepersonaliseerde zorgen te bieden, zodat ook in slechte tijden de oogst gemaximaliseerd wordt. Uiteindelijk slaagt de landbouw er zo in om voldoende voedsel te blijven produceren, zonder dat daar extra natuurlijke grondstoffen nodig voor zijn.

De klant wil meer én de technologie kan meer!

In het volgende deel van mijn boek bespreek ik elke strategie van het Offer You Can't Refuse-model in detail. In elk hoofdstuk daaruit zal duidelijk worden dat de vier *general-purpose*-technologieën een stuwende kracht kunnen zijn, om de strategie om te zetten in de praktijk. De vier technologieën die in de steigers staan, hebben een veel groter potentieel dan de technologieën uit het vorige decennium.

Als eerste stap zullen ze het huidige niveau qua gebruiksgemak verder stretchen. Vele klanteninteracties worden nog meer geautomatiseerd voor de consument. In hoofdstuk 4 beschrijf ik hoe de *transactionele convenience* van de toekomst eruit kan zien dankzij meer geavanceerde technologie. Het zou echter een gemiste kans zijn om alleen te focussen op een verdere evolutie van transactionele convenience. Deze technologieën kunnen onze wereld in een volgende positieve fase van vooruitgang brengen. Ze hebben het potentieel om de nieuwe verwachtingen van klanten in te vullen: om hun dromen te helpen realiseren en de maatschappelijke problemen van de wereld te helpen aanpakken.

De mens achter de klant begrijpen en daar gevat op inspelen kan slimmer en beter dan vroeger.

In hoofdstuk 5 bespreek ik hoe je als bedrijf een *'partner in life'* van je klanten kunt worden. Uiteraard is dat een nieuwe mindset, die je als bedrijf moet omarmen, maar dankzij deze nieuwe technologieën kunnen bedrijven daar verder dan ooit in gaan. De mens achter de klant begrijpen en daar gevat op inspelen kan slimmer en beter dan vroeger.

Hoofdstuk 6 toont hoe de vier *general-purpose*-technologieën een belangrijke bijdrage leveren in de *'save the world'*-strategie. Ze kunnen een belangrijke bijdrage leveren om de dagelijkse, negatieve afwegingen te verminderen. Nu moeten consumenten nog té vaak kiezen tussen hun eigen belang en het belang van de planeet. Ze moeten té vaak kiezen tussen privacy en convenience. Ze moeten té vaak kiezen tussen privacy en gezondheidszorg. De vier *general-purpose*-technologieën hebben het potentieel om dergelijke afwegingen te verminderen en soms te laten verdwijnen.

Klanten verwachten meer dan gebruiksgemak én de technologie biedt meer mogelijkheden dan alleen wat extra gebruiksgemak.

Being a partner in the daily life of customers

save time | **save money** | **facilitate in life goals** | **facilitate great experiences**

DEEL 3

strategieën voor

the offer you can't refuse

In dit deel bespreek ik in detail drie van de vier strategieën van het Offer You Can't Refuse-model. Zoals eerder gezegd, ga ik niet dieper in op de basisvoorwaarde van een goed aanbod, namelijk een goed product, voor een goede prijs geleverd, met een goede service. Iedereen begrijpt dat het zonder dat niveau onmogelijk is om competitief de markt op te gaan. De drie andere strategieën krijgen elk een volledig hoofdstuk. Op die manier krijg je diepgang en details over elk ervan.

De ultieme convenience: digitaal gebruiksgemak wordt de komende jaren nog meer geautomatiseerd en onzichtbaar voor de klant. In dit hoofdstuk leg ik uit hoe je de interface van de toekomst kunt bouwen.

Partner in life: het gaat om de mens achter de klant. Hoe kun je diensten aanbieden die verder gaan dan je coreproduct? In dit hoofdstuk zorg ik voor concrete handvaten, om een 'partner in life'-strategie uit te bouwen.

Save the world: consumenten kijken vooral naar bedrijven om de grote problemen in de wereld mee te helpen oplossen. In dit hoofdstuk bespreek ik hoe je je verantwoordelijkheid op een heel concrete manier kunt nemen.

4

de ultieme convenience

Tinder veegde de concurrenten van het scherm

In 2007 maakten klassieke datingapps als eHarmony, Match.com en OkCupid de transformatie door van een desktop- naar een mobiel datingplatform. Deze apps domineerden de markt, met als belangrijkste asset hun grote gebruikersdatabase. Nieuwe spelers faalden één voor één op deze markt. Het netwerkeffect en de sterke algoritmes van de marktleiders leken niet te bekampen. Dat veranderde echter in 2012. Toen kwam Tinder op de markt en werd deze nieuwe app binnen de twaalf maanden marktleider in de datingwereld.[42]

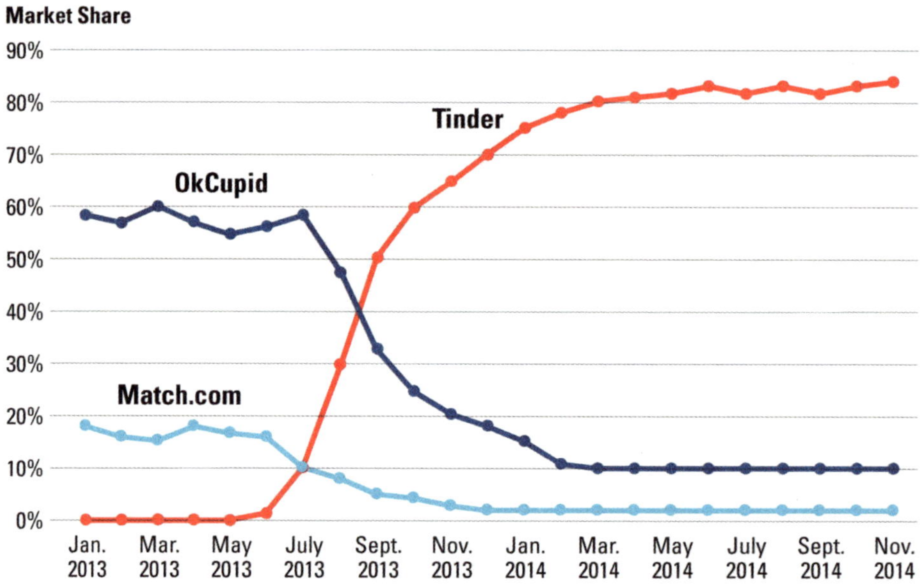

Tinder beschikte niet over – wat op dat moment nochtans het allerbelangrijkste leek – een uitgebreide gebruikersdatabase. Bovendien koos Tinder ervoor om geen complexe matchmakingtechnologie te gebruiken. Klassieke datingsites lieten klanten lange vragenlijsten invullen over hun leven. Die data werden dan gebruikt om de '*perfect match*' te zoeken. De Tinder-interface was en is voornamelijk gebaseerd op de uiterlijke match, al kijken gebruikers ook naar de humor in de foto, het lievelingsliedje van de potentiële date, de bio ... Gebruikers krijgen een foto te zien en kunnen dan naar links of rechts swipen. Naar links swipen betekent 'geen interesse'. Naar rechts betekent 'wel interesse'. Als beide partijen naar rechts swipen, krijgen ze de kans om met elkaar te chatten en verder af te spreken.

Meer dan ooit werden ook jonge mensen aangetrokken tot online dating. Begin 2013 groeide het aantal daters tussen de 18 en 24 jaar met 170 procent. Op twee jaar tijd (2013-2015) verdriedubbelde dit segment.
De nieuwe interface van Tinder heeft de markt op zijn kop gezet. Gebruiksgemak – snel, gemakkelijk en leuk – maakt het verschil in deze markt. Klassieke partijen hebben de waarde van de *'perfect match'* overschat en het belang van een gemakkelijke interface onderschat.

Persoonlijke butlers

Innovatie zorgt ervoor dat mensen minder tijd moeten stoppen in dingen die 'moeten' versus dingen die ze zelf 'willen'. Door de vaatwas- en wasmachine hebben we meer tijd om te sporten, te koken of tv te kijken. Er komt met andere woorden tijd vrij voor dingen die mensen graag willen doen.
Sommigen zeggen wel eens: 'Sinds we een vaatwasmachine hebben, zijn de gesprekken tijdens de afwas stilgevallen.' Je hoort de klassieke ondertoon van 'Vroeger was alles beter' daar wel eens in. Wel, als je de gesprekken tijdens de afwas mist: niemand verplicht je om een vaatwasmachine te gebruiken. Ga lekker afwassen, als dat belangrijk voor je is. De meeste mensen kunnen zich echter geen leven zonder vaatwasmachine meer inbeelden. Als dat toestel kapot is, bestellen de meesten er meteen een nieuwe.

Tijd is dan ook een schaars goed voor ons allemaal. Hoe efficiënter de verplichte dagelijkse taken verlopen, hoe meer tijd er is om andere dingen te doen. Technologie heeft ons al

heel veel tijd bespaard: we kunnen thuis vergaderen en zo de file overslaan, we bestellen een product online, zodat we ons de reis naar en de zoektocht in de winkel besparen; we nemen tv-programma's op, waardoor we de reclame kunnen doorspoelen ...
Heb je geen zin om zelf kledij te kopen of uit te zoeken? Dan kan je gebruikmaken van een bedrijf als Stitch Fix. Je vult er één keer een vragenlijst over je persoonlijke smaak in, je geeft aan hoe vaak je nieuwe kledij wilt ontvangen en daarna begint de dienst te lopen. Om de zoveel tijd krijg je een doos met nieuwe kledij thuis toegestuurd.
Als klant laat je de inhoud van die doos bepalen door Stitch Fix. Om kledij te kiezen voor elke klant, maakt Stitch Fix gebruik van algoritmes, waarna ook nog eens een persoonlijke stylist de keuzes bekijkt en eventueel bijstuurt. Eens de klant de nieuwe kledij heeft ontvangen, heeft die drie dagen tijd om te beslissen wat hij of zij zal houden en wat hij of zij terug zal sturen. Je betaalt een eenmalige *styling fee*, waarna de prijs van de kledij perfect te vergelijken valt met die in andere winkels.
Dergelijke bedrijven maken een persoonlijke shopper voor iedereen toegankelijk. Eens de eerste kleine inspanning geleverd is, komt de kledij automatisch op je af, zonder de geringste inspanning. In maart 2020 was Stitch Fix 1,3 miljard Amerikaanse dollar waard. Een persoonlijke shopper was vroeger enkel beschikbaar voor de happy few. Sinds Stitch Fix is dat ook het geval voor de gemiddelde klant.

De automatisatie van je wekelijkse boodschappen

Elke zaterdag ga ik naar de supermarkt bij ons in de buurt, om de wekelijkse boodschappen te doen. Heel vaak gaat het om routineaankopen. Mocht je die aankopen analyseren, dan zou je allicht concluderen dat meer dan 70 procent van die producten elke week dezelfde zijn. Daarnaast is 10 procent maandelijks identiek, zoals bij de aankoop wasproducten. De resterende 20 procent hangt af van mijn humeur, van mijn smaak, van promoties en van hoeveel honger ik heb tijdens het winkelen.
De overgrote meerderheid van de aankopen kun je met andere woorden in een patroon gieten. Zowat elke consument heeft een bepaald consumptiepatroon. En eens er een patroon is, valt er een algoritme omheen te programmeren. Zou het nu niet fantastisch zijn als supermarkten erin slaagden om die wekelijkse en maandelijkse routineaankopen te automatiseren? Beeld je in dat een bedrijf als Amazon wekelijks een doos bij jou kon afleveren met daarin alle producten die je de komende week nodig hebt. De tijd die je daarmee bespaart, kun je inzetten voor zaken die je echt belangrijk vindt in het leven.

McDonald's en Dynamic Yield

Nieuwe interfaces duiken zowel online als offline op. Initieel werden geautomatiseerde interfaces vooral gelinkt aan de online wereld. De Tinder-datingapp is een pure online interface. Amazon die producten op het juiste moment bij je thuis kan bezorgen, dat houdt een mix van online en offline automatisatie in. De volgende stap is dergelijke vormen van automatisatie ook in de offline wereld ontdekken.
De voorbije jaren maakte McDonald's een grote transformatie mee. In mijn vorige boek, *Customers the Day After Tomorrow*, beschreef ik in detail hoe het bedrijf de klassieke processen volledig omgegooid heeft. De uitrol met de bestelling via digitale kiosken en de bediening aan tafel, is succesvol verlopen.

Nu wil McDonald's nog een stap verder gaan. In maart 2019 kocht de onderneming het Amerikaanse bedrijf Dynamic Yield, voor ongeveer 300 miljoen dollar, de grootste acquisitie van McDonald's in twintig jaar.[43] Dynamic Yield is gespecialiseerd in artificiële intelligentie en *machine learning*.
Via de technologie van dat bedrijf wil McDonald's onder andere de menu's in de Drive Thru personaliseren. Nu krijgt iedere klant nog exact hetzelfde menu te zien. In de nabije toekomst wil McDonald's de menu's kunnen aanpassen aan externe factoren, zoals het weer. De ultieme stap is een volledige personalisatie van de menukaart voor elke individuele klant.
De voorbije jaren heeft McDonald's sterk geïnvesteerd in het gebruik van hun mobiele app. Hun app is in veel landen een van de populairste corporateapps, met miljoenen gebruikers. Dankzij die interface leert McDonald's veel over de voorkeuren van een klant. Die informatie kan het bedrijf in een volgende fase gebruiken om de menu's te personaliseren. Als er met andere woorden binnenkort een vegetariër de Drive Thru komt ingereden, zal die bovenaan het menu met vegetarische opties zien. Hou jij vooral van visburgers, dan krijg je die opties te zien. Als gevolg zullen klanten zich meer welkom voelen en bovendien is er een realistische kans dat ze daardoor meer bestellen. En dat is een win-winsituatie: de klant is meer tevreden en McDonald's creëert commerciële waarde.

Vertrouwen mensen al die automatisatie wel?

Ik kan heel enthousiast worden over de mogelijkheden van algoritmes. Er zijn zoveel taken en onderdelen van ons leven, waar slimme algoritmes beter in kunnen zijn dan wij mensen. Toch is de meest gestelde vraag: 'Steven, zullen mensen die algoritmes wel vertrouwen? Ik neem toch graag zelf beslissingen, zonder dat ik beïnvloed word door een algoritme.' Veel mensen zijn er nog steeds van overtuigd dat ze heel kritisch over elk aspect van hun leven nadenken. Veel mensen zijn ervan overtuigd dat ze niet zullen luisteren naar algoritmes en willen een vrijheid aan denken en beslissen behouden.
Uiteraard kan dat en is dat positief. Alleen toont de praktijk dat slechts een minderheid van de mensen zo denkt. Neem een heel eenvoudig voorbeeld: Google. Als je een Googlesearch doet, krijg je meestal meer dan een miljoen resultaten. Honderden pagina's met links naar mogelijk interessante webpagina's liggen zomaar voor het grijpen. Dat is een perfect vertrekpunt als je graag alle details omtrent een beslissing wilt onderzoeken. Toch toont onderzoek dat 95 procent van de mensen nooit verder kijkt dan de pagina met de eerste resultaten.[44] Hoe dat komt? Omdat het Googlealgoritme al meer dan twintig jaar goed werk levert. Ondertussen weten wij dat de beste resultaten op de eerste pagina te vinden zijn. Dat is zo goed als een gegeven in ons leven. Dus ja, 5 procent van de mensen vertrouwt de resultaten van een algoritme niet en gaat verder op zoek naar de informatie waarvan zij vinden dat het de juiste is. De andere 95 procent vertrouwt blindelings het Googlealgoritme.
Onze intuïtie zegt dat we het liefst zelf beslissingen nemen, onderzoek bewijst het tegenovergestelde. Een gepubliceerde studie van *Harvard Business Review*[45] beschreef hoe mensen de resultaten van een algoritme boven het advies van een medemens verkiezen. De enige voorwaarde is een consistente, kwaliteitsvolle uitkomst. Met andere woorden: zodra een algoritme over een bepaalde periode heen goede kwaliteit levert, vertrouwen mensen dat algoritme meer dan het oordeel van een andere mens.

> ***Onze intuïtie zegt dat we het liefst zelf beslissingen nemen, onderzoek bewijst het tegenovergestelde.***

Bij het lezen van die studie moet ik steeds terugdenken aan de evolutie van navigatiesystemen. In het vorige hoofdstuk vertelde ik al over mijn eerste navigatiesysteem met een *hit rate* van 50 procent. Dat zorgde voor interessante taferelen. Wanneer ik toen ergens naartoe reed en de gps 'rechtdoor' zei, maar mijn echtgenote verkondigde: 'Ik ken dat hier, je moet rechtsaf', dan reed ik rechtsaf. Mijn echtgenote had toen een *hit rate* van 85 procent en de gps slechts een van 50 procent. Vandaag heeft Waze een *hit rate* van 99,99 procent, maar mijn echtgenote er nog steeds een van 85 procent. Als de computer nu 'rechtdoor' zegt en mijn vrouw 'Ik ken dat hier, je moet rechtsaf', dan rijd ik rechtdoor. En aanvaard ik daarbij de gevolgen van die beslissing.

De conclusie van de studie van Harvard is heel duidelijk: zodra een algoritme de belofte nakomt, dan vertrouwen wij dat algoritme.

De kenmerken van de toekomstige interface

De voorbije tien jaar is het gebruiksgemak in de wereld sterk toegenomen. Vandaag voeren we bancaire transacties uit dankzij onze Face ID. Aankopen worden bevestigd dankzij een vingerafdruk. Films worden opgestart door een *voice*-commando. Het alarm van je huis kun je overal ter wereld beheren. Als ik een ondergrondse parkeergarage nader, gaat de slagboom automatisch omhoog, dankzij de app van mijn bank. Heel het gedoe met parkingtickets nemen en betalen kan ik overslaan. Mijn *mobile banking app* regelt het allemaal, ik moet niets doen. In verschillende luchthavens kun je aan boord van een vliegtuig gaan zonder controle van je boardingpass of paspoort. De gezichtsscan bepaalt of je op het vliegtuig mag. Binnenkort worden de menu's van fastfoodketens aangepast aan onze culinaire voorkeur.

Als je al die succesvolle en innovatieve interfaces bestudeert, komen er steeds vier kenmerken terug:

1. **Proactief:** een moderne interface anticipeert. Het gaat erom noden van de klant te ontdekken vóór die er zelf aan denkt. Een slimme interface lost het probleem op voor het zich stelt. Denk aan de slimme koelkast die melk bestelt voor de melkvoorraad is uitgeput. Denk aan een machine die de wisselstukken bestelt voor de bestaande materialen kapot zijn. Het menu van McDonald's kiest proactief de burgers die het best bij jouw smaakprofiel passen. Tegen de tijd dat jij wilt bestellen, is die menukaart al aangepast.
2. **Nul inspanning voor de klant:** de internationale trend in elke sector is een steeds verdere daling qua inspanningen voor de klant bij een transactie. Als het complex en saai is, haken de meeste mensen af. Het moet gemakkelijk en het liefst ook leuk zijn om mensen aan boord te krijgen en te houden. Je rijdt de Drive Thru van McDonald's

binnen en het aangepaste menu verschijnt automatisch, als klant hoef je geen enkele knop in te drukken.

3. **Onzichtbaar:** de nieuwste interfaces zijn onzichtbaar. Een machine die iets bestelt zonder dat jij op een knop moet drukken, is daar een voorbeeld van. Het Facebookalgoritme is er ook zo één. Elke keer dat je naar Facebook gaat, krijg je een lijst met updates te zien. Je hoeft daar niets voor te doen, dat gebeurt automatisch. Bovendien is die lijst zo opgemaakt dat die in lijn is met de dingen die jij graag wilt zien. Als je de McDonald's-restaurants nadert, past het menu zich aan, maar als klant merk je dat eigenlijk niet. Je denkt gewoon: o, dat ziet er hier allemaal lekker uit.
   Het internet zal de komende jaren alomtegenwoordig zijn, maar op hetzelfde moment wordt het ook minder tastbaar. Om online te gaan, drukken we nu op de app van Safari, Chrome of Edge, maar in de toekomst is het internet gewoon om ons heen aanwezig – onzichtbaar – in allerlei slimme apparaten, al dan niet uitgerust met sensoren, of misschien zelfs in onze AR-brillen, zodra die matuur worden.
4. **Gepersonaliseerd:** elke klant is anders. Segmentering is een begrip uit een ander marketingtijdperk. Vandaag gaat het om de individuele noden van de individuele klant. Iedereen is anders en heeft specifieke behoeften. Hoe beter je interface erin slaagt te personaliseren, hoe groter het succes ervan zal zijn. De McDonald's-menukaarten zijn op maat van elke individuele klant. De segmentgrootte is gelijk aan één.

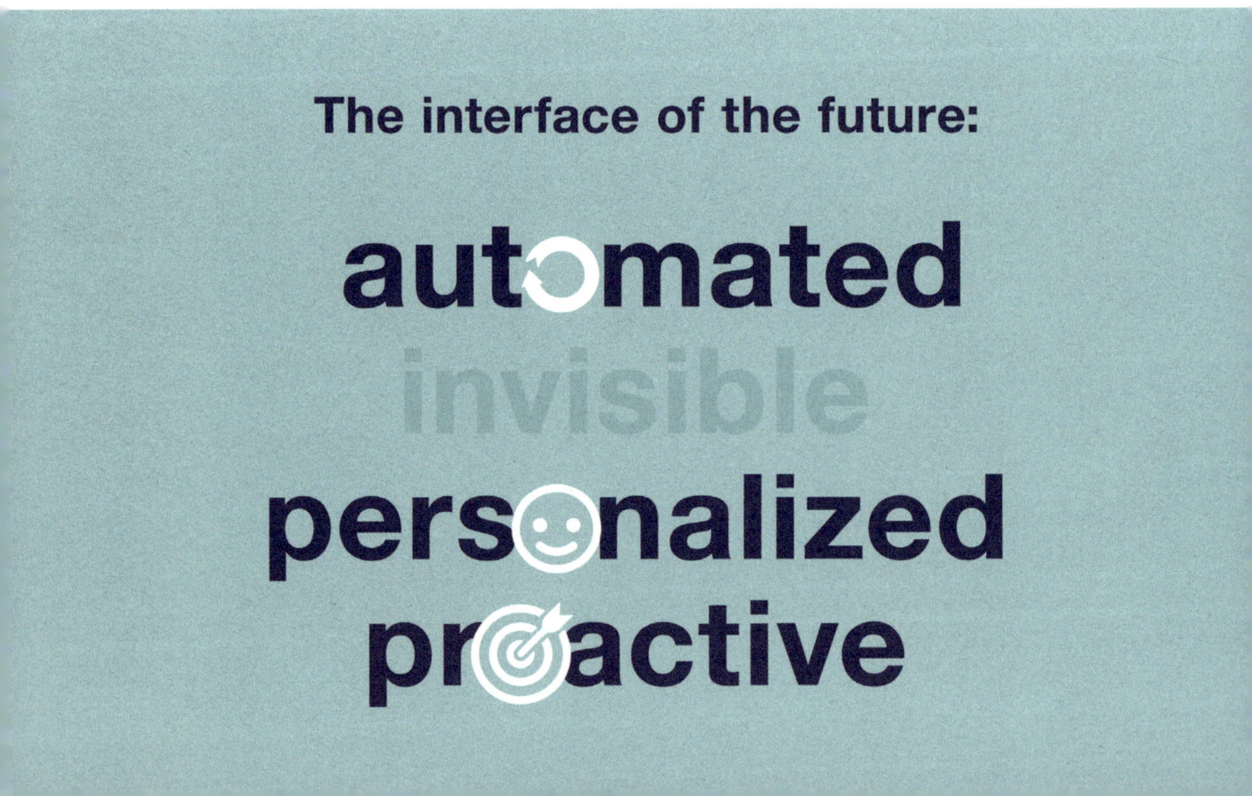

Toutiao

Toutiao is een van de populairste nieuws- en contentplatformen ter wereld. Het bedrijf is opgericht in 2012, als onderdeel van de ByteDance-groep (die eveneens eigenaar is van onder meer TikTok). De content van Toutiao wordt geproduceerd door journalisten, influencers en bots.

De nieuwsapp voldoet aan alle criteria van de interface van de toekomst. Door bots te gebruiken is de app razendsnel in het publiceren van content. Zodra een sportwedstrijd is beëindigd, zorgen de bots al voor een samenvatting (proactief en supersnel). Verder maakt Toutiao gebruik van artificiële intelligentie om een filter over het nieuws te leggen. De filter selecteert automatisch (zonder enige inspanning van de consument), onzichtbaar (er is geen filterknop te zien) en gepersonaliseerd (iedereen krijgt dat nieuws te zien waarin hij of zij geïnteresseerd is).

De AI-filter werkt met andere woorden zoals de Facebookfilter: Toutiao bepaalt welk nieuws je al dan niet te zien krijgt. Vanuit een maatschappelijk standpunt kun je hier best wel wat kritiek op geven. De mensheid een engere kijk op de wereld geven is vast geen goed idee als we de onderlinge verstandhouding willen verbeteren. Mensen worden door AI sowieso al in een bepaalde bubbel geduwd. Dit soort systemen maakt de bubbel alleen maar enger.

Maatschappelijk gezien heeft het zijn beperkingen, maar de impact van AI op de bedrijfsresultaten is indrukwekkend. Toutiao is het meest verslavende digitale platform ter wereld. Een gebruiker spendeert gemiddeld 74 minuten per dag op Toutiao.[46] De gemiddelde Facebookgebruiker spendeert vijftig minuten per dag op het sociale netwerk. De Toutiaogebruiker spendeert met andere woorden 50 procent meer tijd op de nieuwsapp dan wat de wereldbevolking gemiddeld op Facebook, het tweede meest verslavende platform ter wereld, spendeert.

De gemiddelde gebruikerstijd is zelfs nog niet de indrukwekkendste statistiek. De snelheid waarmee Toutiao geld met deze app verdient is ongezien. In 2017, vijf jaar na de oprichting, bedroeg de omzet van de app al 2,2 miljard Amerikaanse dollar. Het zakenmodel is gebaseerd op de verkoop van getargette advertenties. Ter vergelijking: in 2003, eveneens vijf jaar na de oprichting ervan, maakte Google 1,5 miljard Amerikaanse dollar omzet. De omzet van Facebook bedroeg in 2009, vijf jaar na de oprichting ervan, 0,77 miljard Amerikaanse dollar. Toutiao is zonder twijfel de digitale tool met de steilste opgang in omzet ooit. De interface van deze tool – *faster than real time, zero effort*, onzichtbaar en gepersonaliseerd – is de sleutel van hun succes.

Een filter op alles

Toutiao plaatst een filter op de nieuwsberichten van de consument. Het Facebookalgoritme plaatst een filter op de berichten van je vrienden, familie en collega's. Netflix zet een filter op het type content dat je voorgesteld krijgt. McDonald's plaatst in hun vernieuwde Drive Thru een filter op je menumogelijkheden.

Als je dat positief omschrijft, heet dat personalisatie. Wanneer je dat negatief omschrijft, zorgt dat voor een verenging van ons maatschappelijk beeld. Hoewel veel mensen schrik hebben voor die verenging, functioneert ons brein in veel gevallen al als een automatische filter. Als jij en ik dezelfde krant lezen, zullen we allicht andere artikels zien en doornemen. Jij zult er ook andere dingen uit onthouden dan ik. Als we alle twee door dezelfde stad wandelen, zullen we beiden andere advertenties zien. Zo werken onze hersenen. Ze filteren het overaanbod aan informatie.

Bovendien houden mensen van filters, zonder het misschien te beseffen. Het informatieaanbod is momenteel zo groot dat we die filter weten te appreciëren. Heel veel mensen gaan nog naar een fysieke winkel, om feedback van een verkoper te krijgen. Op dat moment neemt de verkoper de rol van filter op zich. Als je eens wilt uitpakken bij vrienden met een perfect passende wijn bij een zelf gekookt menu, zul je misschien overwegen om naar een wijnspeciaalzaak te gaan. Wanneer je dan advies vraagt aan de eigenaar van de winkel, doe je een beroep op een filter.

Toutiao has seen unmatched revenue growth in its first 4 years

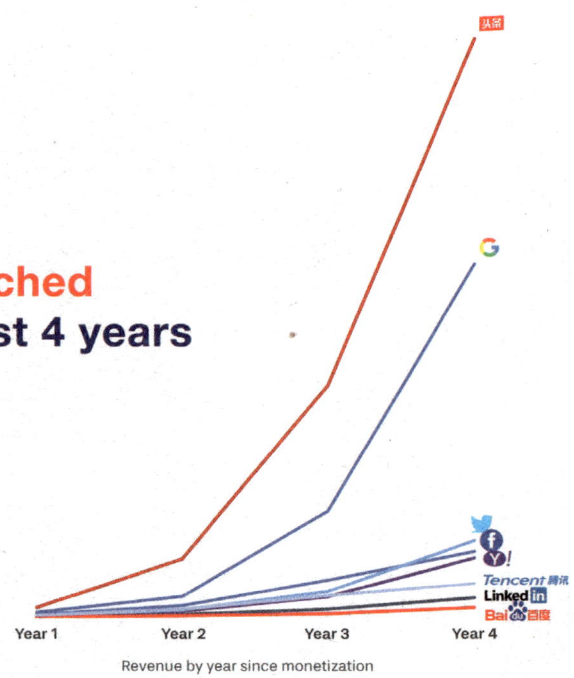

Ook het feit dat het gebruik van platformen als Facebook en Instagram blijft stijgen, toont aan hoe graag we met dergelijke informatiefilters werken. In veel gevallen is de filter een hulp om door de bomen het bos nog te zien.

Er bestaat zoiets als FEBO: 'The Fear for Better Options'. Het aanbod van producten is zo groot dat mensen beginnen te twijfelen aan wat ze precies willen kopen. Op het internet is het aanbod bijna oneindig groot, waardoor de waarde van een advies is gestegen. Het is geen toeval dat in veel landen reisadviseurs weer meer werk hebben. Mensen weten niet meer wat te kiezen.
In diverse productcategorieën biedt het Nederlandse Coolblue op zijn site een 'keuze van Coolblue' aan. De 'keuze van Coolblue' bestaat uit drie producten waarvan Coolblue vindt dat die de beste keuze vormen voor hun klanten. Om die selectie te maken, analyseert het bedrijf data. Binnen de selectie zijn er verschillende prijspunten voorzien.

Pieter Zwart, de oprichter en CEO van Coolblue, vertelde mij dat ongeveer 70 procent van de omzet gerealiseerd wordt via de 'keuze van Coolblue'. Zeven op de tien mensen kiest een van de drie wasmachines, computers of tv's die een website hun voorstelt. Wij mensen krijgen gewoon graag advies. En de werkelijkheid is dat een computer over meer capaciteiten beschikt om een gepersonaliseerd advies te geven dan een mens. Digitale filters zijn onderdeel van onze toekomst.

Een volgende stap in de evolutie ontstaat wanneer de klant autonomie geeft aan de filter. In de vorige fase stelde een filter een aantal producten aan de klant voor; in deze fase beslist de filter zelf wanneer een aankoop gewenst is. De klant maakt geen deel meer uit van de finale aankoopbevestiging.
Stel dat een consument beslist dat de wasmachine automatisch waspoeder mag aankopen, misschien volgens een aantal afgesproken principes, dan gebeurt de aankoop van waspoeder voortaan volledig automatisch zonder enige betrokkenheid van de klant.
De wasmachine krijgt autonomie om aankopen te verrichten.
Als klant maak je eigenlijk geen deel meer uit van dat aankoopproces. Op dat moment zijn machines zaken aan het doen met andere machines. Die manier van werken kan trouwens een andere interpretatie geven aan de titel van mijn boek, *The Offer You Can't Refuse*. Als consument kun je het product niet meer weigeren, omdat een machine het in jouw plaats heeft gekocht.

Als klant maak je eigenlijk geen deel meer uit van dat aankoopproces. Op dat moment zijn machines zaken aan het doen met andere.

Amazons filter op producten en merken

Een van de doelstellingen van Amazon is om de grootste productfilter ter wereld te installeren bij de consument thuis. Als hun Alexaplatform nog wat performanter wordt, is dit de perfecte interface om mensen te helpen bij hun aankopen. Wanneer een consument vraagt: 'Alexa, ik heb kattenvoer nodig', dan zal Alexa je kattenvoer voorstellen. Allicht krijg je een of twee opties te zien of te horen. Misschien vraag je dan nog wel een derde alternatief, maar daar houdt het ongeveer op. Je krijgt met andere woorden niet meer de honderden soorten kattenvoer uit de supermarkt te zien, of de tientallen soorten kattenvoer in de apps van de supermarkten. Een goed werkende Alexa bezorgt je één soort kattenvoer, waarvan Amazon eigenlijk weet dat die uitermate voor jou geschikt is. Daarbij worden de data van je voorbije aankopen gekoppeld aan de review- en prijsdata uit de kattenvoercategorie. Amazon bouwt als het ware een soort software voor dating tussen producten/merken en consumenten.

Zullen consumenten dat willen? Ja, op voorwaarde dat deze personalisatie héél goed werkt. Als je elke keer een product krijgt aangeboden dat past bij je voorkeur, dan stijgt het vertrouwen. Indien het je tijd bespaart, is de kans groot dat het onderdeel van je dagelijkse leven wordt.

Stel dat je zegt: 'Ja, maar ik hou net van wat afwisseling bij mijn aankopen en met deze productfilters verdwijnt dat volledig uit mijn leven.' Dat is een terecht punt. Het is ook gemakkelijk op te lossen. Een goed werkende Alexa kun je zodanig instellen dat je af en

toe, op het moment dat jij dat wilt, een goed gekozen nieuw merk aangeboden krijgt. En als uit het verleden blijkt dat jij van afwisseling houdt, weet Amazon dat uiteraard al heel goed. Zo kan Alexa inspelen op de voorkeuren van elke specifieke consument, zodat de aanbeveling steeds als een schot in de roos aanvoelt.
Eens het vertrouwen groot genoeg is, kun je voor bepaalde categorieën de volledige aankoopautonomie aan een dergelijk platform overhandigen. De eerste producten waarbij we dergelijk gedrag zullen zien, zijn uiteraard routineaankopen. Bij producten waarbij de klant het niet zo belangrijk vindt welk merk het is, zal de overstap naar autonome interfaces het gemakkelijkst verlopen. In een latere fase zullen daar vast ook andere types producten bijkomen.
In de begindagen van e-commerce bestond de overtuiging dat deze aankoopvorm alleen geschikt was voor boeken, cd's en dvd's. Heel eenvoudige producten met een laag risico, waarbij de klant niet echt schrik had dat het fout kon gaan. Vandaag kopen we zowat elk product online. Nieuwe interfaces doorlopen mogelijk dezelfde evolutie.

Stel dat de maatschappij steeds meer gebruik begint te maken van productfilters en autonome aankopen, dan heeft dat een grote impact op marketing. Vooral op merkstrategie hebben dergelijke filters een grote impact.

Je krijgt drie mogelijke scenario's. Het eerste scenario is waar een consument om een specifiek merk vraagt.

- **DE-FILTERED**: stel dat iemand specifiek om Colgate-tandpasta vraagt, dan is het heel duidelijk wat de AI-filter zal doen: je krijgt Colgate-tandpasta. Op dat moment slaagt het merk Colgate erin om uit de filterprocedure te blijven. Het heeft zichzelf als het ware ge-DE-filtered, omdat het een heel sterke branding heeft. Dat is het ideale scenario voor een merk.

Wat gebeurt er als iemand een merkloos commando geeft? Bijvoorbeeld: 'Alexa, ik wil batterijen.' Krijg je dan Amazon-*branded* batterijen of zal Alexa nog bepaalde A-merken voorstellen? Voor de merken blijven deze twee scenario's over:

- **FILTERED-IN**: als de customerreviews en matchmakinggegevens van een specifiek merk goed genoeg zijn, zal het Amazonalgoritme weten dat de kans groot is dat de consument die op dat moment naar een product vraagt, dat merk wellicht ook zal appreciëren. De filter brengt het merk tot bij de consument.
- **FILTERED-OUT**: als de review- en matchmakinggegevens tegenvallen, dan bestaat de kans dat dit specifieke merk niet meer getoond wordt aan de consument. De filter schakelt het merk voor de consument uit. In een wereld waarin dit soort interfaces hoogtij zou vieren, verliest een dergelijk merk de kans om nog met de consument in

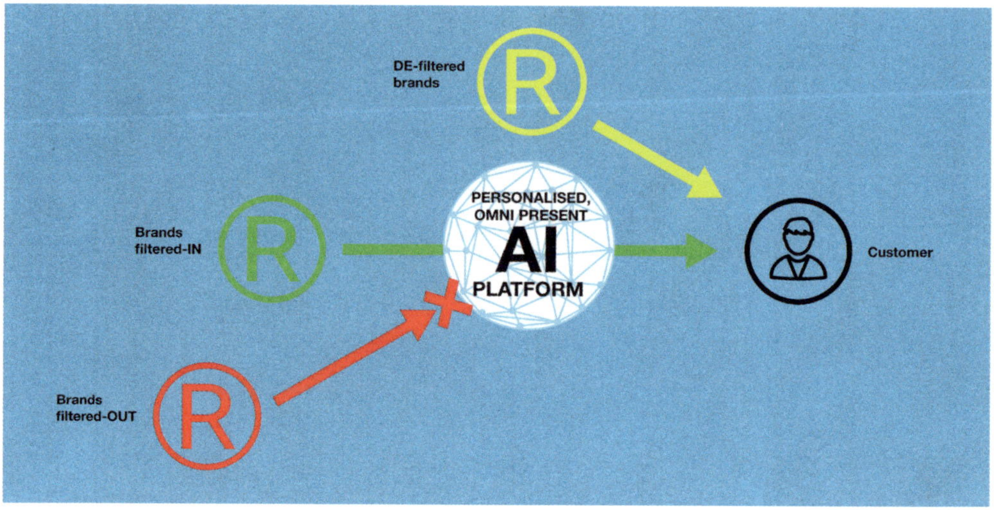

contact te komen. Het lijkt wel of dit soort merken onzichtbaar worden voor de consument. In de traditionele wereld kon deze soort merken dat opvangen met klassieke advertenties. Wanneer consumenten steeds meer aankopen via AI-filters uitvoeren, daalt de impact van klassieke reclame echter.

De nood om meer te investeren in de sterkte van een merk (DE-FILTERED) of in producten en diensten die zo kwalitatief of differentiërend zijn dat ze door hun excellente reviews automatisch bovendrijven in de filters (FILTERED-IN) wordt meer dan ooit duidelijk in deze scenario's voor de toekomst.

Nike doet niet meer mee

Eind 2019 besliste Nike om de samenwerking met Amazon volledig stop te zetten. Het supermerk wil zijn focus vooral leggen op directe verkoop aan consumenten. In 2019 had Nike een omzet van ongeveer 33 miljard Amerikaanse dollar, waarvan 11,7 miljard reeds van directe verkoop kwam. Die directe omzet realiseerde Nike via zijn eigen winkels en online kanalen. Nike vindt het belangrijk dat zijn merk uniform aangeboden en geprijsd wordt. Doordat Amazon met heel veel kleine retailers samenwerkt, ontstond er een grote spreiding in de prijszetting. Elke kleine retailer begon promoties toe te passen op Nike-schoenen en -kledij. Daardoor werd de eenheid van het merk doorbroken. Dit kon op termijn de merksterkte eroderen.

Nike beseft als geen ander het strategische belang van direct contact met je eindklanten. Het bedrijf zal de komende jaren nog meer investeren, om het aandeel van de directe verkoop verder te laten stijgen. Het is een cruciaal onderdeel van zijn merkstrategie. De directe relatie met eindklanten behouden zou een van de prioriteiten moeten zijn bij elk bedrijf.

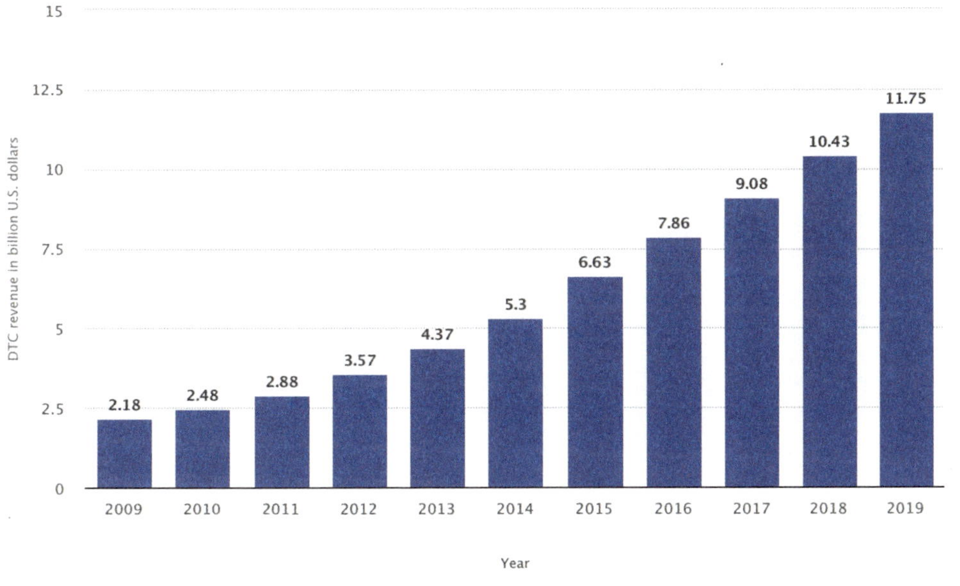

Als ik de keuze van Nike aan bedrijfsleiders vertel, volgt vaak de klassieke repliek: 'Ja, Steven, maar dat is Nike.' Wat ze eigenlijk willen zeggen, is: 'Ons merk is helemaal niet sterk genoeg om Amazon opzij te schuiven. Wij zijn afhankelijk van dat soort bedrijven.'
Beide analyses zijn in de meeste gevallen correct. Nike is inderdaad een uitzonderlijk sterk merk en de meeste ondernemingen hebben de voorbije jaren onvoldoende in hun merk geïnvesteerd. De keuze voor kortetermijnactivaties en salespromoties zorgde voor erosie van de merkwaarde van vele bedrijven. Daardoor zijn de kortetermijnopties minder breed dan bij merken die wel sterk staan.
In dit hoofdstuk beschrijf ik de evolutie naar de ultieme transactionele convenience. Wel, het belangrijkste gevolg van die evolutie is een grotere urgentie om sterke merken te bouwen. Hoe gemakkelijker het wordt om bij grote digitale platformen te kopen, hoe belangrijker het wordt dat de consument specifiek naar jouw merk vraagt. Het moment dat die alleen naar een categorie vraagt, verschuift de macht volledig naar de AI-filters en zorg je er maar beter voor dat je een topproduct of -dienst verkoopt.

Twee scenario's

Er zijn twee mogelijke scenario's voor de nabije toekomst.

Het ene scenario is de strategie waar de grote technologieplatformen naar streven: een gecentraliseerd, geautomatiseerd aankoopplatform, dat tussen de consument en de meeste bedrijven in kruipt. Vergis u niet, deze ambitie hebben de technologiebedrijven niet alleen voor consumentenproducten.
Een klant van mij is wereldleider in wisselstukken voor machines. Tijdens een strategische bijeenkomst vertelde hij hoe een van zijn belangrijke klanten alle basisaankopen nu via Amazon for business laat verlopen. Mijn klant mag alleen nog verkopen aan Amazon, de eindklant koopt alles via het Amazonplatform.
Waarom doen ze dat?
Een drievoudige reden: het Amazonplatform is efficiënter, de logistiek is heel betrouwbaar en Amazon helpt mee in de prijsonderhandelingen. Amazon is tussen een klant en de producent van wisselstukken in gekropen. De ultieme convenience van dit soort bedrijven werkt als een magneet op consumenten en bedrijven.
In het Westen zijn we onderweg naar dit scenario, in het Oosten is het al de realiteit. In China gebeurt een groot deel van de dagelijkse transacties via platformen als WeChat en Meituan Dianping. In andere Aziatische markten krijgt het platform Grab (vergelijkbaar met de twee Chinese voorbeelden, maar vanuit Singapore) die rol meer en meer toebedeeld.

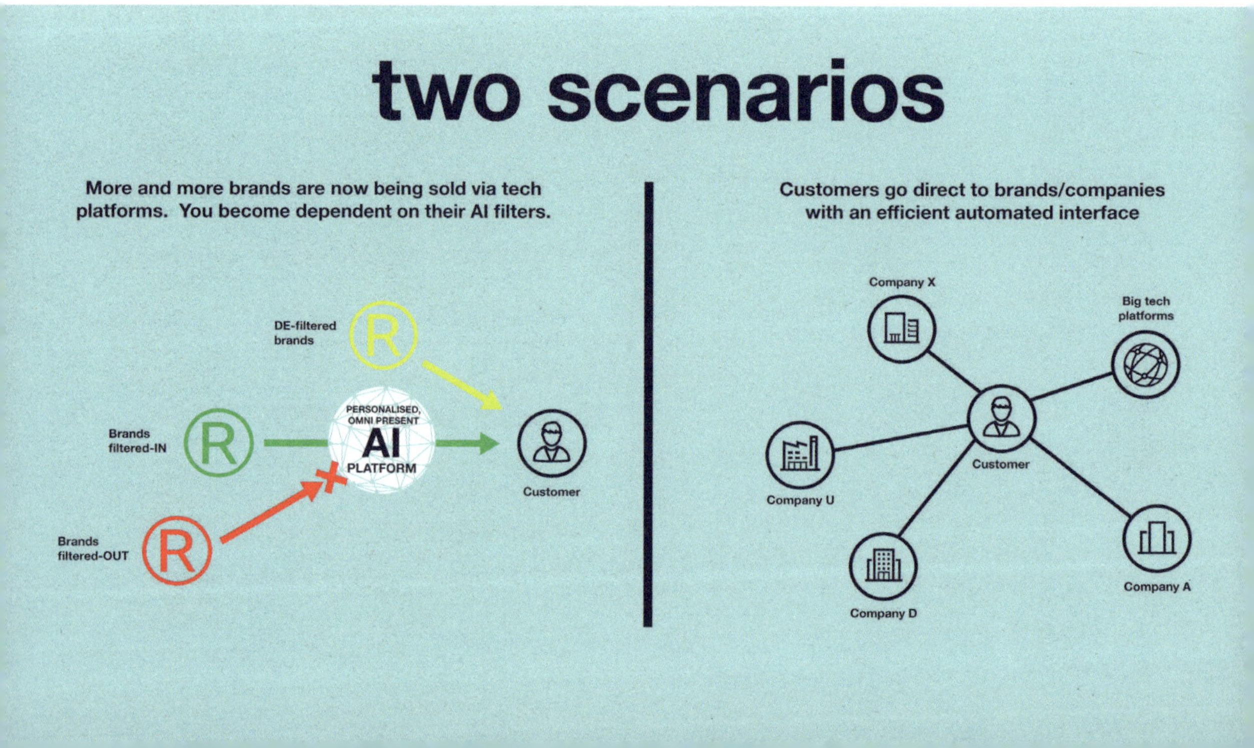

Scenario één eindigt in een wereld waarin een heel groot deel van de basistransacties via technologieplatformen verloopt.

In scenario twee verlopen er nog altijd veel transacties via de technologieplatformen, maar blijven voldoende bedrijven bestaan waarmee consumenten rechtstreeks in contact treden. In die situatie vinden klanten het nog altijd waardevol genoeg om rechtstreeks contact op te nemen met die ondernemingen. Een uitstekende service, een persoonlijk en warm menselijk contact, een minstens even goede digitale interface, unieke producten, het zijn allemaal voorbeelden van motivaties waarom een klant rechtstreeks zou kopen en niet via een volledig geautomatiseerd AI-platform. Begrijpen wat deze elementen in jouw markt zijn en investeren in een sterke merk- en klantenbeleving, het was nooit zo urgent als nu.

Sommige bedrijven zullen opperen dat een combinatie van deze twee scenario's misschien de interessantste strategie is. Dat is een terechte opmerking. Voor sommige bedrijven is het net heel interessant om hun producten via grote techplatformen te verkopen. Voor sommige bedrijven is de omzet via Amazon de belangrijkste geworden.
Alleen is er een bepaald risico verbonden aan het volledig afhankelijk zijn van de technologiereuzen. Als ze op zeker moment van koers veranderen, kan dat een significante impact hebben op je resultaten. Met andere woorden: zelfs al zijn de techplatformen vandaag een heel belangrijke bron van inkomsten voor je bedrijf, dan nog blijft het heel waardevol om de directe relatie met de eindklant meer in handen te krijgen.
Voor sommige bedrijven leidt dat tot een duivels dilemma: zullen we samenwerken met Amazon of hen net bestrijden? Een pragmatische oplossing is de combinatie van beide. Probeer zo goed mogelijk zaken te doen via die grote platformen, maar bouw ondertussen elke dag verder aan je eigen directe relatie.

De ultieme convenience: automatisch en onzichtbaar

De finale stap van interfaces komt in zicht. Een volledig onzichtbare en automatische interface voldoet aan alle criteria om succesvol te zijn. De tijdsinvestering voor de klant wordt daarmee letterlijk tot nul herleid. Automatisatie went heel snel. Als je gewoon bent om in een kantoorgebouw te werken waar de verlichting via sensoren geactiveerd wordt, vind je het al snel middeleeuws om nog op zoek te moeten naar de juiste schakelaar. Als je centrale verwarming zelf beslist wanneer een onderhoud nodig is, wordt zelf telefoneren voor hulp iets uit de vorige eeuw. Eens het naar behoren werkt, vertrouwen wij dergelijke systemen heel snel.

Een onzichtbare en automatische interface helpt klanten tijd besparen, maar het roept ook wat vragen op. De komende jaren zal rond deze evolutie nog een sterk ethisch debat losbarsten. Hoe zal een consument immers nog weten of zij/hij op een correcte manier behandeld wordt? Door automatische en onzichtbare interfaces verdwijnt bijvoorbeeld de prijstransparantie.
Stel dat je een tankstation voorziet van automatische en onzichtbare interfaces. Dan rijd je met de auto tot bij de pomp en begin je te tanken. Ondertussen heeft het tankstation je nummerplaat al gescand. De nummerplaat leidt naar jouw adres. Jouw adres zegt al heel veel over je sociale status in het leven. Voeg daar ook nog het merk en het type auto aan toe en het is niet zo moeilijk meer om in te schatten of iemand zich in de betere of de minder goede helft van de vermogenscurve bevindt. Op basis van die informatie zou een tankstation vermogende mensen 5 procent meer kunnen aanrekenen dan minder vermogende mensen. De klant is er zich niet van bewust, want de betaling gebeurt volledig automatisch via sensoren en de smartphone. Het vraagt geen inspanningen van de klant (het voordeel), maar je betaalt 5 procent meer dan iemand anders (het nadeel). Voor sommigen zal dit klinken als de ultieme vorm van herverdeling, anderen zullen net heel boos worden.

Wat als digitale tools als Alexa en Google Home ook de emoties van de consument beter leren begrijpen? Amazon werkt aan een technologie die de stem leert analyseren. De extra data die daarmee vrijkomen, bieden nieuwe mogelijkheden om verder te personaliseren.
Het volgende voorbeeld is puur hypothetisch. Stel dat Amazon beslist om hogere prijzen te hanteren als iemand een euforische dag heeft. Hoe gaan we daar als maatschappij mee om? Misschien leren de data Amazon wel dat mooi weer gecombineerd met goed humeur betekent dat een consument bereid is om 5 procent meer te betalen? Wat doe je met die kennis en hoe willen wij als maatschappij dat bedrijven daarmee omgaan?

Dit zijn maar enkele voorbeelden die aantonen hoe belangrijk het wordt om de juiste afspraken en ethische codes te formuleren in een wereld waarin je als consument niet meer zelf op de 'Ik ga bestellen'-knop moet drukken. Automatisatie is fantastisch, op voorwaarde dat het met de juiste ethische afspraken wordt uitgevoerd.

Help! Ik zie een leeuw!

Hoever moet jouw bedrijf gaan in de evolutie naar het ultieme gebruiksgemak? Dat hangt voor een groot stuk af van de sector waarin je operationeel bent en van de impact van de grote technologiespelers op je bedrijf. Werk jij in een markt waarin de grote techspelers heel actief zijn of potentieel heel actief kunnen worden, dan heb je geen andere keuze dan heel sterk investeren in digitaal gebruiksgemak. Zijn je concurrenten heel sterk op het vlak van digitale interfaces? Dan is er geen andere keuze dan *all the way* te gaan.
Is jouw bedrijf actief in een sector waar het digitaal allemaal wat langzamer gaat, dan is het de uitdaging om het 20 procent beter te doen dan je directe concurrenten. In een dergelijke sector is het relatief eenvoudig om het verschil te maken met een betere interface.

Een interessant voorbeeld van een onderneming die zich in deze laatste marktsituatie bevond, is Domino's Pizza. Het aandeel van Domino's Pizza was de voorbije tien jaar een van de best presterende. Een van de redenen van dat succes was dat het bedrijf enorm veel in goed werkende digitale interfaces had geïnvesteerd. Het doel van Domino's Pizza was om de gemakkelijkste 'pizzabesteltools' ter wereld te hebben. Wat zou er gebeuren als je het té makkelijk maakt om pizza te bestellen, was hun motto. In het land der blinden is eenoog koning. Wel, in het land van de slechte digitale interfaces was Domino's Pizza de keizer.
Om de filosofie van het bedrijf te omschrijven, werk ik graag met een metafoor. Beeld je even in dat je, samen met je beste vriendin of vriend, een mooie wandeling maakt in de savanne. Het is een prachtige dag. Jullie genieten van het landschap. Er worden wat selfies genomen. De gesprekken zijn legendarisch. Kortom, dit is een van de beste dagen van je leven. En dan gebeurt het.
Plots duikt er een leeuw op.
Wat is op dat moment belangrijk?
Als je deze situatie wilt overleven, moet je sneller zijn dan je beste vriendin of vriend. Het is helemaal niet nodig om sneller te zijn dan de leeuw.
Wel, deze filosofie gebruikte Domino's om zijn strategie te bepalen. Kan Domino's sneller en beter zijn dan Amazon? Nee, wellicht niet. Kan Domino's sneller en beter zijn dan Pizza Hut? Ja, dat is haalbaar.
Die filosofie is perfect vertaalbaar naar elke andere sector. Velen onder jullie bevinden zich in een markt waarin de grote techspelers niet actief zijn en waarin de digitale interfaces nog wat achteroplopen. Wel, in dergelijke markten is de opdracht eenvoudig: zorg dat je interfaces 20 procent beter zijn dan die van de directe concurrent en dan maak je meteen het verschil. In sectoren waar de grote technologiereuzen nog minder actief zijn, is het vooral belangrijk om sneller en beter te zijn dan je directe concurrent.

Hoe ga ik hiermee aan het werk?

De ultieme convenience aanbieden aan je klanten is een van de strategische dimensies van het Offer You Can't Refuse-model. Hoe kun je daar praktisch mee aan de slag gaan?

Mijn advies is om *friction hunters* aan te duiden in je bedrijf. Zoek mensen die enthousiast zijn over klanten, maar ook een beetje gefrustreerd dat er onvoldoende voor die klanten gebeurt. Vraag deze mensen om zelf op zoek te gaan naar fricties in het aankoop- en serviceproces, doorloop ook zelf alle mogelijke stappen die de klant moet doormaken en stel je dan volgende vragen:

- Waar verliest de klant tijd in het proces?
- Waar kunnen stappen eenvoudiger gemaakt worden voor de klant?
- Waar is het té ingewikkeld voor de klant?
- Hoe kunnen we de totale interactietijd met 10 procent verminderen?

Eens je op zoek bent gegaan naar antwoorden op deze vragen, maak je twee lijsten. De ene lijst zijn *'quick wins':* allemaal kleine dingetjes die onhandig zijn voor de klant en die relatief gemakkelijk op te lossen vallen. De tweede lijst zijn grotere projecten: belangrijke aanpassingen die noodzakelijk zijn om het gebruiksgemak te optimaliseren.
Ten slotte zet je namen en een timing achter elk van deze *quick wins* en projecten. Daarna begint de executie. Laat de friction hunters elke twee weken samenkomen om een update van de projecten met elkaar te delen. Misschien kan je zelfs een soort 'wall of ex-frustrations' maken. Elke keer als er een item van de lijst geschrapt kan worden, maak je een symbolische medaille. Na een tijdje zal je zien dat de muur volhangt. Eens de muur volhangt, zal je ook vaststellen dat je plotseling in een meer klantgerichte organisatie werkt. Gebruik je eigen mensen als *friction hunters* om de convenience voor je klanten te optimaliseren. Het is een effectieve manier om met deze strategische dimensie van het model aan de slag te gaan.

Convenience als de driver van loyaliteit?

Jarenlang heb ik de boodschap *'convenience is the new loyalty'* overal verkondigd. In mijn vorige boek, *Customers the Day After Tomorrow*, heb ik er zelfs een volledig hoofdstuk aan besteed. De voorbije tien jaar bleek ook uit elke analyse dat mensen vooral op zoek gingen naar die interfaces die het grootste gebruiksgemak brachten. Het besparen van

tijd, onze meest schaarse grondstof, dankzij goed werkende digitale interfaces, was een belangrijk onderdeel van het leven.
Ondertussen zijn goed werkende interfaces de norm geworden. Het is geen differentiator meer, het is het nieuwe minimum. Zelfs al zit er nog een beetje rek op gebruiksgemak, het zal nooit meer dezelfde impact hebben qua differentiatie als tien jaar geleden. Ja, de komende jaren zullen we de stap zetten naar onzichtbare en automatische interfaces, maar zelfs die zullen het verschil niet meer maken.
Differentiatie zal de komende jaren komen van het volledig ontzorgen van consumenten. Erin slagen de dromen en ambities van klanten te realiseren en hun angsten weg te nemen. Dat gecombineerd met een positieve bijdrage leveren aan de uitdagingen waar de wereld voor staat, is het pad om je bedrijf te differentiëren. In de komende twee hoofdstukken ga ik dieper op deze twee differentiërende klantenstrategieën in.

the ultimate convenience becomes a commodity

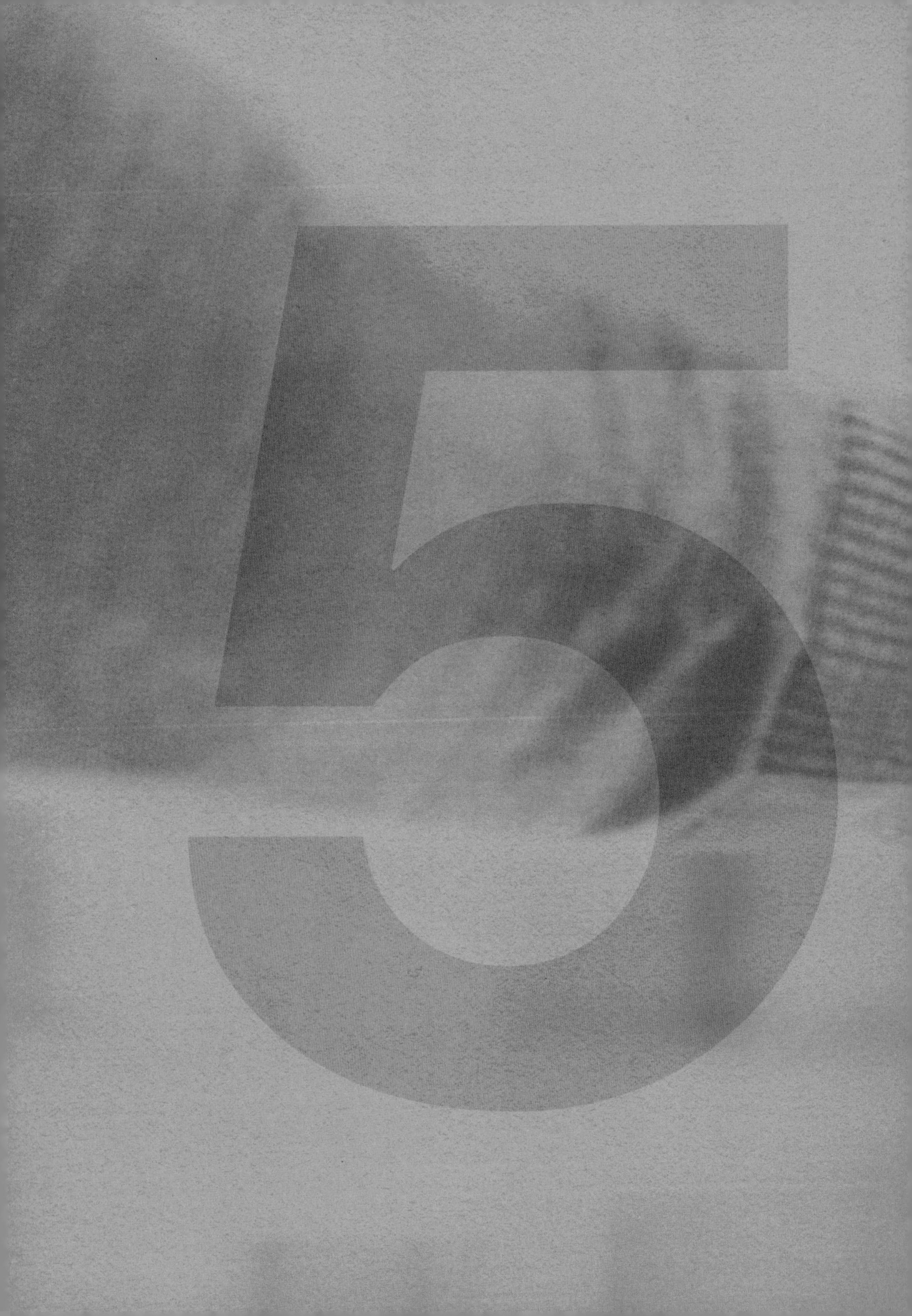
5

partner
in life

Menselijke energie en geld zijn schaarse grondstoffen

Tijd is wellicht ons meest schaarse goed, daar twijfelt bijna niemand aan. Door de beperkte tijd in het dagelijkse leven hechten mensen zo veel belang aan het ultieme gebruiksgemak. Naast tijd kennen we nog twee schaarse grondstoffen: geld en menselijke energie. De meeste mensen die ik ken, zouden graag meer tijd, geld en energie hebben. Weinigen hebben die alle drie. Veel mensen met geld hebben geen tijd. En als je tijd hebt, heb je vaak niet genoeg geld of energie.

In de film van het leven van de consument spelen geld en energie een grote rol. Met de *partner-in-life*-strategie kun je daarop inspelen. Ik vermeldde eerder al hoe goedkope retailers voor sommige consumenten een echte partner kunnen zijn om het einde van de maand vlotter te halen, of hoe Ryanair gezinnen met een lager inkomen toch in staat stelt een leuke citytrip te plannen. Waarom is de e-commercesite AliExpress zo populair? Dat is niet moeilijk te begrijpen: ze zijn 50 tot 70 procent goedkoper dan de westerse e-commerceplatformen. Dat helpt mensen om geld te besparen.

De grootste opportuniteit in de *partner-in-life*-gedachte situeert zich rond het schaarse element menselijke energie. Hoe kun je als bedrijf mensen energie geven? Heb je jezelf die vraag al eens gesteld? Zijn jullie een bedrijf dat energie geeft of kost? Transactionele optimalisatie zorgt ervoor dat mensen tijd uitsparen; emotionele optimalisatie kan mensen energie besparen of die bij hen opwekken.

Amazon Prime had begin 2020 112 miljoen klanten in de Verenigde Staten.[47] Zo bereikt het 59 procent van de Amerikaanse gezinnen.[48] Waarom zijn zo veel Amerikanen lid van deze Amazonclub? Heel eenvoudig: je spaart er tijd, geld én energie mee uit. Voor je maandelijkse lidgeld van tien Amerikaanse dollar zijn al je leveringen gratis, wordt je bestelling sneller geleverd, betaal je een lagere prijs, worden de aanbevelingen steeds beter, kun je gratis gebruikmaken van hun extra services ...

Het is eigenlijk merkwaardig dat 40 procent nog altijd geen lid van Amazon Prime is, als je naar de voordelen kijkt. Na een zware werkdag kost shoppen bij Amazon weinig energie én spaart het geld en tijd uit. Uiteraard is het een groot succes.

Het is eigenlijk merkwaardig dat 40 procent nog altijd geen lid van Amazon Prime is, als je naar de voordelen kijkt.

Veranderende missie bij Booking.com

Steeds meer bedrijven schakelen om van alleen transactionele optimalisatie naar een bredere, meer omvattende aanpak. De voorbije jaren mocht ik regelmatig samenwerken met Booking.com. Ik ben er enkele keren te gast geweest als spreker en nam eind 2019 een groep managers mee op inspiratiebezoek bij de reisgigant. Tijdens die bijeenkomst werd duidelijk hoe Booking.com zijn missie aan het veranderen is.
Tot voor kort klonk de missie van het bedrijf als volgt: 'Wij willen het reserveren van hotelovernachtingen waar ook ter wereld voor elke gelegenheid en elk budget zo gemakkelijk en klantvriendelijk mogelijk maken.' De onderneming heeft deze missie ruimschoots gerealiseerd. Als gevolg daarvan is het een miljardenbedrijf geworden, waar de meeste consumenten gebruik van maken.
De komende jaren wil Booking.com verder gaan dan dit. Het bedrijf wil uiteraard het digitale gebruiksgemak behouden, maar daarbovenop een 'partner in reizen' worden. De nieuwe missie wordt als volgt geformuleerd: 'Wij willen het voor iedereen gemakkelijk en haalbaar maken om de wereld te ontdekken.' Met die missie speelt Booking.com in op de droom van vele mensen om mooie en verre reizen te kunnen maken.

De missie op papier zetten is echter één ding, ze realiseren is minder eenvoudig. Voor Booking.com houdt dat een enorme transformatie in. Tot op heden lag de focus op hotels, wat een pak gemakkelijker digitaal te verkopen valt dan mensen de wereld helpen ontdekken. De meeste hotels zijn immers al goed en professioneel georganiseerd, waardoor er een bepaalde consistentie is in de kwaliteit.

Als eerste stap in deze transformatie heeft Booking.com zijn aanbod verruimd. Via zijn platform kun je nu ook toeristische attracties boeken, eventueel met bijbehorende chauffeur, om je naar de juiste locatie te brengen. Zijn digitale platform is uiteraard heel gebruiksvriendelijk om dergelijke extra's te boeken, maar de afhankelijkheid van honderdduizenden lokale spelers maakt het niet eenvoudig om overal dezelfde kwaliteitsstandaarden te bieden. Om transactionele perfectie te bereiken, moet je (enkel) je eigen kanalen optimaliseren. Om een *partner-in-life*-filosofie neer te zetten, heb je vaak nood aan een breder netwerk van partners.

Google wil alles in het leven gemakkelijk maken

Google maakt dezelfde evolutie door als Booking.com. Ook dit bedrijf bevindt zich in het proces waarbij het zijn bekende missie – de informatie van de wereld toegankelijk maken – wil veranderen. Het toekomstige doel van Google is: *'Make every part of people's life as easy as possible.'* Google wil echt inzetten op tijd uitsparen (convenience) en energie uitsparen *(partner in life)*. De centrale rol in die transformatie is weggelegd voor de Google Assistant. Binnen enkele jaren moeten gebruikers grote delen van het dagelijkse leven aan die digitale butler van Google kunnen uitbesteden. Restaurants reserveren, een afspraak maken bij de kapper of de opvang voor de kinderen regelen zal geen enkele inspanning meer vragen voor de klant. Je vraagt het aan Google en het wordt geregeld.

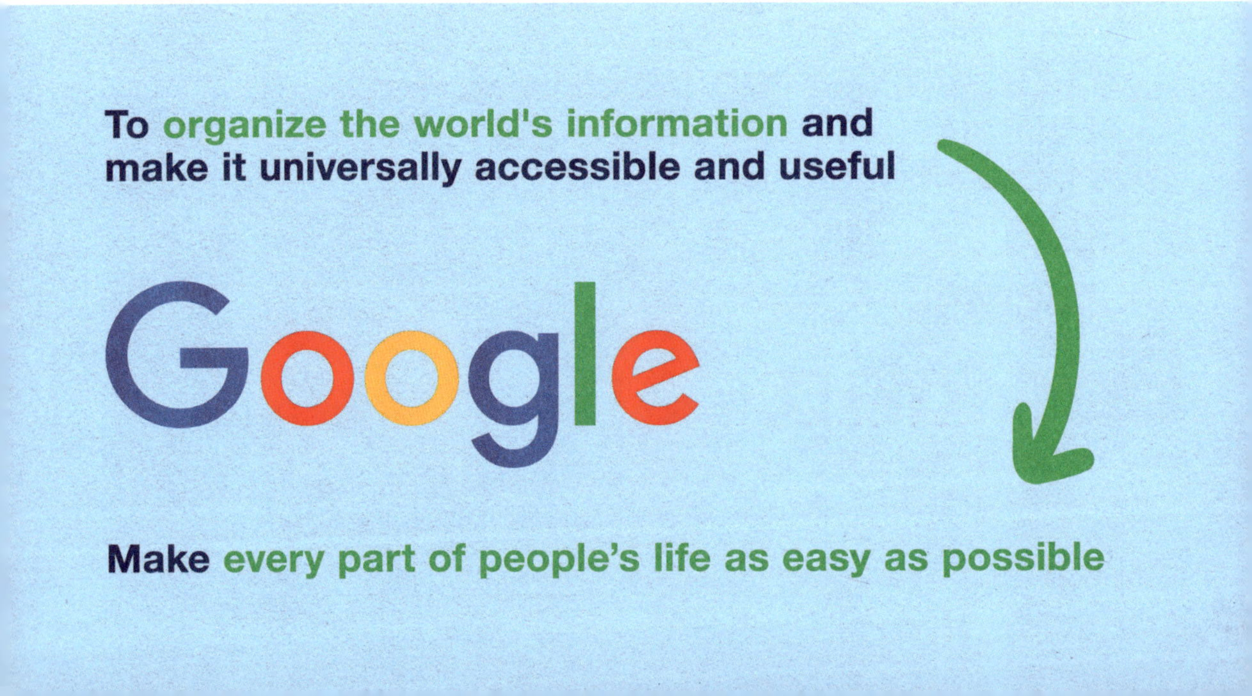

Google bekijkt dat ook heel ruim. Een *partner in life* slaat bij het bedrijf letterlijk op alle aspecten van het dagelijkse leven. Google wil bijvoorbeeld een partner zijn in mobiliteit. Daarvoor ontwikkelt het zelf een vloot zelfrijdende taxi's, met zijn Waymo-divisie. De techreus voorziet autobouwers van software waardoor de chauffeur de lichten in de woonkamer thuis nog kan uitschakelen terwijl hij al naar het werk aan het rijden is. Daarnaast wil Google een partner in gezondheidszorg zijn. Net als voor je dagelijkse aankopen. Doordat Google met grote retailers samenwerkt, kun je nu al bepaalde producten via de Google Assistant aankopen. Google wil ook een partner in wonen zijn. Als je huis van de juiste Google-interfaces voorzien is, kun je letterlijk elk aspect ervan managen via de Google Assistant: lichten aansturen, tv inschakelen, een kookassistent krijgen ...
De *partner-in-life*-strategie van Google omvat echt alle aspecten van ons dagelijkse leven. Om te slagen in zijn doel werkt Google met zijn eigen technologie, maar heeft het ook een stevig netwerk van partners nodig. Als Google een partner in mobiliteit wil zijn, kan het bijvoorbeeld niet anders dan samen te werken met zo veel mogelijk autobouwers. Zijn eigen autonetwerk is minuscuul, waardoor Google alleen nooit de *partner-in-life*-doelstelling kan realiseren.

> **De partner-in-life-strategie van Google omvat echt alle aspecten van ons dagelijkse leven.**

Drie stappen om tot een partner-in-life-aanpak te komen

Om in de *partner-in-life*-strategie te slagen, moet er een continue beweging tot stand komen. Die bestaat uit drie stappen:

1. Uitstekend begrijpen van de behoeften en frustraties in het leven van de klant.
2. In detail de *life journey* van de klant beschrijven.
3. *Partner-in-life*-acties implementeren.

Het gaat om een beweging waarbij je inzichten vertaalt naar een concrete beschrijving van het leven van de klant en daarna concrete acties onderneemt. Die acties leiden tot nieuw gedrag bij klanten, wat dan weer tot nieuwe inzichten leidt, waardoor je de *partner-in-life*-filosofie steeds verder verfijnt. Hoe sneller en effectiever je die cirkel in jouw bedrijf kunt doorlopen, hoe meer je je tegenover andere bedrijven in je sector kunt differentiëren.

1. Uitstekend begrijpen van de behoeften en frustraties in het leven van de klant

Elke klant heeft dromen, angsten en ambities. Als eerste stap is het belangrijk om een systeem uit te bouwen waarbij je als bedrijf een continu inzicht krijgt in die emoties van de klant. Een eenmalig marktonderzoek of een gesloten vragenlijst zal niet tot de juiste inzichten leiden. Het gaat om het observeren van consumenten in hun dagelijkse leven.
Veel bedrijven focussen hun marktonderzoek nog altijd puur op de relatie tussen de klant en hun onderneming. Een bank kijkt in welke mate de apps en online tools geschikt zijn om de financiële behoeften van de klant op te lossen. Een retailer kijkt of zijn aanbod en de manier van aanbieden nog in lijn zijn met de verwachtingen. Een autobouwer bestudeert of zijn merk nog aantrekkelijk genoeg is en of de klant alle functies van de auto kent en gebruikt.
Al deze onderzoeksvragen zijn uiteraard superrelevant, maar ze blijven gefocust op de transactionele relatie met de klant. Om een *partner in life* te worden, moet je de grotere vragen uit het leven van de klant begrijpen. Als bank kan het bijvoorbeeld interessant zijn om te leren over de dromen en ambities van mensen en over hoe je als bank daar een rol in kunt spelen? Klanten van retailers willen misschien een gezonde levensstijl nastreven, zonder dat het maandelijkse voedingsbudget verder stijgt. Een klant van een autobouwer heeft misschien meer vragen over mobiliteit dan over de auto zelf.
Inzicht krijgen in de wensen, dromen, angsten die gelinkt zijn aan je brede industrie, is een eerste stap om *partner in life* te worden.

Lessen van president Obama

In september 2018 had ik het genoegen om de voormalige Amerikaanse president Barack Obama te ontmoeten. We waren beiden spreker op hetzelfde event in Amsterdam. Het was een onvergetelijk moment, om de hand te mogen schudden van deze bijzondere man. Een van de topics waarover hij sprak, was het leven in het Witte Huis. Als president woon je met je gezin in het Witte Huis en daar is niets zoals in de rest van de maatschappij. De manier waarop je als president behandeld wordt, is in niets te vergelijken met het leven van de gemiddelde Amerikaan.

Om zijn voeten op de grond te houden, had president Obama enkele tactieken uitgewerkt. Een ervan was heel effectief en efficiënt. Elke avond kreeg hij tien brieven van Amerikaanse burgers te zien. Toen Barack Obama president was, ontving hij tussen de tienduizend en twintigduizend brieven per maand. Hij had een team van meer dan honderd mensen om die brieven te beantwoorden. En elke avond gaf zijn team hem dus een random selectie van tien brieven, die hij telkens als laatste taak van de dag las. Elke dag opnieuw. Acht jaar lang.

Als zijn werk voor de dag erop zat, gaf zijn team hem steevast een dikke map met dossiers, om de meetings van de volgende dag voor te bereiden. In die map staken dan dossiers over de oorlog in Afghanistan of over scenario's om een economische crisis op te lossen. Daarna las hij die tien brieven. Zoals een brief van een koppel in Arizona dat niet genoeg

geld had om gezondheidszorg te betalen. Op dat moment besefte hij: ik heb vandaag heel hard gewerkt, maar met nul impact op het leven van deze mensen, mijn klanten, inwoners van de Verenigde Staten.

Inzicht krijgen in dat soort dagelijkse bezorgdheden haalt je uit je eigen bubbel. Het Witte Huis is vast een van de grootste bubbels van de planeet, maar ook wij hebben allemaal een dergelijke bubbel. Jij leeft in de bubbel van je bedrijf, misschien zelfs in de bubbel van je afdeling. Ik leef in mijn gekke Stevenbubbel.
De kunst bestaat erin die bubbel regelmatig te verlaten en zicht te krijgen op de dagelijkse dromen, angsten en ambities van je klanten.

Monzo ontzorgt en ont-frustreert

De voorbije jaren ontstonden er heel wat 'neobanken'. Deze nieuwe, kleinere en innovatieve banken bestormen de markt meestal met een sterk digitaal en heel klantvriendelijk aanbod. Monzo staat in de top vijf van de snelste groeiers in dit segment.[49] In januari 2019 had Monzo ongeveer één miljoen klanten, twaalf maanden later waren er dat 3,6 miljoen.[50] Andere neobanken zoals Revolut en N26 kennen een even spectaculaire groei. Hoe komt het dat dit soort bedrijven zo aantrekkelijk zijn voor de markt?
Als je de website van Monzo bekijkt, snap je het meteen. Het is duidelijk dat de ploeg rond Monzo alle frustraties, problemen en ambities van mensen omtrent hun dagelijkse financiën heeft opgesomd. Daarna heeft de bank zijn aanbod zo geformuleerd dat hij met veel aspecten van die lijst rekening houdt. Monzo heeft niet alleen in een goede *customer journey* geïnvesteerd, het bedrijf maakt vooral het verschil in het begrijpen van de financiële *life journey*.
Mensen die van paycheck naar paycheck leven, maken zich zorgen om hun financiële gezondheid. Monzo probeert de stress aan te pakken die daarrond kan ontstaan. Als je je loon bij deze bank laat storten, zorgt die ervoor dat het 24 uur eerder op je rekening komt dan gewoonlijk. Je krijgt met andere woorden een gratis krediet van 24 uur.
Als je van paycheck naar paycheck leeft, is ook te veel geld uitgeven een van de stressfactoren, waardoor je de laatste dagen geen geld meer over hebt voor noodzakelijke betalingen of levensonderhoud. Daarvoor heeft Monzo dan weer de Salary Sorter gebouwd. Wanneer je loon gestort wordt, wordt het in drie virtuele portefeuilles onderverdeeld. Ten eerste wordt er voldoende geld gereserveerd om alle verplichte betalingen mooi op tijd te kunnen betalen. Daarnaast kan, als de klant dat wil, een deel opzijgezet worden om te sparen. Wat in de derde portefeuille overblijft, kan dan vrij besteed worden. Uiteraard heeft de klant volledige vrijheid om over uitgaven te beslissen, maar de tools helpen de klant om een duidelijk overzicht te krijgen. Daardoor daalt de kans dat de klant doorheen

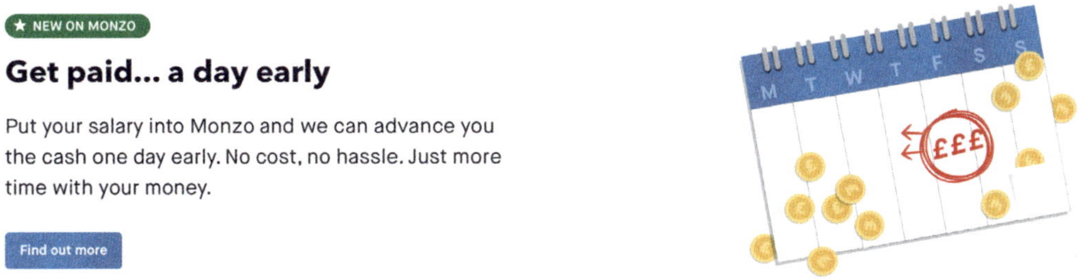

de maand te veel geld uitgeeft en kan hij het einde van de maand net iets vlotter halen. Het is een vorm van geautomatiseerde zelfbescherming.
Verder krijg je een overzicht van je maandelijkse uitgaven. Na een aantal maanden stelt Monzo immers een patroon vast. Als je in het begin van de maand sneller dan gemiddeld geld begint uit te geven, krijg je een bericht. Zo krijgt de klant al vroeg in de maand duidelijke communicatie over zijn consumptiepatroon. Ook zo wordt hij geholpen om het einde van de maand vlotter te halen.

Monzo heeft niet in de eerste plaats gedacht: hoe kunnen we onze tools zo gebruiksvriendelijk mogelijk maken? Nee, de bank is gestart met het leven en de emoties van de consument. En doordat Monzo de mens achter de klant begreep, heeft het bedrijf dit aanbod kunnen vormen.

2. Beschrijf in detail de life journey van de klant

De voorbije jaren investeerden bedrijven enorm in het in kaart brengen van de *customer journey*. Dat is het pad dat een consument aflegt om uiteindelijk een bepaald product of een bepaalde dienst te kopen. Door die oefening kunnen ondernemingen hun eigen verkoop-, marketing- en serviceprocessen optimaliseren. Dat leidt uiteindelijk tot transactionele perfectie. De oefening is superwaardevol en ligt aan de basis van de filosofie van het vorige hoofdstuk.
Om een *partner in life* te worden, moet je echter de *life journey* van de klant in kaart brengen. Daarbij gaat het niet over het optimaliseren van je bedrijfsprocessen, maar wel over het verwijderen van frustraties en het faciliteren van dromen uit het leven van je klant.

Daarbij gaat het niet over het optimaliseren van je bedrijfsprocessen, maar wel over het verwijderen van frustraties en het faciliteren van dromen uit het leven van je klant.

In een kader geef ik de verschillen tussen beide *journeys* weer.

Customer journey	Life journey
Begrijpen hoe de klant producten koopt of gebruikt	Begrijpen welke dromen, ambities en angsten consumenten hebben in het dagelijkse leven
Verwijderen van fricties in het aankoop- en serviceproces	Verwijderen van fricties en toegevoegde waarde leveren in het dagelijkse leven van de klant
Klantenreis in kaart brengen	Levensfasen en -momenten in kaart brengen
Analyse van de touchpoints van een bedrijf	Analyse van de belangrijke momenten in het verloop van de dag of in het leven van de klant
Transactionele optimalisatie	Emotionele optimalisatie

Lumi van Pampers

Misschien heb je op dit moment in je leven wel een baby in je gezin? Misschien is het zelfs je eerste kindje? Proficiat, mocht dat het geval zijn. Misschien herinner je je nog het moment waarop je je pasgeboren kindje voor het eerst mee naar huis nam. Weet je nog welke zorgen je toen had?
De meeste zorgen van onervaren, jonge ouders draaien rond de basisaspecten van het leven. Eet ons schatje genoeg? Slaapt ons kindje genoeg? Ademt ons zoontje of dochtertje nog tijdens het slapen? Verversen we voldoende zijn of haar luier? Herkenbaar? Ik herinner me vrienden die zelf Excelsheets aanlegden, om al die aspecten van het leven bij te houden, toen ze voor het eerst een baby hadden.

Lumi, een submerk van Pampers, speelt op een slimme manier op al die bezorgdheden in. Het heeft de bezorgdheden van ouders in kaart gebracht en daar oplossingen voor gemaakt. Lumi voorziet ouders van een intelligente luier, een slaaptracker, een slimme camera en een app die alle informatie overzichtelijk samenbrengt. Zo weten ouders hoeveel hun kindje slaapt, of alles goed verloopt tijdens het slapen, hoe vaak de baby naar het toilet gaat enz.
Pampers had evengoed kunnen beslissen om alleen slimme luiers op de markt te brengen. Een slimme luier vertelt de ouders wanneer de baby er een nieuwe nodig heeft. Door

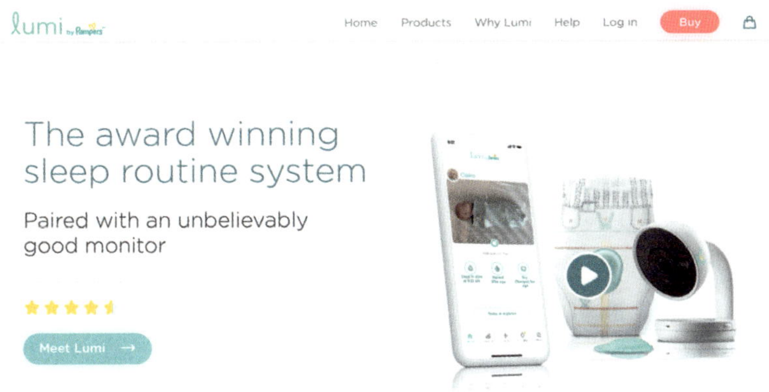

net in een bredere oplossing te voorzien (waarbij Pampers alle zorgen van jonge ouders aanpakt), wordt Pampers een partner in het leven van jonge ouders.
Ook P&G (het moederbedrijf van Pampers) wint hier aanzienlijk aan. De hoeveelheid relevante data die P&G daarmee verzamelt, is razend interessant. Uiteraard kun je rechtstreeks Pampers aankopen via het Lumiplatform. Zo hoeft de consument niet meer naar de supermarkt, om een nieuwe doos luiers te kopen. Op die manier bouwt P&G een rechtstreekse relatie met de eindklant op. Pampers weet perfect hoeveel luiers je verbruikt, dus kan het bedrijf op het juiste moment een nieuwe voorraad bezorgen. Het ziet het kindje ook groeien, dus zorgt het voor aangepaste luiers in elke fase van de evolutie.
Kortom, het Lumiconcept zorgt voor een stevige win-winsituatie. De consument geniet mentale rust en P&G kan rechtstreeks verkopen en veel bijleren, dankzij de verzamelde data.

iCarbonX

iCarbonX is in 2015 opgericht door de Chinese genoomexpert Jun Wang, de voormalige CEO van het Beijing Genomics Institute, vandaag de BGI Group. Al van bij de start koesterden investeerders heel grote verwachtingen over zijn bedrijf. Na de eerste investeringsronde, waarbij bedrijven als Tencent mee instapten, was iCarbonX al meteen één miljard Amerikaanse dollar waard.
In 2019 bezocht ik iCarbonX met een groep ondernemers en mocht ik *co-founder* en *chief scientist* Yingrui Li interviewen over zijn unieke bedrijf. iCarbonX wil een partner in persoonlijke gezondheidszorg worden.
Het vertrekt vanuit de hypothese dat eens je ouder bent, je levenskwaliteit plots en onverwacht kan beginnen dalen. Je gedrag tussen je 35ste en 55ste levensjaar bepaalt voor een groot stuk je levenskwaliteit op je oude dag. Als je tussen de leeftijd van 35 en 55

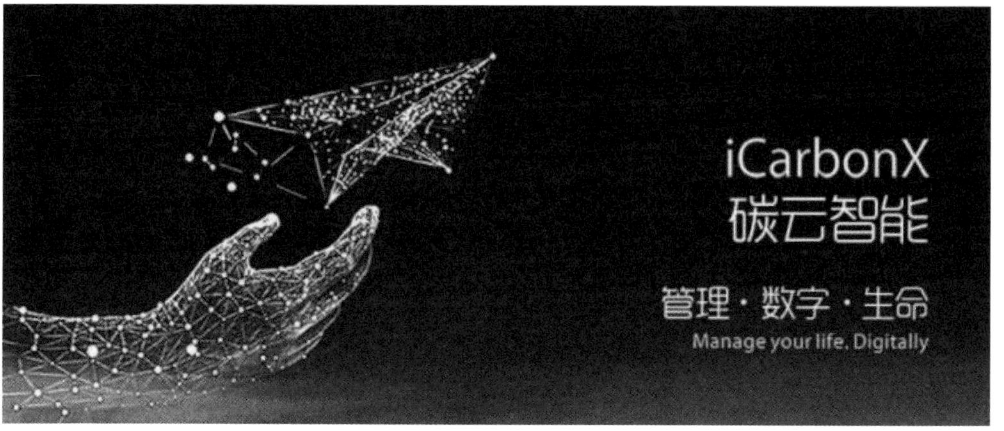

roofbouw pleegt op je lichaam, door ongezond te eten, te roken, te veel alcohol te drinken of te weinig te slapen, betaal je daar vroeg of laat de prijs voor. Het probleem is dat je op korte termijn de negatieve impact niet voelt. Daar word je pas later mee geconfronteerd, wanneer het al te laat is.
iCarbonX wil de levenskwaliteit hoog houden, ook op oudere leeftijd. De onderneming slaagt daarin door zowat alle data over je lichaam bij te houden. Uiteraard meet het bedrijf je basisgezondheidsstatistieken en je dagelijkse beweging, maar het gaat ook verder dan dat. Als je ermee samenwerkt, kun je bijvoorbeeld een intelligent toilet bij je thuis laten installeren, dat elke keer je urine en stoelgang controleert.
Toen ik iCarbonX bezocht, onderzocht het zelfs of het daar geen gedragsdata vanop de sociale media aan kon toevoegen, omdat het gelooft dat mentale gezondheid altijd even belangrijk is als lichamelijke gezondheid. Een mooi voorbeeld van het holistisch denken dat zo typisch is voor Chinese bedrijven.
iCarbonX probeert zo veel mogelijk datapunten te verzamelen, om zicht te krijgen op de evolutie van je gezondheid en je zo gerichte adviezen te kunnen geven, zodat je levenskwaliteit ook later hoog blijft.

Op lange termijn is een dergelijk bedrijf in staat om te voorspellen hoelang iemand zal leven. Het zou kunnen inschatten hoe oud iemand zal worden. Bij elke actie zou het algoritme dan kunnen berekenen of die een positieve of negatieve impact heeft op je levensverwachting. Beeld je in dat je bij het drinken van een frisse Duvel een bericht krijgt dat je levensverwachting met twee dagen is ingekort. Na een Big Mac-menu vermindert je levensverwachting misschien met vier dagen. Daar zitten we allicht niet op te wachten, want dan haal je veel plezier uit het leven, maar het zou wel helpen om met z'n allen langer én gezond te kunnen leven. Vandaag gaat iCarbonX nog niet zo ver, maar de filosofie van het bedrijf gaat die richting uit.

3. Partner-in-life-acties implementeren

Eens je een diepgaande kennis van de dromen en angsten van de consument hebt, kun je de *life journey* beschrijven. Daarna komt het erop aan de *partner-in-life*-acties te implementeren. Om dat te realiseren, kun je vier strategieën volgen. Daarbij kies je niet een van deze strategieën. Een combinatie van verschillende of al deze strategieën leidt immers tot het beste resultaat. Zo meteen geef ik een voorbeeld van een bedrijf, Grab, dat op alle vier de strategieën inspeelt om een *partner in life* te worden.

Strategie 1: van product naar service

De evolutie van 'producten kopen' naar 'toegang tot diensten krijgen' is al een tijd aan de gang. Volgens Carlota Perez zal deze evolutie een van de belangrijkste pijlers van de volgende *'golden age'* van Smart Green Growth worden, omdat ze ervoor zal zorgen dat er minder geproduceerd en gekocht wordt, waardoor we minder energie in minder (vervuilend) materiaal zullen steken.

Dankzij Netflix hoeven we geen dvd's meer te kopen, maar hebben we toegang tot een bijna oneindige bibliotheek van videocontent. Door Spotify en andere muziekstreamingdiensten kopen mensen geen cd's meer, maar gebruiken ze een digitale muziekbibliotheek. Bedrijven als Spotify worden daardoor een partner voor muziekliefhebbers.

Eind 2019 kon ik Tien Tzuo interviewen (je kunt het gesprek beluisteren via mijn podcast). Tien Tzuo is de oprichter van Zuora, een van de leidende softwarebedrijven in de *subscription economy*. Tien Tzuo schreef ook het boek *Subscribed*. Tien is ervan overtuigd dat de komende jaren vrijwel elke industrie de stap naar een subscriptiemodel kan zetten. 'Dat klinkt als een grote stap,' vertelde hij, 'maar toen Software-as-a-Service (SaaS) en Cloud first geïntroduceerd werden, klonken die ook als iets buitenaards. Vandaag willen de meeste bedrijven niet meer terug naar een model waarbij zij eigenaar zijn van de servers en de software. De hele software-industrie heeft de omslag naar subscriptie al gemaakt.'

De komende jaren zullen klanten minder interesse tonen in het bezit van goederen, maar vooral geïnteresseerd zijn in de omliggende diensten. Het gaat niet om de cd, maar om de muziek. Mensen willen geen auto, maar transport. We vinden het niet belangrijk om de krant te bezitten, maar wel om toegang hebben tot informatie over de actualiteit in de wereld. Wil je een tractor of wil je aarde omploegen?

De komende jaren wordt het ook haalbaar om vele industrieën om te vormen in een dienstensector, omdat technologieën als artificiële intelligentie en 5G de hele internet-of-things-evolutie in een stroomversnelling zullen brengen. Dan koop je geen wasmachine meer, maar betaal je per wasbeurt. Dankzij het internet of things kunnen zowat alle producten in theorie tot een dienst omgevormd worden.

In een wereld waar alles om transactionele perfectie draait, is de vraag: zal mijn pizza op een snelle en correcte manier geleverd worden? Eens het vooral om services gaat, is de vraag: zal ik uit een goed aanbod aan maaltijden kunnen kiezen, wanneer ik honger krijg? Bij die tweede vraag zoekt de klant een *partner in life* voor voeding en maaltijden. De transactionele perfectie op het vlak van leveren is daarbij een vanzelfsprekendheid, het nieuwe minimum.

Als bedrijven de *partner-in-life*-strategie volgen, gebruiken ze ook nieuwe manieren om loyaliteit te bereiken. De klassieke aanpak van kortingen en klantenkaarten is niet relevant om een *partner in life* te worden. In de oude wereld overtuigden ondernemingen klanten om een product te kopen en hielden ze hen dan met klassieke marketingtechnieken aan boord.

Bij de *partner-in-life*-strategie gaat het om 'engagement'. Het merk moet een totale ervaring aanbieden, die verder gaat dan het product en de interface. Data-analyse is daarbij de meest geschikte tool om te weten te komen of je klanten je diensten appreciëren.

Netflix spreekt niet over loyaliteitsprogramma's. Het bedrijf bestudeert wel hoe vaak je naar een serie of film kijkt en past zijn aanbod en interface aan op basis van die analyse. Elke consument krijgt een individuele behandeling. Netflix experimenteert ook in realtime met de thumbnails van zijn series. Zo kan de onderneming serie per serie het engagement meten en ervoor zorgen dat klanten trouw blijven aan het platform. Het doet dat niet met klassieke loyaliteitsprogramma's, maar wel door data om te zetten in gepersonaliseerde aanbiedingen.

Het zijn trouwens niet enkel hightech- of softwarebedrijven die erin slagen om de transitie van een product naar een service te maken. De Franse spoorwegen, SNCF, ontdekten dat veel tieners voor langere verplaatsingen niet meer de trein namen, maar wel een beroep deden op de diensten van start-up BlaBlaCar. Bij dat bedrijf kun je heel goedkoop meerijden met iemand die een lange autorit voor de boeg heeft. Wil je bijvoorbeeld van Rijsel naar Barcelona? Dan vind je op BlaBlaCar potentiële ritten voor minder dan twintig euro.

Jongeren vinden dat een fantastisch platform. Dankzij BlaBlaCar kunnen ze heel goedkoop grote internationale verplaatsingen maken. SNCF heeft daar een aanbod van 79 euro per maand tegenover gezet, waarmee jongeren ongelimiteerd met de trein mogen reizen. Die nieuwe service werd meteen een grote hit. Meer dan honderdduizend studenten gingen erop in. Mooi om te zien hoe een bedrijf opgericht in 1938 marktaandeel weet af te snoepen van een hippe start-up. Die nieuwe formule maakt van SNCF een partner in mobiliteit voor de jonge doelgroep.

Strategie 2: van service gericht op de core naar het oplossen van het volledige probleem

Veel bedrijven hebben zich de voorbije jaren georganiseerd voor het leveren van topservice inzake alles wat met hun eigen directe dienstverlening te maken heeft. Dat is uiteraard fantastisch en klinkt logisch, maar een klant heeft in steeds meer gevallen nood aan bredere hulp.

Een paar maanden geleden merkten we dat het internet bij ons thuis bedroevend traag werd. Een bestand up- of downloaden vergde tergend veel tijd. Er was duidelijk iets mis met zowel onze vaste internetverbinding, als onze wifi. We belden de helpdesk van onze telecomprovider en werden daar op een heel vriendelijke en efficiënte manier geholpen. De afspraak lag vast en enkele dagen nadien kwam de vriendelijke en professionele medewerker de situatie bij ons thuis analyseren. Zijn conclusie was dezelfde als die van ons: dit internet is gewoon veel te traag. Hij controleerde de modem in onze garage, checkte alle verbindingen en kwam dan snel tot een duidelijke besluit: 'Onze modem werkt, onze verbindingen werken, het probleem moet dus een andere oorzaak hebben.' We konden ons perfect vinden in die analyse, maar waren benieuwd naar de oplossing of volgende stap. 'Jammer genoeg kan ik niets meer voor jullie doen, nu moeten jullie een IT-bedrijf bellen dat kan nagaan waarom het internet zo traag is, want ons bedrijf ligt niet aan de basis van het probleem.'

Daar eindigden het bezoek en de hulp van onze telecomprovider. Qua proces, vriendelijkheid, snelheid en professionaliteit viel er niets aan te merken op zijn service. Alles verliep perfect. De transactionele optimalisatie kon niet veel beter. Knap werk. En toch waren we als klant niet geholpen. Eerlijk gezegd wisten wij niet meteen waar te beginnen om het probleem op te lossen. 'Bel een IT-bedrijf', luidde het advies. Tja, waar begin je dan?

Een *partner in life* zal op dat moment uitzoeken wat er aan de hand is en dat probleem volledig oplossen voor de klant. Een partner in telecom kijkt verder dan de eigen modem en verbindingen, en onderzoekt in detail hoe die klant geholpen kan worden.

> **Een klant heeft in steeds meer gevallen nood aan bredere hulp.**

Als je het eens bent met mijn stelling dat energie een schaarse grondstof is, dan is het een goede strategie om klanten volledig te helpen. Als Centraal Beheer de rookdetectoren in mijn huis komt installeren, zoals ik beschreef in hoofdstuk 2, heeft de verzekeraar het probleem immers volledig voor mij opgelost en maak ik mij geen zorgen over de kwaliteit.

Bijna alle financiële dienstverleners segmenteren hun klanten op basis van het beschikbare vermogen. De grootste groep bestaat daarbij uit particuliere klanten, daarna heb je klanten die een bedrag van 250.000 euro kunnen beleggen en dan volgt de groep klanten met een vermogen van meer dan één miljoen euro (de privatebankingklanten). Privatebankingklanten ervaren wat het is om een financiële *partner in life* te hebben. Zij kunnen bij hun bank terecht voor financieel, juridisch en fiscaal advies. De uitdaging voor banken bestaat erin om de komende jaren dezelfde gepersonaliseerde service op grote schaal aan te bieden aan hun grootste groep klanten, namelijk de particuliere klanten met een beperkt vermogen.
De opkomst van robotadvies zal daar een belangrijke rol in spelen. Dankzij krachtige algoritmes en geautomatiseerd advies heeft de bank het potentieel om grote groepen klanten gepersonaliseerd advies te verlenen. Het verschil met private banking is dat persoonlijk (menselijk) advies ontbreekt. Een privatebankingklant heeft zijn persoonlijke adviseur, wat je niet naar alle klanten van een bank kunt opschalen. Maar bij gepersonaliseerd advies is dat wel mogelijk, dankzij nieuwe technologie. Daarbij is het belangrijk om breder te adviseren, niet alleen over bancaire producten. Probeer klanten bij hun brede financiële vragen te helpen.

De Belgische bank KBC heeft een strategie om naar een partner in betalingen en dagelijkse financiële transacties te evolueren. De KBC-app is uiteraard een heel goede bank- en betalingsapp, maar de mogelijkheden ervan gaan nog een pak verder. Je kunt ermee geautomatiseerd een parkeergarage in- en uitrijden, tickets voor het openbaar vervoer kopen zodat je niet hoeft aan te schuiven, gebruikmaken van deelfietsen enzovoort.
KBC heeft gekeken naar allerlei diensten waarbij het betaalproces extra tijd kost – aanschuiven aan de betaalautomaat van een parkeergarage, aanschuiven voor een treinticket ... – en al die betaalprocessen via zijn app geautomatiseerd. Daarmee biedt de bank meer aan dan alleen eigen financiële producten, KBC wil ermee een partner in dagelijkse betalingen zijn.

Zo kan elke sector nadenken over hoe die zijn diensten en communicatie breder kan aanbieden dan alleen gefocust op de eigen *core*. Een retailer moet misschien niet alleen focussen op het verkopen van producten, maar ook nadenken over hoe zijn klanten gezonder en meer klimaatbewust kunnen leven. Een autofabrikant moet misschien niet enkel focussen op de veiligheid en kwaliteit van de auto, maar ook nadenken over hoe hij brede mobiliteitsdiensten kan aanbieden.

Strategie 3: van focus op de core naar het blenden van industrieën

Industrieën zijn de voorbije decennia heel vaak trouw gebleven aan de *core* van hun bedrijf. Autobouwers bouwen al tientallen jaren mooie auto's. Retailers zijn al tientallen jaren verkopers van allerhande producten. Ze zijn geëvolueerd, maar blijven meestal nog pure retailers. Mediabedrijven zijn gestart als mediabedrijf en zijn dat vele jaren later meestal nog steeds.
De voorbije tien jaar hebben we gemerkt hoe moeilijk het is om binnen die eigen *core* te transformeren. De opkomst van nieuwe, digitale businessmodellen heeft veel bedrijven met de neus op de feiten gedrukt. Retailers hadden moeite om de omslag naar e-commerce te maken. Mediabedrijven hielden heel lang vast aan het lineair kijken. Autobouwers hebben jaren nagedacht voor ze overgingen tot investeringen in de deeleconomie en elektrische voertuigen.
Google is een van de weinige voorbeelden van een organisatie die de *core* regelmatig verlaat en andere industrieën onderzoekt. Google bouwt ballonnen om de wereld van het internet te voorzien, maakt zelfrijdende auto's, werkt samen met SpaceX aan ruimtereizen ... Vaak wordt er smalend naar die innovaties van Google gekeken, omdat ze tot nu toe meestal niet tot grote opbrengsten hebben geleid. Google blijft vooral geld verdienen met online advertenties en niet met zijn radicale innovatieve doorbraken.

Om een *partner in life* te worden, moet je mogelijk de *core* verlaten. In mijn voorbeeld van Centraal Beheer (hoofdstuk 2) werd dat heel duidelijk. Plots begint een verzekeringsbedrijf zonnepanelen te verkopen en klushulp aan te bieden. Dat klinkt vreemd, maar is een logische stap om *partner in life* van klanten te worden. De projecten van Centraal Beheer die de *core* verlaten, gaan in een duidelijke richting.
Centraal Beheer wil een partner in wonen van zijn klanten worden. Google ging heel breed en wou eigenlijk zowat elk wereldprobleem oplossen. Het verlaten of verbreden van de *core* is een noodzaak in de *partner-in-life*-gedachte, maar doe dit dan wel in een strategische richting, die leidt tot een breder serviceaanbod voor je klanten.

Toyota heeft de keuze gemaakt om een partner in mobiliteit van klanten te worden. Daarvoor wil de Japanse autobouwer een experimentele stad bouwen. Begin 2021 worden de bouwwerken van de *greenfield smart city* Woven City opgestart. Om dit project te realiseren, werkt Toyota samen met de Japanse telecomspeler NTT. De totale investering van beide bedrijven in dit project bedraagt 1,8 miljard Amerikaanse dollar.[51]
De innovatieve stad wordt gebouwd vlak bij Mount Fuji, op een verlaten fabrieksterrein

van Toyota. De bedoeling is dat er binnenkort tweeduizend mensen effectief kunnen wonen en leven.

Deze stad van de toekomst wordt een experimentele omgeving, om reallifeonderzoek te doen naar alle mogelijke innovaties die ons dagelijkse leven zullen beïnvloeden. De energievoorziening komt van waterstofbrandcellen en alles staat er in het teken van duurzaamheid. Het dagelijkse leven zal georganiseerd worden door slimme technologie. In deze stad wordt alles met elkaar verbonden: mensen, voertuigen en gebouwen. Alles communiceert met elkaar via slimme sensoren.

De initiatiefnemers willen nagaan hoe een stad zijn volle potentieel zo efficiënt mogelijk kan inzetten en tegelijk een hogere levenskwaliteit kan aanbieden aan de inwoners. Om zich in de stad te verplaatsen, kunnen de bewoners volledig autonome, zero-emissievoertuigen gebruiken. Ook alle leveringen gebeuren via zelfrijdende voertuigen en robots. Toyota wil met dit project onderzoeken hoe het bedrijf in de toekomst een partner in leven en mobiliteit kan zijn voor mensen. 'Vandaag is een stad gebouwd rond de auto. In de toekomst zullen we steden bouwen rond de mens. Mensen moeten het meest centrale punt van een stad worden', klonk het bij Toyota, toen de onderneming Woven City voorstelde op de technologiebeurs CES in Las Vegas.

Een autobouwer die de impact onderzoekt van een stad die niet meer gebouwd is rondom koning auto, dat is inspirerend. Toyota bereidt zich voor om een partner in mobiliteit te worden door zelf het heft in handen te houden. Het bedrijf verlaat zijn *core* op een gerichte manier en zet stappen in zijn *partner-in-mobility*-strategie.

Strategie 4: van individuele bedrijven naar netwerken van bedrijven

Een breder dienstenaanbod aanbieden aan klanten is alleen schaalbaar als je dat samen met andere bedrijven doet. In plaats van concurrent A tegen concurrent B krijgen we in de toekomst dan ook veel meer de strijd tussen ecosysteem A en ecosysteem B.
Toen Amazon met zijn slimme spraakassistent Alexa begon, was dat aanvankelijk een leuk, nieuw gadget. We konden plots tegen een machine praten en de antwoorden waren logisch en interessant. Al vanaf het begin liet Amazon Alexa evolueren van een leuk gadget naar een platform. Andere bedrijven konden applicaties voor Alexa ontwikkelen en zo ook gebruikmaken van de spraaktechnologie van Amazon. Eind 2019 waren er meer dan honderdduizend Alexa-skills ontwikkeld door partners van Amazon.[52]
Google heeft dezelfde ambitie met zijn Google Assistant. De onderneming wil heel graag dat zo veel mogelijk bedrijven de Googletechnologie gebruiken om diensten aan te bieden aan hun klanten. Toen ik in januari 2020 de CES-beurs in Las Vegas bezocht, viel het me op dat op zowat elk fysiek product een sticker hing met de woorden *'Google and Alexa compatible'*.

Niet alleen de grote technologiebedrijven werken aan partnerships en ecosystemen. Sinds 1 januari 2020 hebben BMW en Daimler hun mobiliteitsdiensten samengebracht in een joint venture: Your Now. Binnen deze joint venture hebben ze een aantal afzonderlijke diensten uitgewerkt.
Free Now wordt de naam voor hun gezamenlijke taxi- en *ride-sharing*-diensten. Die bundelen de vroegere merken mytaxi, Beat, Kapten en Hive van de twee autogiganten. De vertrekomzet van de dienst bedroeg twee miljard euro en ze verzorgen ongeveer driehonderd miljoen ritten per jaar in achttien Europese en Zuid-Amerikaanse landen.[53]
Nu de krachten gebundeld worden, verwachten de autofabrikanten stevig op het gaspedaal te kunnen duwen. Share Now wordt de nieuwe naam van hun deelautoaanbod, dat vroeger in de markt stond als Car2Go (Daimler) en DriveNow (BMW). Via deze dienst kunnen mensen een auto gebruiken op het moment dat het voor hen relevant is.
Het is duidelijk dat BMW en Daimler hier de krachten bundelen om de strijd aan te gaan met bedrijven als Uber, Lyft, DiDi en Grab. Met hun tweeën hebben ze meer impact dan alleen. Je krijgt de strijd tussen het ecosysteem van deze twee traditionele autobouwers en het ecosysteem van de nieuwere techspelers.

Een *partner-in-life*-strategie vraagt een verbreding van het aanbod. De uitbouw van een ecosysteem dat die doelstelling helpt realiseren is een belangrijke strategie in die transformatie.

Grab

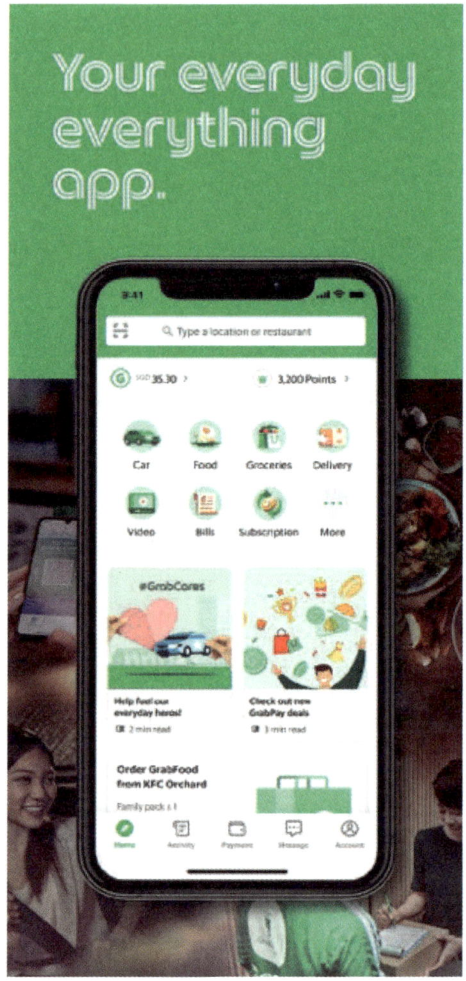

Grab heeft zijn hoofdzetel in Singapore en bestaat sinds 2012. Het bedrijf ging van start als een soort Zuid-Aziatische versie van Uber: een bedrijf gefocust op innovatieve taxiservices. Ondertussen is Grab geëvolueerd naar een partner in het leven van vele mensen. Het is een mooi voorbeeld van een bedrijf dat de vier bovenstaande strategieën heeft gevolgd om tot een heel stevig platform uit te groeien, dat deel uitmaakt van het dagelijkse leven van meer dan zeshonderd miljoen gebruikers.[54]

In de eerste jaren focuste Grab zich succesvol op mobiliteitsdiensten. Het bedrijf heeft zich van het begin af gespecialiseerd in het aanbieden van diensten. Het verkocht geen auto's, maar leverde mobiliteit. In 2018 zorgde het succes van Grab er zelfs voor dat zijn grootste concurrent Uber besloot om de Zuidoost-Aziatische regio te verlaten.

Midden 2018 breidde Grab zijn services uit met het leveren van voeding, reisreservaties, financiële diensten en het doen van dagelijkse aankopen. Eind 2018 realiseerde de onderneming een omzet van een miljard Amerikaanse dollar.

Door deze verbreding van diensten kan Grab zowat alle dagelijkse behoeften van consumenten (voeding, mobiliteit, geld) helpen vervullen. Op die manier biedt het bedrijf een totale oplossing aan. Door de *core* te verlaten, kon het een echte partner in het leven worden.

Ten slotte is Grab erin geslaagd een ecosysteem van partnerbedrijven aan te trekken. Via Grab kun je bij tal van lokale handelaars producten of eten kopen. Grab zorgt voor de promotie en de logistiek, mensen uit het ecosysteem verzorgen de effectieve productie. De verschillende aspecten van zijn platform heeft Grab niet volledig zelf gebouwd. Het bedrijf koos voor slimme partnerships met bedrijven als MasterCard, Toyota en Microsoft, om heel snel een kwaliteitsvol aanbod te realiseren.

Strategie	Grab
Van product naar service	Mobiliteitsdiensten waren de basis van Grabs aanbod. Van bij de start gericht op het aanbieden van een oplossing en niet een product.
Van service over *core* naar volledig probleem oplossen	Grab heeft gekeken naar de dagelijkse beslommeringen van consumenten en daar gevat op ingespeeld, door oplossingen te bieden op het vlak van mobiliteit, voeding en geld.
Van focus op de *core* naar blenden van industrieën	Het bedrijf werd opgericht als een innovatief taxibedrijf, ondertussen is het echter een logistiek bedrijf en een provider van financiële service.
Van individuele bedrijven naar netwerken van bedrijven	Grab werkt samen met een groot netwerk van partnerhandelaars. Voor de ontwikkeling van zijn diensten heeft het een partnership opgezet met bedrijven als MasterCard, Microsoft en Toyota.

Hoe begin ik aan mijn partner-in-life-strategie?

Mensen verwachten vandaag meer dan pure transactionele perfectie. Digitale convenience is de minimumnorm. Ja, digitaal gebruiksgemak is een absolute noodzaak, maar het is geen differentiator. Een *partner in life* worden van klanten stelt je in staat om hen energie te laten uitsparen en hun energie te geven. Zodoende kun je je onderscheiden van de concurrenten.

Hoe begin je nu met de implementatie van deze strategie?
Formuleer een antwoord op de volgende vragen:

- Welke frustraties heeft een klant in zijn dagelijkse leven gelinkt aan jouw 'brede' sector?
- Wat kost jouw klant energie en wat geeft hem energie?
- Welke vragen krijg je van jouw klanten, waar je vandaag geen antwoord op geeft?
- Welke diensten wil jouw klant, waar je vandaag geen oplossing voor hebt?

Die vragen helpen om beter zicht te krijgen op de *life journey* van je klanten. Welke frustraties en verwachtingen leven bij hen, die nu onbeantwoord blijven?

Eens je antwoorden op deze vragen hebt, is het tijd om de vier implementatiestrategieën erbij te nemen en te kijken waar er mogelijkheden tot actie zijn.

- Welke diensten kun je leveren om de behoeften in de *life journey* op te lossen?
- Welke bredere servicebehoeften hebben mensen en hoe kun je jouw dienstverlening daaraan aanpassen?
- Welke grensoverschrijdende initiatieven kun je nemen om je aanbod aan te passen aan de *life journey* van de klant?
- Met wie kun je samenwerken of een structureel partnership opzetten om dit waar te maken?

Deze vragen stellen en beantwoorden zal de richting van de strategie bepalen.

from customer journey to life journey

6

save
the world

Er zit burgerzin in elk van ons!

Tijdens het voorjaar van 2020 werden meer dan drie miljard mensen verplicht om thuis te blijven, wegens COVID-19.[55] Daardoor werd de ziekenhuiscapaciteit beschermd en hebben we als wereldbevolking het leven van honderdduizenden mensen gered.
Af en toe zagen we in de nieuwsberichten wel eens dat niet iedereen zich aan de regels van de quarantaine hield, maar in werkelijkheid deed de overgrote meerderheid van de mensen flink haar best om dat wel te doen. De wereldwijde inspanning was een ongeziene daad van solidariteit tegenover de zwakste mensen uit onze maatschappij. Die paar maanden waren we niet gefocust op de 'homo economicus', maar wel op de *'homo empathicus'*.
De solidariteit kwam niet alleen van burgers. Ook tal van bedrijven gebruikten hun sterktes om bij te dragen tot een oplossing voor diverse urgente maatschappelijke problemen. Het luxeconcern LVMH zette de productie van parfum stil, om handgels te maken. Ondernemingen als Anheuser-Busch InBev volgden dat voorbeeld. Coca-Cola stopte zijn reclamecampagnes op de Filipijnen en investeerde het vrijgekomen budget om de meest hulpbehoevende gemeenschappen te helpen. Microsoft maakte zijn tool voor virtuele meetings Teams gratis beschikbaar. Toen bleek dat je uit de unieke snorkelmaskers van retailer Decathlon beademingstoestellen kon maken, schonk het bedrijf heel zijn voorraad aan de nabijgelegen ziekenhuizen. Honderden bedrijven hebben tijdens de coronacrisis het beste van zichzelf gegeven.

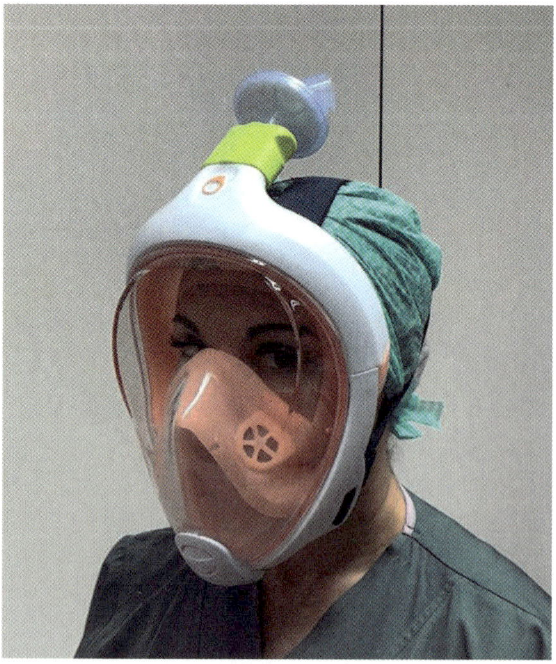

Er zit burgerzin in elk van ons, zowel in bedrijven als in particulieren. Wij willen graag helpen. Het voelt goed om een positieve bijdrage te leveren aan de maatschappij. Samen een positieve beweging in gang zetten zorgt voor een grotere samenhorigheid. En veel ondernemingen hebben gevoeld hoeveel positieve feedback hun acties tijdens de lockdown opleverden.
De komende jaren zullen burgerzin en verantwoordelijkheidszin aan belang toenemen. Klanten zullen het verwachten en bedrijven zullen er energie uit halen.

Marks & Spencer had burgerzin vanaf dag één

De evolutie waarbij bedrijven een positieve bijdrage aan de maatschappij leveren, startte uiteraard al lang voor COVID-19. Tal van bedrijven proberen al sinds hun ontstaan positief bij te dragen aan de maatschappij.
In 1894 richten Michael Marks en Tom Spencer Marks & Spencer op. Hun eerste, kleinschalige winkel ging open in Leeds. In die periode hadden de meeste mensen heel weinig geld. Armoede was de standaard in de wereld. Marks & Spencer ordende al zijn producten volgens prijs. Als je de kleine winkel binnenkwam, vond je in de eerste afdeling allemaal producten te koop voor één penny.
Die aanpak was destijds revolutionair en werd een groot succes. Door producten heel goedkoop aan te bieden, leverde Marks & Spencer ook een enorme meerwaarde aan de toenmalige bevolking. Het bedrijf stopte in de eerste jaren zelfs met de verkoop van duurdere producten, om zich volledig op de armere bevolking te focussen.
In de volksmond werd de winkels van M&S zelfs 'Penny Bazaars' genoemd. Mensen konden er rustig rondkijken, zonder enige druk om te kopen, en wat ze er vonden was heel goedkoop. Dat was toen ongezien.

De decennia erna groeide M&S stevig verder. De onderneming kocht enkele concurrenten op en werd een beursgenoteerd bedrijf. Tijdens de Tweede Wereldoorlog ontstond er voedselschaarste in Groot-Brittannië. De voeding kwam via boten naar het eiland, maar door aanhoudende aanvallen door duikboten werden hun routes afgesneden. Groot-Brittannië moest rantsoeneren.

Door producten heel goedkoop aan te bieden, leverde Marks & Spencer ook een enorme meerwaarde aan de toenmalige bevolking.

M&S leverde toen rechtstreeks van de vrachtwagens voeding aan de inwoners. In die periode voorzag het bedrijf in tal van steden en gemeenten mensen van de noodzakelijke hoeveelheden eten. Er was toen zelfs schaarste in de stoffen om kledij te maken. Dus

maakte M&S een design voor een jurk die minder stof vergde en toch geschikt was om te dragen tijdens het werk. De overheid nam die innovatieve standaard over, om op grotere schaal aangepaste kledij te maken voor de bevolking.
M&S houdt dus al sinds dag één de filosofie van mensen in nood helpen aan. Als er een duidelijke nood ontstaat in de maatschappij, wil M&S helpen vanuit zijn eigen mogelijkheden en sterktes. Tijdens de coronacrisis ondersteunde het bedrijf de Britse zorgverleners. Twee keer per week bracht het op grote schaal eten naar de medewerkers uit de gezondheidszorg. Het schonk vierduizend pyjama's aan het ziekenhuis voor patiënten die geen contact meer hadden met de buitenwereld. Verder gaf het tal van kledingstukken cadeau aan de ziekenhuizen, om de patiënten en de medewerkers daar een hart onder de riem te steken.

How to save the world?

Ik geef het toe. Het klinkt wat bombastisch. De top van het Offer You Can't Refuse-model heb ik als titel *Save the world* gegeven. Het klinkt zwaarder dan 'de ultieme convenience' en *'partner in life'*. Sommigen stellen zich de vraag of bedrijven überhaupt de wereld moeten redden. Is dat niet iets wat de overheid moet doen? Of zal dat niet gebeuren door een sterkere burgerzin en een grotere vorm van wereldwijde solidariteit?
Ik heb heel lang nagedacht of ik deze stap *'save the world'* zou noemen, maar ben er nu meer dan ooit van overtuigd dat het de juiste titel is. De jaarlijkse *trust*-barometer van het Amerikaanse pr- en marketingadviesbureau Edelman bevestigt mijn keuze. 76 procent van de bevolking hoopt dat CEO's de drijvende kracht achter positieve verandering in de wereld worden. Mensen verwachten meer van ondernemingen dan van de overheid.[56] De consument kijkt met andere woorden naar bedrijven om de wereld positief te veranderen.

Bedrijven hebben een enorme impact op de wereld, op de maatschappij, en hun impact gaat in alle richtingen. Bedrijven zorgen voor economische waarde, maar ook voor sociale waarde en maatschappelijk (on)geluk. We staan voor zoveel belangrijke uitdagingen, dat je als onderneming moreel verplicht bent om na te denken over hoe je een positieve bijdrage kunt leveren aan de maatschappij. Heeft Marks & Spencer de wereld gered? Nee, maar het bedrijf heeft doorheen zijn geschiedenis het leven van vele gezinnen leefbaarder gemaakt en zo bijgedragen tot een mooiere wereld. Dat is de verantwoordelijkheid van elke ondernemer, manager, bedrijfsleider: hoe kun je vanuit de sterktes van je bedrijf de wereld een klein beetje mooier, veiliger, warmer en gezonder maken?

Om 'de wereld te redden' zijn er een aantal omslagen in het denken noodzakelijk. Een aantal marketingtechnieken en -hypes uit het vorige decennium moeten we niet volledig loslaten, maar toch ernstig bijsturen.

1. **Van purpose naar problemen oplossen:** het concept *purpose* is in marketingkringen heel populair. Tal van studies bewijzen dat bedrijven met een sterke *purpose* meer winst maken dan andere. Het concept heeft dus zijn waarde bewezen. Alleen levert het in de praktijk niet altijd het gewenste resultaat op. Een *purpose* is niet altijd differentiërend, richtinggevend en actiegericht genoeg om echt het verschil te maken. Veel bedrijven definiëren een *purpose* omdat 'het moet', maar leven er niet naar, de klanten en medewerkers kennen de *purpose* amper ... Er is nood aan meer pragmatiek en actiegerichtheid. Vandaar de stijgende nood aan een concrete, ambitieuze, probleemoplossende aanpak.
2. **Van authenticiteit naar verantwoordelijkheidszin:** de voorbije tien jaar was authenticiteit een van de marketingbuzzwords. Hier geldt hetzelfde als bij de *purpose*-discussie. Veel bedrijven willen authentiek zijn omdat 'het moet', maar in de praktijk blijkt het toch weer onoprecht. Het probleem met woorden als *purpose* en authenticiteit is dat ze wollig zijn. In marketing en leiderschap moeten we de zaken concreter benoemen en uitvoeren. Niet wat we zeggen maakt het verschil, wel wat we doen. Geen woorden, maar daden.
   Consumenten verwachten dat bedrijven de juiste keuzes maken voor de klant, de medewerker en de planeet. Een bedrijf dat de juiste keuzes maakt en daar open over communiceert, wordt per definitie een authentiek bedrijf, maar door te vertrekken vanuit verantwoordelijkheidszin kan het die keuzes concreter uitvoeren.
3. **Van shareholder value naar shared value:** *shared value* werd voor het eerst beschreven door Michael Porter in de editie van *Harvard Business Review* van oktober 2011. De filosofie erachter is heel eenvoudig: succesvolle bedrijven hebben nood aan projecten die zowel economische als sociale waarde creëren. We moeten een nieuw soort kapitalisme uitvinden, waarbij bedrijven nog altijd geld kunnen verdienen en verder kunnen groeien, maar tegelijk waarde voor de maatschappij en de wereld creëren.
4. **Van een wereld vol met trade-offs naar een wereld zonder trade-offs:** vandaag moeten klanten vaak kiezen: privacy of convenience, goedkope producten of producten die ethisch correct gemaakt zijn, goed doen voor de planeet of onze persoonlijke vrijheid qua voedingskeuze en reizen vooropplaatsen.
   In de toekomst komen er oplossingen waarbij de consument geen compromis moet sluiten, waarbij hij vrij van schuldgevoel kan consumeren.

Marketing 2010-2020	*Save-the-world*-strategie 2020-2030
Purpose-denken	Welk probleem zul je oplossen?
Authenticiteit	Verantwoordelijkheidszin
Shareholder value	Shared value
Een wereld vol met trade-offs	Een wereld zonder trade-offs

De nieuwjaarsbrief van de CEO van BlackRock

Larry Fink is de CEO van Blackrock, een van de grootste assetmanagementbedrijven van de wereld. Elk jaar, begin januari, schrijft hij een brief aan de CEO's van de wereld, waarin hij oproept om op een verantwoordelijke manier geld te beleggen. Ondernemingen als BlackRock beleggen niet hun eigen geld. Zij beheren miljarden in opdracht van banken en beleggers. Ze hebben het vertrouwen gekregen van miljoenen bedrijven en mensen om op een verantwoorde manier met dat geld om te gaan. Hun primaire doel is zorgen voor een rendabele belegging, maar zij willen verder gaan dan alleen naar rendement kijken.

In zijn nieuwjaarsbrief van 2020 roept Fink op tot verantwoordelijkheidszin. Zo zoomt hij heel specifiek in op de risico's omtrent het klimaat. 'Het klimaatrisico is een investeringsrisico', stelt hij. 'Als investeerder is het belangrijk om te kiezen voor bedrijven die op hun beurt in een beter klimaat investeren. De klimaatproblematiek is actueler dan ooit en bedrijven die het probleem actief proberen op te lossen, maken de komende jaren meer kans op financieel succes', luidde zijn conclusie.

Larry Fink roept bedrijven, zowel publieke als private, ook op om maatschappelijke meerwaarde te creëren. 'De maatschappij kijkt steeds meer naar bedrijven om sociale en economische problemen mee op te lossen', schrijft hij in zijn brief. Fink hekelt het denken op korte termijn bij vele assetmanagers. Hij roept op om te investeren in ondernemingen met een *'purpose'*: bedrijven die een leidende rol opnemen in sociale verandering.

De zwakte van een purpose

Een machtige CEO als Larry Fink die bedrijven oproept om te investeren in een *'purpose'*, dat vormt een heel krachtig en positief signaal. Al heeft de hele *purpose*-beweging in de marketingwereld ook haar beperkingen. Hoeveel uren zouden marketeers het voorbije decennium gepraat en gebrainstormd hebben over hun *purpose?* Iedereen heeft het er toch over gehad? De oproep van een invloedrijke man als Larry Fink om te investeren in bedrijven met een *purpose* toont hoe belangrijk nadenken over maatschappelijke meerwaarde de komende jaren zal worden, alsook ernaar handelen.
Weet je wat het vreemde is? Er is niet echt een eenduidige definitie van het *purpose*-concept te vinden. Sommige bedrijfsleiders definiëren *purpose* als maatschappelijke meerwaarde bouwen. Anderen spreken over het probleem dat hun bedrijf oplost voor de klant. Nog anderen zien *purpose* als het bestaansrecht van hun onderneming, de reden waarom die destijds is opgericht.

Binnen de *purpose*-discussie wordt het meest verwezen naar Simon Sinek zijn wereldberoemde boek *Start with why*. Daarin beschrijft hij het *golden-circle*-concept. Bedrijven moeten daarbij drie vragen beantwoorden.

- Wat doen we?
- Hoe doen we het?
- Waarom doen we het?

De meeste organisaties beginnen met 'wat'. 'Wij zijn een bedrijf dat unieke grasmaaiers verkoopt.' Zo beginnen veel bedrijfsvoorstellingen. Pas later gaat het over 'hoe'. 'Onze grasmaaiers zijn uitgerust met state of the art AI, waardoor ze volledig automatisch uw gazon in de beste staat brengen.' Bij het merendeel van de bedrijven stopt de voorstelling daar. Sommigen voegen er nog 'waarom' aan toe. 'We willen gezinnen meer vrije tijd geven en laten genieten van een perfect onderhouden gazon.'
De theorie van Simon Sinek leert ons dat we strategie en communicatie moeten laten vertrekken vanuit de *'why'* en niet vanuit de *'what'*. Het is een heel eenvoudig, maar ongelooflijk krachtig model. Simon heeft er letterlijk de wereld mee kunnen veroveren.

Er is echter een groot probleem. De meeste *start-with-why*- en *purpose*-discussies eindigen in een stuk tekst waarmee iedereen binnen een bedrijf akkoord is, maar die totaal niet differentiërend is.
Ik heb het genoegen om voor veel grote spelers in belangrijke industrieën te mogen werken. Dan krijg je heel regelmatig een inkijk in de interne keuken. Het aantal *purpose*- en *start-with-why*-slides dat ik de voorbije jaren zag voorbijkomen, is niet te tellen. Op zich is

dat een heel positieve vaststelling, ware het niet dat de slide meestal iets vertelt dat het bedrijf in mijn ogen totaal niet van een concurrent onderscheidt.
Dit is bijvoorbeeld een *purpose* van een grote bank: *'Empowering people to stay a step ahead in life and in business.'* En hier volgt een *purpose* van een andere grote bank in dezelfde markt: *'Banking for better, for generations to come.'* De woorden verschillen, je zou dus kunnen spreken van een verschillende *purpose*, maar in de *core* gaat het over exact hetzelfde. Deze banken willen hun klanten (bedrijven, particulieren, de kinderen van hun klanten) een betere toekomst geven. Dat is heel waardevol qua betekenis, maar het differentieert amper. Ik vraag me af hoeveel klanten de juiste *purpose* bij de juiste bank kunnen plaatsen. Dergelijke *purpose* onderscheidt te weinig om actiegericht, herkenbaar en richtinggevend te worden. Dezelfde analyse kun je maken over tal van andere sectoren. In de telecomsector klinkt de *purpose* meer dan eens als volgt: 'Wij willen technologie gebruiken om het leven van particulieren en bedrijven aangenamer, sneller en gemakkelijker te maken.'
Een *purpose* kan heel goed werken, op voorwaarde dat hij zich onderscheidt van andere bedrijven, als hij richting geeft voor de strategie en als hij leidt tot concreet gedrag en gewoontes. Mijn ervaring is echter dat een *purpose* niet altijd aan die voorwaarden voldoet.

Welk maatschappelijk probleem lost jouw bedrijf op?

Een *purpose* is in veel gevallen te wollig en mist daardoor in veel gevallen impact. Een alternatief is concreet nadenken over een maatschappelijk probleem dat je kunt (helpen) oplossen.
Tijdens de coronacrisis hebben we daar heel mooie voorbeelden van gezien. Bedrijven zagen bepaalde noden in de maatschappij en gebruikten hun sterktes om die problemen te helpen aanpakken. Dat waren heel waardevolle acties op korte termijn, met onmiddellijk positieve effecten. Voor veel ondernemingen leverden die acties positieve pr op. Medewerkers en klanten werden er trotser door: blij dat ik in zo een bedrijf werk, blij dat ik klant ben bij dit bedrijf.
De acties tijdens de coronacrisis waren meestal van tijdelijke aard. De mooiste voorbeelden komen van bedrijven die een bijdrage leverden vanuit hun eigen sterkte. Lego produceerde op een bepaald moment 13.000 gezichtsbeschermingsmaskers per dag.[57]
Het bedrijf heeft zijn machines omgebouwd, om zo de mensen in de zorgsector concreet te kunnen helpen. Extra leuk is dat de beschermingsmaskers er hetzelfde uitzien als het plexiglas bij de helmen van de kleine Lego-ruimtefiguren. Eens de Lego-brillen in de

ziekenhuizen aankomen, moeten de zorgverleners die nog zelf bouwen. Het blijft met andere woorden een Lego-ervaring. Hoe mooi is dat?

De hulpvaardigheid van bedrijven en particulieren tijdens de coronacrisis was hartverwarmend. Het oplossen van maatschappelijke problemen gaf een boost aan energie en solidariteit.
De kunst bestaat erin om die mindset ook in de jaren na deze crisis vast te houden. Ik ben ervan overtuigd dat vele bedrijven dit moment zullen aangrijpen om na te denken over hun maatschappelijke impact, omdat het *'the right thing to do is'*, maar ook omdat ze zich zo kunnen differentiëren. Er is geen wereldwijde, ongeziene crisis nodig om als bedrijf bij te dragen tot het oplossen van maatschappelijke problemen. De cruciale vraag daarbij is welke maatschappelijke problemen je vanuit de sterktes van je bedrijf kunt helpen oplossen.
Het voorbeeld van Verstraete IML (hoofdstuk 2) is een prachtige case waarbij het bedrijf heel concreet het probleem rond recyclage, herbruikbaarheid en composteerbaarheid van plastic wil aanpakken. Zijn maatschappelijke doel is om *'virgin plastic'* – compleet nieuw en voor het eerst gebruikt plastic – uit de wereld te verbannen.
Het sterke aan dergelijke concrete problemen is de duidelijkheid ervan. Het is geen eeuwigdurende missie, het is een concrete uitdaging. Iedere medewerker en klant weet perfect welk probleem je probeert aan te pakken, wat communiceren over de doelstelling heel concreet maakt.
Ook over de meetbaarheid is er geen discussie. Door de juiste keuzes te maken, zal de wereld kunnen volgen in welke mate je dichter bij het behalen van de doelstelling komt.

Bepaalde aspecten uit de *purpose*-filosofie zijn nog steeds heel waardevol bij het formuleren van je maatschappelijke doelstelling. Net als bij een *purpose* maakt een maatschappelijke doelstelling immers duidelijk welke koers je moet varen en toont ze heel duidelijk wat je als onderneming al dan niet belangrijk vindt in de maatschappij.

De hulpvaardigheid van bedrijven en particulieren tijdens de coronacrisis was hartverwarmend. Het oplossen van maatschappelijke problemen gaf een boost aan energie en solidariteit. De kunst bestaat erin om die mindset ook in de jaren na deze crisis vast te houden.

Purpose	Maatschappelijke doelstelling
Verschillen	**Verschillen**
Eeuwigdurende richting zonder eindpunt	Concreet probleem aanpakken met een duidelijk eindpunt
Lage meetbaarheid	Hoge meetbaarheid
Onduidelijk wat de tussenstappen zijn in het toeleven naar de *purpose*	Mogelijkheid om heel concrete stappen te communiceren op de weg naar het oplossen van het probleem
Gelijkenissen	**Gelijkenissen**
Geeft richting aan de strategie en de te volgen koers	Geeft richting aan de strategie en de te volgen koers
Gaat breder dan creatie van economische waarde	Gaat breder dan creatie van economische waarde
Zorgt voor trots en herkenbaarheid bij medewerkers en klanten	Zorgt voor trots en herkenbaarheid bij medewerkers en klanten

Van Authenticiteit naar Verantwoordelijkheidszin

Ik schreef het daarnet al: het voorbije decennium was een van de marketingbuzzwords 'authenticiteit'. Consumenten willen échte merken en niet alleen merken die verbloemde berichten verspreiden via advertenties en sociale media. Felicitas Morhart, een Zwitserse marketingprofessor, publiceerde een van de meest uitgebreide studies over dit domein in de *Journal of Consumer Psychology*.[58] Ze bevroeg 2600 Amerikaanse en Europese consumenten, om beter zicht te krijgen op het abstracte concept authenticiteit.
Uit de studie bleek dat consumenten een merk authentiek vinden, als het aan de volgende criteria voldoet. (1) Continuïteit: merken die de tand des tijds hebben doorstaan en stabiliteit uitstralen. (2) Integriteit: een bedrijf dat trouw blijft aan de eigen kernwaarden en vasthoudt aan die waarden in tijden waarin het wat moeilijk gaat. (3) Geloofwaardigheid: altijd je beloftes nakomen als bedrijf. (4) Symbolisme: een merk dat symbool staat voor een levenswaarde die veel consumenten ook in hun dagelijks leven koesteren.
Als ik de resultaten van deze studie bestudeer, concludeer ik dat authenticiteit eigenlijk voornamelijk draait rond merk en reputatie uitbouwen. Het gaat om een langetermijninvestering. Door de hype rond authenticiteit dachten marketingmanagers vaak ten on-

rechte dat het alleen om het vertellen van de oorsprong en de *heritage* van het merk ging. Op lange termijn de merkwaarde uitbouwen blijft uiteraard superbelangrijk. De voorbije crisissen hebben geleerd dat bedrijven die sterk in de langetermijnopbouw van hun merk investeren, de grootste veerkracht tonen tijdens herstel. De vier dimensies uit het onderzoek van Felicitas Morhart blijven met andere woorden nog decennialang belangrijk.

Authenticiteit was een buzzword en de dimensies die voor authenticiteit zorgen, blijven belangrijk, maar de komende jaren zal de hype meer en meer verschuiven naar verantwoordelijkheidszin. Meer dan de helft van de consumenten geeft aan in de toekomst alleen nog merken te willen kopen die de juiste keuzes maken ten opzichte van klanten, medewerkers en de maatschappij.[59] Hoe jonger de doelgroep is, hoe belangrijker dat gegeven zal worden.

Twitter versus Facebook

Elk bedrijf beïnvloedt de wereld, maar een bedrijf als Facebook heeft een gigantische impact erop. Een communicatieplatform waar miljarden mensen dagelijks gebruik van maken, om te communiceren en zich te informeren, heeft een ongeziene invloed op de maatschappij.
Mark Zuckerberg en zijn team hebben een enorme verantwoordelijkheid om hier op een correcte manier mee om te gaan. Facebook investeert dan ook miljoenen dollars in het bestrijden van fake news, haatberichten en digitaal pestgedrag. Slimme algoritmes en duizenden menselijke medewerkers bestuderen de gigantische hoeveelheid content, om het platform zo zuiver mogelijk te houden. En toch lukt het Facebook niet om het vertrouwen te herstellen. Slechts 40 procent van de Amerikaanse bevolking heeft vertrouwen in Facebook. Ter vergelijking: 65 procent vertrouwt de overheid en 72 procent heeft vertrouwen in Amazon.[60]
De val in vertrouwen begon toen bleek dat Cambridge Analytica tijdens de Amerikaanse presidentsverkiezingen van 2016 de beschikbare Facebookdata had misbruikt, om zo het verkiezingsresultaat te beïnvloeden. Datzelfde bedrijf lag trouwens aan de basis van de brexitverkiezingsuitslag.
De maatschappij werd op dat moment met de neus op de zwakheden van de huidige digitale maatschappij geduwd. De *dark side* van *digital* was zelden tastbaarder dan in die periode. En ondanks de vele inspanningen van de Facebookgroep blijven mensen er nog steeds wantrouwig tegenover.

Een van de aspecten waar de maatschappij zich bij Facebook zorgen over maakt, is de (negatieve) impact van het platform op de democratie. In tal van landen begrijpen vooral niet-democratische groepen het best hoe ze Facebook moeten inzetten. Facebook kan de impact van dat probleem beperken. De dag dat Facebook beslist dat politieke boodschappen alleen nog organisch en niet via betalende promoties verspreid kunnen worden, heeft het platform een eerste stap in de strijd tegen fake news gezet.

Tijdens de vele ondervragingen door senatoren weigerde Mark Zuckerberg dit probleem echter aan te pakken. Hij refereerde altijd aan de vrijheid van het individu en de kracht van de mensheid om zelf te oordelen of een boodschap wel of niet democratisch is. In werkelijkheid is het echter voor zowat iedereen heel moeilijk om te oordelen welke boodschappen op Facebook waarheidsgetrouw zijn en welke fake news zijn. Dat is gewoon aartsmoeilijk. Het zou een mooi signaal zijn als Facebook daar zijn verantwoordelijkheid zou nemen en zou durven te beslissen om politiek getinte advertenties te weigeren.

Critici wijzen erop dat Mark Zuckerberg die stap niet wil nemen wegens het geld. Dat klopt niet. De politieke advertenties op Facebook leveren slechts 0,5 procent van de jaarlijkse miljardenomzet op.[61] Het gaat dus niet over geld. Het gaat over de persoonlijke overtuiging van de leider van het meest invloedrijke communicatieplatform ooit.

Het zou het goed zijn om hier de verantwoordelijkheidszin te tonen waar de wereld op wacht. Bovendien gaat het niet over het bannen van politieke boodschappen (de *free speech* blijft bestaan), wel over het verbieden om via extra budget politieke boodschappen heel gericht te verspreiden, op grote schaal.

Misschien denk je nu: dat soort bedrijven zal die stap nooit zetten. Wel, het is exact die beslissing die de grote concurrent van Facebook, Twitter, heeft genomen. Jack Dorsey, CEO en oprichter van Twitter, heeft beslist dat financiële promotie van politieke boodschappen niet langer mogelijk is op Twitter. Politici en andere mensen mogen zeker nog hun mening delen over de politiek, dat is wat mensen immers graag doen op Twitter, maar berichten pushen kan niet meer.

Met die beslissing neemt Twitter zijn verantwoordelijkheid. Het bedrijf kiest de aanpak met de beste uitkomst voor de wereld, zelfs al kost hun dat geld.

Ik ben niet naïef, ik besef maar al te goed dat fake news zal blijven bestaan, zelfs al beslist Facebook alsnog om de stap te zetten. Fake news speelt in op de emoties van de mens. Meestal speelt het in op de emotie angst. Daardoor worden sommige berichten nog steeds massaal verspreid, zelfs al slaat de boodschap nergens op.

Gelukkig is dat een domein waarop Facebook wel positieve stappen zet. Het werft tal van mensen aan om steeds beter te kunnen inschatten welke berichten waarheidsgetrouw of fake zijn. Maar om die inspanningen tot een stijging van het consumentenvertrouwen te laten leiden, is er nood aan enkele moedige beslissingen en het nemen van verantwoordelijkheid.

Hoe op een veilige manier onze producten in brand steken?

Merken hoeven niet kleurloos te zijn. Een merk, een bedrijf mag een mening hebben. Dat mag zelfs een mening zijn waar niet iedereen het mee eens is. Dat is trouwens per definitie de situatie bij het hebben van een mening. Als je een mening hebt, moet je het kunnen aanvaarden dat niet iedereen die mening volgt.
Verantwoordelijkheid nemen betekent in sommige gevallen een mening durven uit te spreken om bepaalde mensen een hart onder de riem te steken of om bepaalde maatschappelijke thema's openlijk te steunen of net te ondergraven. Dat niet iedereen het daarmee eens is, is op dat moment een gegeven waar je mentaal mee om moet kunnen als bedrijf.
Merkactivisme, mee op de barricades staan, is een potentiële strategie om het verschil te maken in de wereld. Bedrijven kunnen het verschil maken met hun producten, maar ook via hun stem.

Nike, een van de grootste sponsors van de Amerikaanse National Football League, maakte in september 2018 Colin Kaepernick het gezicht van een grootschalige campagne. Colin Kaepernick was een quarterback van het Amerikaanse footballteam 49ers. Hij was de eerste Amerikaanse footballspeler die tijdens het Amerikaanse volkslied knielde, in plaats van te blijven staan, als stil protest tegen politiegeweld, racisme en discriminatie.
Andere footballspelers volgden zijn voorbeeld, maar Kaepernick betaalde er wel een harde prijs voor. Nadat hij in 2016 met zijn protestactie begonnen was, wilde geen enkel team hem nog een contract aanbieden.
En in 2018 lanceerde Nike dus een campagne waarin Kaepernick centraal stond. Het populaire merk deelde een close-up van zijn gezicht met daarbij de tekst: *'Believe in something. Even if it means sacrificing everything.'* Daarmee toonde Nike dat het bedrijf 100 procent achter het stil en respectvol protest van deze atleet stond. Het koos hierbij voor een wereld zonder discriminatie, racisme en haat.
Duizenden mensen vonden dit de beste boodschap van Nike in jaren. Fans en supporters deelden enthousiast de boodschap met zo veel mogelijk mensen. Het was echter niet allemaal rozengeur en maneschijn. Niet iedereen in de Verenigde Staten kon de actie van Nike smaken. De dag nadien begonnen honderden mensen hun Nikeproducten weg te gooien. Sociale media werden overspoeld met haatberichten tegen Nike. Sommigen staken al hun Nikeproducten ostentatief in brand.
Je kunt je inbeelden dat sommige marketingmanagers op dat moment in een hoekje zouden wegkruipen. Niet Nike. Toen mensen hun schoenen in brand staken, verspreid-

den zij een nieuwe campagne: *'How to burn our products safely'* Er werd een volledige handleiding op het internet gezet, om uit te leggen hoe je de Nikeproducten veilig kon verbranden.

De Nikesupporters smulden van deze subtiele nieuwe communicatie. Voor hen was die grappige, misschien sarcastische extra boodschap het bewijs dat het merk geen seconde twijfelde over zijn mening. Het had ervoor gekozen om de atleet en zijn missie te steunen. De vele haatberichten en brandende schoenen zouden dat niet veranderen. Zo gaf Nike ruggensteun aan de supporters van de actie. 'Het doet er niet toe hoeveel mensen je merk haten, zolang er maar mensen genoeg van houden', zei Phil Knight, oprichter van Nike ooit.
Een jaar na de heftige emoties rond deze campagne bleek dat Nike 163 miljoen *earned media* had verkregen met deze campagne, dat de merkwaarde met 6 miljard Amerikaanse dollar was gestegen en dat de verkoop 31 procent omhoog was gegaan.[62]

Bij het horen van deze case denken veel mensen: 'Ja, maar dat is Nike. Die kunnen dat.' Dat zou een foute conclusie zijn. Nike is Nike omdat het bedrijf net zijn nek durft uit te steken. Het durft een standpunt in te nemen. Het neemt zijn verantwoordelijkheid en doet datgene wat positief is voor de wereld. Racisme de wereld uithelpen is een positieve zaak. Al is de spijtige conclusie dat zelfs bij een dergelijk nobel doel heel veel mensen boos op je bedrijf kunnen worden.
Te veel organisaties laten zich afschrikken om *'the right thing'* te doen. Ze verkiezen een plek in de donkere schaduw versus een plek in het midden van het plein. De schaduw voelt veiliger. De wereld verbeteren begint bij het hebben van een opinie en daarvoor durven uitkomen. Zelfs als het moeilijk wordt, zelfs wanneer je producten letterlijk in brand worden gestoken, dan blijf je er toch achter staan. Zo maak je de wereld een klein beetje beter.

Het concept shared value

Toen Michael Porter in 2011 zijn paper *Creating shared value* gepubliceerd zag in *Harvard Business Review*, zei hij: 'Van alle papers die ik al schreef, is dit de paper waar ik het meest enthousiast over ben.' Zijn *shared-value*-artikel zou, in zijn ogen, het begin zijn van een nieuwe fase in het kapitalisme.
De wereld heeft veel uitdagingen en bedrijven hebben de middelen om iets aan deze problemen te doen, is de stelling. In deze nieuwe fase van het kapitalisme bouwen bedrijven zowel economische als sociale waarde en gebruiken ze de sterktes van de organisatie om een positief verschil in de wereld te maken.

MasterCard is een sterke, succesvolle speler in de financiële wereld. In 2019 had het bedrijf een omzet van 17,2 miljard Amerikaanse dollar, een groei van 40 procent ten opzichte van 2016.[63]
Via hun Center for Inclusive Growth werkt MasterCard al enkele jaren aan een project om mensen te helpen die geen toegang tot financiële dienstverlening hebben. Het doel was om tussen 2016 en 2020 vijfhonderd miljoen mensen voor het eerst toegang tot financiële diensten te geven. Bij het ingaan van het laatste jaar van het project heeft MasterCard nog honderd miljoen mensen te gaan. Vierhonderd miljoen mensen hebben nu betere en veiligere financiële hulp in hun leven.
In 2018 heeft MasterCard 20 procent (vijfhonderd miljoen dollar) van zijn fiscale besparing, door een hervorming van de belastingen in Europa en de VS, volledig geïnvesteerd in zijn fonds om deze doelstelling te behalen. Dat is *shared value*. Dit project creëert sociale waarde voor de vijfhonderd miljoen mensen die beter geholpen worden en op termijn heeft MasterCard een grotere markt, waardoor het bedrijf ook economische waarde bouwt. Het is een en-enverhaal.

Tussen het *shared-value*-concept en de gedachte omtrent CSR (Corporate Social Responsibility) bestaat een groot verschil. Zoals bedrijven vandaag CSR meestal toepassen, is het een defensieve strategie. Het gaat vaak over het steunen van waardevolle projecten, maar het blijven projecten in de zijlijn. CSR maakt zelden deel uit van de kern van een bedrijf. In veel gevallen komt CSR in de praktijk neer op geld schenken aan een goed doel.
Begrijp mij niet verkeerd. Er is uiteraard niets mis met het steunen van een goed doel, maar als die donatie niet kadert in een groter geheel, een grotere filosofie, dan draagt die

niet bij tot de economische waarde van het bedrijf. Als je het heel kritisch bekijkt, vermindert een donatie misschien zelfs *shareholder value.*

Shared value gaat verder dan CSR. *Shared value* gaat over een algemene mindset, waarbij je hele onderneming meewerkt aan de realisatie van maatschappelijke meerwaarde én op hetzelfde moment economische waarde realiseert.

Drie strategieën om de shared-value-filosofie toe te passen

Waar vind je het probleem dat je wilt oplossen? De beste aanpak is teruggaan naar de historiek van je onderneming. Waarom is het bedrijf destijds opgericht? Wat droeg het bedrijf helemaal in het begin bij aan de maatschappij? Eenmaal je zicht hebt op het maatschappelijke probleem dat je wilt helpen oplossen, bestaat de uitdaging erin die bijdrage te realiseren. In zijn HBR-artikel geeft Michael Porter drie strategieën mee, om tot een *shared-value*-strategie te komen.

Nieuwe producten en markten

De eerste strategie gaat over het ontwikkelen van nieuwe producten en het ontdekken van nieuwe markten. Zo heeft het bedrijf SodaStream de vervuiling met plastic flessen voor een groot deel weten te verminderen, dankzij zijn producten die kraantjeswater omtoveren in lekker, bruisend water. Een gezin met een SodaStream gebruikt zo honderden plastic flessen minder dan een gezin zonder SodaStream. SodaStream heeft een nieuw product en een nieuwe markt ontwikkeld, om tot zijn maatschappelijke meerwaarde te komen.

Transformatie van de waardeketen

De tweede strategie gaat over het transformeren van de volledige waardeketen. Een mooi voorbeeld van die strategie is Levi's en zijn premiummerk Water<Less.

De hele productie- en levenscyclus van een jeansbroek vergt drieduizend liter water.

49 procent van dat water is nodig om de stof te produceren, 6 procent is nodig tijdens het productieproces van de broek en 45 procent wordt gebruikt door de consumenten, wanneer zij de jeansbroek wassen. De Water<Less-jeans heeft op dit moment 28 procent minder water nodig tijdens het productieproces en tegen eind 2020 wordt dat zelfs 96 procent minder.
Dat is al een mooie stap van Levi's, maar het meeste waterverbruik vindt plaats buiten zijn eigen productie. Vandaar dat Levi's nu samen met de katoenindustrie werkt aan manieren om minder water te gebruiken bij het telen van de originele grondstof. Verder zorgt het merk voor nieuwe stoffen die minder vaak gewassen moeten worden. Op die manier probeert Levi's de volledige waardeketen te transformeren.

Ecosysteem hertekenen

De derde strategie is de meest vergaande: bedrijven hertekenen het volledige ecosysteem waarin ze werkzaam zijn. Als Nestlé een zuivelindustrie opstart in een nieuw land, dan zijn een goede wegeninfrastructuur en goede lokale melkproductie noodzakelijk. In vele landen zijn beide van een te laag niveau om de kwaliteit te garanderen waar Nestlé voor wil staan. De gemakkelijkste oplossing zou zijn om melk op deze nieuwe markt te importeren, maar Nestlé blijft een beroep doen op lokale producenten.
Het bedrijf verandert het totale ecosysteem van die nieuwe markt. Het bouwt zelf nieuwe wegen om de melk sneller in de fabriek te krijgen. Het betaalt de boeren een hogere prijs en biedt hun leningen tegen een lage rentevoet aan, zodat ze in betere stallen kunnen investeren. Daardoor hoeven de kinderen van deze gezinnen minder mee te helpen op de boerderij en kunnen ze meer naar school gaan. Nestlé organiseert medische ondersteuning door samen te werken met dierenartsen.
Al die investeringen samen zorgen voor een verbetering van de melkkwaliteit. Nestlé, een private organisatie, upgradet dankzij deze aanpak een totale gemeenschap: de boeren, de

kinderen van de boeren, de logistieke infrastructuur, de veiligheid van voedsel ... Zo kan het bedrijf goede producten aanbieden – waarde voor Nestlé – én de hele maatschappij naar een hoger niveau tillen – waarde voor de maatschappij.

Het einde van de trade-off

De wereld zit vol met *trade-offs*. Kiezen we voor een bepaald voordeel, dan moeten we er altijd wel een nadeel bijnemen. Misschien niet meteen voor onszelf, maar wel voor andere mensen of voor de maatschappij in haar geheel. Vandaag moeten wij kiezen. We kiezen tussen een vliegvakantie naar Zuid-Amerika of het juiste doen voor het klimaat. Vliegen naar Zuid-Amerika bezorgt ons een onvergetelijke ervaring, maar we beseffen dat het slecht is voor het klimaat. In plaats van naar Zuid-Amerika moeten we misschien minder ver op reis gaan en de trein als transportmiddel kiezen, maar dan geven we die onvergetelijke ervaring op.
Ook in kleinere beslissingen zit heel vaak een *trade-off*. Je wilt graag veel kledij meedoen op reis, waardoor je koffer wat zwaarder weegt. Dat is opnieuw slecht voor het milieu en voor de rug van de bagagemedewerkers in de luchthaven.

De komende jaren zullen we een evolutie zien waarbij veel *trade-offs* verkleinen of zelfs verdwijnen. Bij sommige kleine *trade-offs* zie je dat nu al in de praktijk. Delta Air Lines test momenteel exoskeletten uit voor zijn bagagemedewerkers. Een exoskelet is een robotpak dat je als mens aandoet zoals je een rugzak aandoet, waardoor je plots robot-

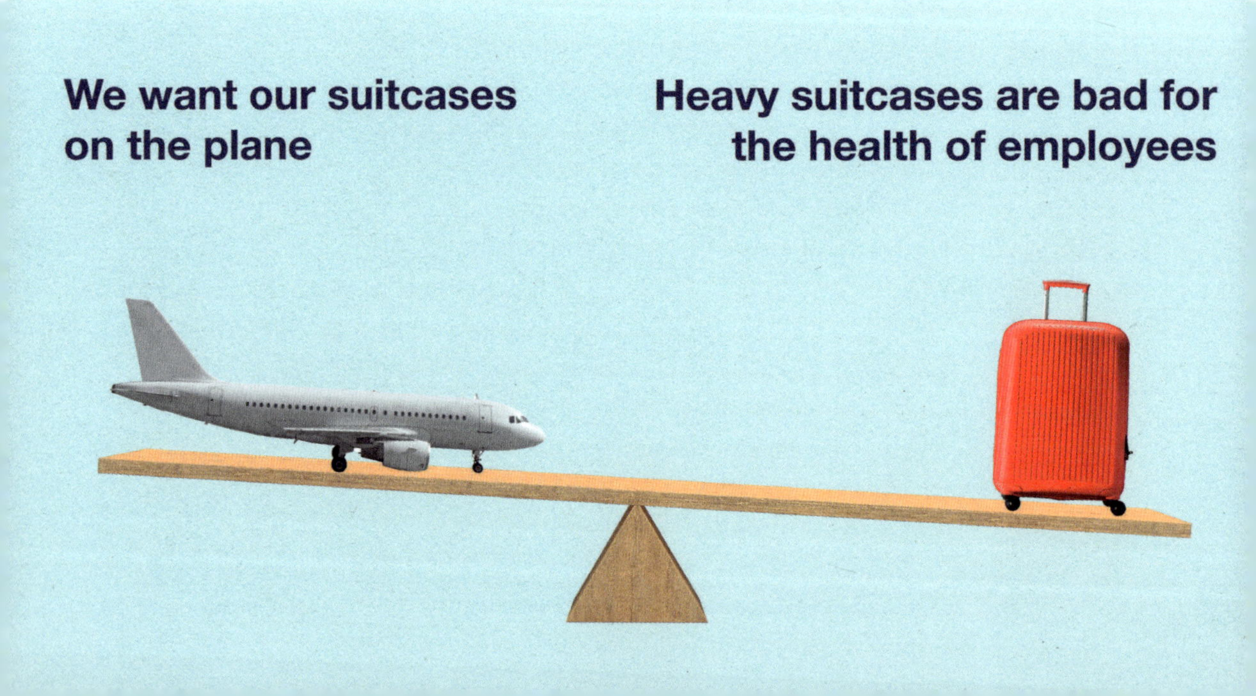

kracht krijgt. Dankzij die robotpakken kun je met zwaardere bagage werken, zonder dat je daar medische problemen van ondervindt.
Toen ik begin 2020 op CES was, heb ik deze robotpakken van Delta Air Lines zelf kunnen uittesten. Voor me stond een koffer van dertig kilo. Die is echt wel héél zwaar om op te tillen. Tot mijn exoskelet geactiveerd werd en ik die koffer optilde, alsof het niets was. Het voelde letterlijk alsof ik een blaadje papier optilde. Indrukwekkend.

Een ander voorbeeld van een *trade-off* zijn vuurwerkshows. Veel mensen houden van een mooi vuurwerk, het liefst begeleid door mooie muziek. Ik kan daar ook van genieten. Als Disneyfan een dag in het Magic Kingdom afsluiten met een prachtig vuurwerk en bijbehorende Disneymuziek is pure magie.
Jammer genoeg heeft vuurwerk negatieve gevolgen voor heel wat dieren. Paarden, koeien, honden, allemaal worden ze heel bang en soms agressief bij het horen van die luide, opeenvolgende knallen. Wij mensen genieten ervan, maar de dieren vinden het vreselijk, een typisch voorbeeld van een *trade-off*.
De kans is echter groot dat er in 2030 heel wat minder klassieke vuurwerkshows zullen plaatsvinden. Veel vuurwerkshows zullen de komende jaren immers vervangen worden door droneshows. Duizenden lichtgevende drones kunnen voor een nieuw type licht- en muziekspektakel zorgen. De kleine drones nemen allerlei vormen aan en geven samen tal van figuren weer, waardoor je zelfs een heel verhaal kan uitbeelden, eveneens begeleid door mooie muziek. Dat is niet exact hetzelfde als vuurwerk, zullen de echte vuurwerkliefhebbers opperen, en dat is terecht, maar het is een heel waardig alternatief, waarbij we de dieren leed en angst besparen. De droneshows hebben het potentieel om deze

trade-off uit de maatschappij op te lossen. Het uiteindelijke doel is dat klanten zonder schuldgevoel van producten en diensten kunnen genieten.

De vier *general-purpose*-technologieën – AI, 5G, *quantum computing*, robotica – hebben het potentieel om meerdere *trade-offs* uit de wereld te helpen. Ze stellen ons in staat om nog betere virtuele bijeenkomsten te organiseren, waardoor zakelijk reizen allicht structureel zal afnemen, met een positieve impact op het klimaat.

Mensen in de gezondheidszorg zijn verantwoordelijk voor de gezondheid van zieke mensen, maar soms kan het voor henzelf ook gevaarlijk zijn, als het om een besmettelijke ziekte gaat. Daar heb je de *trade-off* tussen zorgen voor de patiënt en zorgen voor de gezondheidsmedewerker. Als er gevaar dreigt voor de eigen gezondheid, kunnen robots aangestuurd door AI de menselijke taken beperken, waardoor het risico voor mensen daalt. 5G kan ervoor zorgen dat patiënten beter dan ooit vanop afstand onderzocht kunnen worden. Zoals ik eerder beschreef, zullen we zelfs operaties vanop afstand kunnen uitvoeren. De chirurg bevindt zich dan op locatie A, terwijl een robot op locatie B naar zijn commando's luistert. Zo ontstaan er situaties waarin we medische topzorg kunnen bieden en het risico voor de mensen in de gezondheidszorg beperken.

Impossible Foods, Beyond Meat, Greenway Foods en vele andere

Een belangrijke *trade-off* gaat over de balans tussen eten wat je graag wilt en de impact op de planeet. Ikzelf ben geen vegetariër. Ik eet graag vegetarisch, maar ik eet ook graag vlees, al weet ik dat (te veel) vlees eten eigenlijk slecht is voor mijn gezondheid én voor de planeet. Maar ik vind het toch gewoon lekker, dus koop ik af en toe een lekker stuk vlees bij een schitterende slagerij hier bij ons in de buurt. Kan deze *trade-off* op termijn opgelost worden?

De eerste stappen voor een oplossing van deze *trade-off* zijn al gezet. De voorbije jaren zagen we een sterke opkomst van bedrijven als Impossible Foods, Beyond Meat, het Belgische Greenway Foods en de Vegetarische Slager uit Nederland. Overal ter wereld is plantaardig vlees bezig aan een opmars.

Plantaardig vlees is niet afkomstig van dieren, het wordt gemaakt in een laboratorium. De producten van deze bedrijven hebben niet meteen de vegetarische klantengroep op het oog, nee, ze willen de vleeseters een alternatief geven dat minstens even lekker is. Ze maken plantaardige producten die de smaak, geur, textuur en sappigheid van echt vlees hebben. Op termijn mag je het verschil tussen echt en plantaardig vlees niet meer proeven.
Enkele jaren geleden nam ik met ons bedrijf nexxworks een groep ondernemers mee naar Silicon Valley. Toen de mensen mij op woensdag vroegen: 'Steven, wat is er voorzien qua lunch?', kon ik vrolijk *'American burgers'* antwoorden. De meeste mensen werden daar meteen heel enthousiast over. In de burgers stak een tandenstoker met een vlagje waarop het logo van Impossible Foods stond. In die tijd hadden de meeste mensen nog nooit van Impossible Foods gehoord.
Ik zag hoe zowat iedereen dat kleine vlaggenstokje uit zijn burger haalde en smakelijk begon te eten. Toen we ongeveer halfweg de maaltijd waren, nam ik het woord. 'Beste vrienden, hoe smaakt jullie plantaardige burger?' Het werd stil. Niemand had door dat deze burger geen echte vleesburger was. Bij de burgers van Impossible Foods komt er zelfs sap uit de burger, dat echt op de vleesjus van een medium gebakken burger lijkt.
Toen iedereen nieuwsgierig was om het verhaal te horen, vertelde ik hun over de ambitie van Impossible Foods. Impossible Foods wil dieren uit de voedselketen verwijderen zonder aan smaak voor de vleesliefhebbers in te boeten. Na mijn betoog merkte ik dat de

meerderheid aangenaam verrast was over de kwaliteit van het plantaardige vlees. Alleen de extremisten onder de vleesliefhebbers begonnen op dat moment de burger te dissecteren en dan kun je natuurlijk nog het verschil zien, maar 90 procent was razendenthousiast. Als je niet weet dat het om plantaardige burgers gaat, proef je het verschil niet.
Toen het eind april mooi weer was in België, hebben we op onze BBQ enkele burgers van het Belgische Greenway Foods gegrild. Onze kinderen waren niet op de hoogte van het nieuw type plantaardige burgers en hebben die smakelijk opgegeten. Achteraf vonden ze het heel cool dat ze hun eerste 'vegan' burger hadden gekregen.
Tijdens smaakproeven met culinaire experts kwam de 'gehaktbal' van de Nederlandse Vegetarische Slager eruit als de derde beste gehaktbal van Nederland. De jury was niet op de hoogte dat het over plantaardig vlees ging, wat achteraf voor een vreemd gevoel bij deze professionals zorgde.
Toen Nederlandse klanten van de supermarktketen Albert Heijn blind broodjes met kip en satésaus proefden, kwam het broodje van de Vegetarische Slager er als beste uit. Daardoor is deze plantaardige versie nu de standaardversie geworden in deze Nederlandse supermarkt.
De kwaliteit van de producten is met andere woorden al heel goed en we staan nog maar aan het begin van hun proces. Beeld je even in hoe de kwaliteit ervan zal zijn in 2025 of 2030.
Verder neemt hun marktpenetratie stevig toe. Beyond Meat werkt samen met McDonald's, Impossible Foods werkt samen met Burger King. Verder zijn al deze producten ondertussen in veel supermarkten te koop. Plantaardig vlees is vele malen beter voor het milieu én veel beter voor onze gezondheid. Als de smaak nog verder evolueert en de echte vleeservaring nog beter kan evenaren, is er een belangrijke *trade-off* in de wereld aangepakt.

Drie implementatierichtlijnen voor je save-the-world-strategie

Beslissen welk maatschappelijk probleem je kunt oplossen en zo je verantwoordelijkheid nemen, zijn de eerste stappen *'to save the world'*. Uiteraard zal een bedrijf op zijn eentje de wereld niet redden. Zelfs samen met klanten en medewerkers zal één onderneming zelden de wereld redden. Het gaat hem over de filosofie en de intentie om een bepaald maatschappelijk probleem mee te helpen oplossen met concrete daden.
In die reis *'to save the world'* zijn er nog een aantal belangrijke elementen om mee te nemen. Ik heb ze hier samengebracht in drie richtlijnen, die helpen om de strategie succesvol uit te rollen.

Implementatierichtlijn 1: overtuig je klanten; SHIFT je klanten

Als bedrijf kun je superenthousiast zijn over jullie plan om de wereld een beetje beter te maken. Je medewerkers kunnen dat enthousiasme delen, maar om echt impact te hebben, is het belangrijk om de klant mee aan boord te hebben. Is de klant bereid zijn gedrag of consumptiepatroon aan te passen? Enkel sensibiliseren en mensen bewustmaken van de impact van hun keuzes volstaat niet om gedrag te veranderen. Daar is meer voor nodig.

In de *Journal of Marketing* schreven wetenschappers Katherine White, Rishad Habib en David Hardisty een schitterende paper om klanten mee aan boord te krijgen. Hun onderzoek zoomde specifiek in op het overtuigen van klanten om duurzamere keuzes te maken in hun aankoopgedrag. Ze hebben hun conclusies gebundeld in het acroniem SHIFT: *shift the behaviour of your customers;* verander het gedrag van klanten.

- **Social influence:** de invloed van anderen op ons eigen gedrag is heel groot. Communicatie die beklemtoont hoeveel mensen al aan een nieuw type gedrag deelnemen, heeft een grotere impact dan een theoretische sensibilisering. Op een bepaald moment ontstaat er een groep mensen met nieuw gedrag, die daar ook trots op is. Daardoor stralen die mensen zelfvertrouwen uit naar de anderen, die dan op hun beurt hun gedrag beginnen te veranderen. Zorg ervoor dat je klanten hun nieuwe gedrag makkelijk met anderen kunnen delen. Als nieuw gedrag zichtbaar is, stijgt de adoptie ervan. Het *show-off*-gedeelte speelt daar dan een belangrijke rol bij.
- **Habit formation:** nieuw gedrag gaat niet over een eenmalige actie, maar over het aanleren van nieuwe gewoontes. Om het klimaatprobleem aan te pakken, is er bij veel mensen een verandering in gedrag nodig inzake voedingsgewoontes, transportopties, energieverbruik, winkelen, sorteren van afval ... Het gaat om het afleren van slechte gewoontes en het aanleren van nieuwe gewoontes.
  Nieuwe gewoontes kunnen gevormd worden door bijvoorbeeld boetes van de overheid. Dat is dan een negatieve manier om gedrag te veranderen. De grootste impact verkrijg je echter niet door repressie, maar door mensen te helpen hun gedrag aan te passen. De meeste mensen zijn trouwens van goede wil. Veel mensen hebben positieve intenties omtrent het klimaat. Veel mensen willen voeding kopen die beter is voor het milieu, willen graag met het openbaar vervoer reizen ... Alleen lukt het niet altijd omdat het te moeilijk, te omslachtig of te tijdrovend is.
  Als je wilt dat je klanten nieuw gedrag aanleren, is het gebruiksgemak een van de meest belangrijke componenten. Zo is ook gedragspsycholoog Dan Ariely ervan overtuigd dat je het eigenlijk makkelijker moet maken voor de klant om zich op de nieuwe manier te gedragen dan op de oude.
  Dat bevestigt de conclusie uit mijn tweede hoofdstuk. Het Offer You Can't Refuse-model werkt alleen van beneden naar boven. Eerst moet het gemakkelijk zijn voor de

klant, daarna is de klant bereid om de wereld te helpen redden. Omgekeerd is het moeilijker.

- **Individual self:** mensen willen graag een positief zelfbeeld. Eigen veranderd gedrag met een positieve impact op de maatschappij werkt motiverend. Eens duidelijk wordt dat het vorige gedrag een negatieve impact had en dat het contrasteert met het nieuwe gedrag, krijgt het zelfbeeld een boost.
  Maar niet alleen het zelfbeeld zorgt voor een verandering van gedrag. Ook een persoonlijk voordeel kan een grote invloed uitoefenen. Als consumenten een eigen financieel voordeel kunnen halen uit het nieuwe gedrag, zijn ze sneller geneigd te veranderen. In mijn voorbeeld waarbij Tesco in elke productcategorie een gezond product voorstelt dat goedkoper is dan het ongezonde product, wordt duidelijk op die dimensie ingespeeld.
- **Feelings and cognition:** communicatie die een gedragsverandering nastreeft maakt vaak gebruik van negatieve emoties als angst, schuld en verdriet. Wanneer je die emoties gebruikt, is het belangrijk om genuanceerd te communiceren. Als er niet genoeg angst is, zijn mensen niet geneigd hun gedrag aan te passen, en als er te veel angst is, hebben ze het gevoel dat ze geen controle hebben en krijg je evenmin het gewenste gedrag.
  De onderzoekers White, Habib en Hardisty stelden vast dat op positieve emoties inspelen tot een sterkere en permanentere wijziging in gedrag kan leiden. Inspelen op plezier en trots en op de wereld een beetje beter maken zorgde er bijvoorbeeld voor dat heel wat mensen plastic flessen hebben afgezworen voor waterconsumptie bij hen thuis. Kijk gewoon ook naar de trots die vele chauffeurs van elektrische wagens uitstralen op sociale media. Ze zijn trots op hun bijdrage.
  Tijdens een interview voor de nexxworks-blog[64] vertelde Costas Markides, professor in strategie en ondernemerschap aan de London Business School, ooit over een onderzoek bij zware hartpatiënten. Eén groep kreeg een boodschap in de trant van: 'Als je niet dood wilt gaan, moet je meer bewegen en diëten.' Een andere kreeg iets te horen als: 'Wil je na je operatie nog met je kleinkinderen kunnen spelen, in het bos wandelen en fantastische reizen maken ...? Drink dan minder alcohol, eet minder vet en beweeg meer.' Achteraf bleek dat de meeste mensen uit de eerste groep na zes maanden terug in hun oude gedrag hervielen. De tweede groep, die een duidelijke positieve boodschap had meegekregen, deed dat veel minder.
- **Tangibility:** het grootste probleem bij een verandering van gedrag dat tot doel heeft de wereld te veranderen, is dat de resultaten niet tastbaar zijn. Tijdens de grote coronalockdown kon de volledige maatschappij de impact van onze thuisisolatie vaststellen aan de hand van de cijfers over het aantal sterfgevallen en ziekenhuisopnames. Het bereiken van een doel en de concrete tastbaarheid van het resultaat zijn een ster-

ke motivator om het nieuwe gedrag te blijven volhouden. Daarom is het bij het communicatieplan van de *save-the-world*-strategie van je bedrijf belangrijk om concrete, tastbare tussentijdse doelstellingen voorop te zetten. Maak het concreet en tastbaar, zodat je mensen motiveert om hun gedrag aan te passen.

Implementatierichtlijn 2: perceptie versus realiteit

Je hebt bedrijven die heel goed zijn in het formuleren van prachtige strategische documenten. In mooie woorden en beelden vertellen ze aan de wereld hoe ze bijdragen aan een beter klimaat. Maar als je dan in de feiten duikt, blijken die soms teleur te stellen.
Daarnaast heb je een ander type bedrijven, meer bescheiden bedrijven, die aan een betere wereld werken, maar daar niet mee te koop lopen. Achter de schermen leveren ze prachtig werk, maar bijna niemand weet het.
Instinctief hebben we meer sympathie voor het laatste type bedrijven. Een stille, waardevolle kracht is beter dan een opschepperige onderneming die het niet waarmaakt.
Daar ben ik het uiteraard mee eens. Toch is vanuit strategisch standpunt geen van beide situaties ideaal.
Het is belangrijk om een beweging op gang te krijgen. *'Save the world'* doe je niet alleen. Om de wereld een beetje beter te maken, heb je de steun nodig van je medewerkers én je klanten en soms zelfs van de concurrentie. Idealiter dragen je klanten bij tot een betere wereld en geeft hun dat zelfs een goed gevoel, waardoor de relatie met je bedrijf sterker wordt.
Het is met andere woorden belangrijk om een geloofwaardige *save-the-world*-strategie te hebben, maar die ook op een slimme manier in de markt te zetten. De pr en de marketing over je positieve bijdrage zijn even belangrijk voor het langetermijnsucces als de positieve bijdrage zelf.

Het is belangrijk om een beweging op gang te krijgen. 'Save the world' doe je niet alleen. Om de wereld een beetje beter te maken, heb je de steun nodig van je medewerkers én je klanten en soms zelfs van de concurrentie.

Implementatierichtlijn 3: de vloek van de perfectie

Het sportmerk Patagonia staat bekend om zijn mooie intenties om van de wereld een betere plek te maken. Het doet veel om de wereld te verbeteren én communiceert uitstekend daarover.

Een van zijn opvallende principes is dat het bedrijf zichzelf een ecotaks van 1 procent oplegt. Dat geld investeert het in projecten om het milieu te versterken. Verder heeft Patagonia de keuze gemaakt om gebruik te maken van merkactivisme. Met luide stem steunt het bedrijf verschillende projecten waar het zelf achter staat. Via zijn activisme helpt het bijvoorbeeld jongeren om de ontginning van olie in de Verenigde Staten te stoppen, maar evengoed doet het president Trump een proces aan omdat hij te laks omgaat met het milieu. De onderneming staat al heel lang bekend als een voorvechter van een beter klimaat en een betere wereld.

Toch staat er letterlijk op de site van Patagonia: *'We are not perfect.'* Als je diep zoekt en heel kritisch naar Patagonia kijkt, zijn er vast zaken te vinden die niet 100 procent goed zijn voor het milieu. Ze zijn niet perfect, maar hebben wel een positieve impact.

Te veel bedrijven hebben schrik van de vloek van de perfectie. Soms komt er iemand met een schitterend idee om de wereld te verbeteren, maar wacht het bedrijf, omdat het nog niet volledig in lijn is met de vooropgestelde dromen. Uiteraard is het belangrijk om zo veel mogelijk naar die perfectie te streven, maar wanneer je wacht op de perfectie vooraleer je een beweging durft op te starten, zal die beweging er nooit komen. Je zult nooit perfect zijn. Als je bedrijf een actieve rol opneemt om een probleem op te lossen, steek je je hoofd boven het maaiveld uit. Dan word je bijna gegarandeerd vroeg of laat onder

de loep genomen door iemand van de media of door een groep klanten. Op dat moment moet je ertegen gewapend zijn, met voldoende argumenten en feiten die aangeven dat je in de juiste richting evolueert.

In Nederland is chocolademerk Tony's Chocolonely heel populair. Zonder actief te adverteren, heeft het merk zich naar de eerste positie qua marktaandeel gebracht op de Nederlandse markt. Ik vind dat een opmerkelijke situatie. Het merk kwam in 2005 op de markt. Op dat moment waren er tal van sterke chocolademerken. Toch is dit merk uitgegroeid tot de grootste speler in de Nederlandse markt.
Aan de basis ligt de unieke positie van Tony's Chocolonely. Het merk streeft ernaar 100 procent slaafvrije chocolade te verkopen. Heel veel traditionele chocolademerken kopen cacao in van boeren bij wie er nog kinderarbeid plaatsvindt. Tony's Chocolonely koopt zelf zijn cacaobonen bij Afrikaanse boeren in en slaagt er op die manier in om slaafvrije chocolade op de markt te brengen.
Naast die unieke positie is de chocolade ook innovatief (andere smaken dan bij de andere merken) en ziet de verpakking er supercool uit. Het is een mooi merk, dat heel knap in de markt is gezet. Het heeft een concreet wereldprobleem mee helpen oplossen en maakt dat heel tastbaar voor iedereen. En toch wordt het wel eens aangevallen in de Nederlandse media. Dan duiken er mensen op die bewijs vinden dat het toch geen 100 procent slaafvrije chocolade is. En weet je, die feedback mag gegeven worden en kan zelfs terecht zijn, het doet niets af aan de verdienste om ernaar te streven. Tony's Chocolonely is niet perfect, maar brengt het probleem wel onder de aandacht en maakt een positief verschil, wat door het overgrote deel van de markt sterk gewaardeerd wordt.
Streef naar de perfectie, maar laat je niet afschrikken omdat je die nog niet hebt bereikt. Laat je niet afschrikken door de illusie van perfectie, denk na over de impact die je bedrijf kan hebben.

Tony's Chocolonely koopt zelf zijn cacaobonen bij Afrikaanse boeren in en slaagt er op die manier in om slaafvrije chocolade op de markt te brengen.

DEEL 4

succesvolle implementatie

7

the offer you can't refuse

voor medewerkers

Een van de grootste mythes in de wereld van klantentevredenheid

We hebben allemaal de horrorverhalen gelezen over de werkomstandigheden in de magazijnen van Amazon en Zalando. Volgens verschillende undercoverreportages liggen de werkdruk en de productiviteitsstandaarden er zo hoog dat mensen soms zelfs twijfelen of ze wel naar het toilet kunnen gaan. Toch hebben bedrijven als Amazon en Zalando heel tevreden klanten. Werken onder de legendarische en visionaire Steve Jobs was ook niet altijd even aangenaam, zo blijkt uit zijn biografie. Toch heeft Apple een community met heel enthousiaste fans.
Door deze wereldberoemde verhalen en negatieve anekdotes denken sommige mensen dat je als bedrijf moet kiezen tussen klantgerichtheid enerzijds en goed doen voor je medewerkers anderzijds. Laat dit nu echt een van de grootste mythes in de wereld van klantgerichtheid zijn: de zogezegde *trade-off* tussen klanten en medewerkers.

Wetenschappelijk onderzoek[65] bewijst dat tevreden medewerkers tot tevreden klanten leiden. Omgekeerd is die relatie niet bewezen. Een bedrijf met tevreden klanten betekent niet noodzakelijk dat de medewerkers ook tevreden zijn, maar als de medewerkers tevreden zijn, leidt dat wel (bijna) automatisch tot tevreden klanten.
Sir Richard Branson, oprichter van de Virgin-groep, zei ooit: 'Mijn filosofie is om mijn team eerst te zetten, dan mijn klanten en op de derde plaats pas mijn aandeelhouders. Als je dat goed doet, dan blijkt op het einde dat de aandeelhouders best heel tevreden zijn, de klanten fans worden en de medewerkers trouw blijven aan je bedrijf.'
Medewerkers zijn met andere woorden de stuwende kracht achter de tevredenheid van klanten. Toen ik tussen 2000 en 2012 managingpartner was bij het innovatieve researchbedrijf InSites Consulting, was ik op een bepaald moment verantwoordelijk voor de klantentevredenheidsstudies. De conclusies van dergelijke studies waren voor elke klant verschillend, maar één ding kwam telkens terug. Heel tevreden klanten, de ambassadeurs onder de klanten, waren fans wegens de mensen in het bedrijf. Hun persoonlijke accountmanager, hun relatiebeheerder, een medewerker in het contactcenter, een winkelbediende bepaalde voor het allergrootste stuk de tevredenheid over het bedrijf. In veel gevallen is die ene relatiebeheerder ook het enige communicatiekanaal dat klanten met een bedrijf hebben. Keer op keer was de conclusie dezelfde: jullie medewerkers zorgen ofwel voor tevreden ofwel voor ontevreden klanten.

Vandaag, acht jaar later, ben ik investeerder en bestuurder bij het bedrijf Hello Customer, een door AI gedreven klantenfeedbackplatform. En acht jaar later is de conclusie nog

steeds dezelfde. Als ik in de data kijk van de klantenfeedback op het Hello Customerplatform, blijkt keer op keer: klanten worden tevreden (of ontevreden) door de medewerkers van een bedrijf.
Er bestaat geen *trade-off* tussen klanten- of medewerkerstevredenheid. Ze correleren sterk. Positieve medewerkers stralen hun tevredenheid af op de klant, net als negatief ingestelde medewerkers het omgekeerde doen.
Wanneer ik op grote congressen spreek, handelt een deel van de vragen, ondanks mijn focus op klanten, steevast over de medewerkers van bedrijven. Ik vind dat heel fijn. Dan voer ik een uur lang een vurig betoog over klantgerichtheid en gaat een deel van de vragen over de eigen medewerkers.

Door die vele vragen over medewerkers en wegens de mythe die hier en daar nog leeft over de *trade-off* tussen klanten en medewerkers, heb ik besloten om in dit boek ook een hoofdstuk over de medewerker te schrijven. Medewerkers zijn een sleutel om klantgerichtheid te kunnen waarmaken, dus vind ik het belangrijk om het Offer You Can't Refuse-model te vertalen naar de medewerkers van je bedrijf.

Hr-afdelingen in transformatie

De voorbije tien jaar sprak ik vaak op hr-congressen of tijdens hr-opleidingen van *business schools*. Ik was daar altijd een vreemde eend in de bijt: de marketing- en klantenman in een hr-gezelschap. Het was keer op keer echter een heel fijne ervaring. Hr-medewerkers zijn in het algemeen heel open, vriendelijke mensen. Alleen had ik soms het gevoel dat er minder innovatief en minder snel geëvolueerd werd dan in marketingomgevingen.
Gelukkig begint momenteel alles in beweging te komen om die achterstand in te halen. De huidige markt voor hr-technologieoplossingen is maar liefst 148 miljard Amerikaanse dollar waard.[66] 74 procent van de hr-managers zijn van plan het budget voor hr-technologie het komende jaar nog te verhogen. Bovendien heeft de coronacrisis voor een versnelling in een aantal hr-projecten gezorgd. Plots werd thuiswerken een noodzaak, waardoor er snel extra investeringen nodig waren in cloudservices en andere IT-infrastructuur. Toen Satya Nadella, de CEO van Microsoft, eind april 2020 de resultaten voor het eerste kwartaal bekendmaakte, zei hij: 'De digitale transformatie die we in maart bij onze klanten hebben meegemaakt, was groter dan de digitale transformatie van de voorbije twee jaar.'

Hr-afdelingen zijn in transformatie en zoeken naar manieren om zichzelf opnieuw uit te vinden. Als er gesproken wordt over een transformatie in hr, dan wordt vaak met de volgende vraag begonnen: 'In welke technologie moeten we investeren?' Dat is een interes-

sante vraag, maar ook de verkeerde. De juiste vraag is: 'Welke ervaring en welke cultuur willen we onze medewerker aanbieden?'
Net zoals bij *customer experience* begint het niet bij de technologie, maar bij de medewerker. Beschrijf de ideale wereld voor elke medewerker en werk dan achterwaarts terug naar vandaag. Begin bij de ervaring voor de medewerker, daarna kan het over technologie gaan. Technologie is een middel, niet het doel.

War for talent

58 procent van de hr-managers uit een grote studie van PwC geeft aan dat de grootste uitdaging het vinden en behouden van talent is.[67] Uit een studie van McKinsey blijkt bovendien dat bedrijven in Europa en Noord-Amerika jaarlijks zestien tot achttien miljoen universitair afgestudeerden te kort hebben om aan hun vraag te voldoen.[68] En er is momenteel niet alleen schaarste voor universitaire profielen. De franchisehouders van McDonald's hebben vaak de grootste moeite om voldoende mensen te vinden, veel fabrieken zoeken tevergeefs naar heftruckchauffeurs, bouwbedrijven vinden geen metselaars, ordehandhavers vinden geen bewakingsagenten enz.[69]
Talent vinden en houden is in tijden van talentschaarste een grote uitdaging voor zowat elk bedrijf. Daarbij komt nog dat in veel economieën een groot deel van de (potentiële) medewerkers niet over de skills beschikt waar een modern bedrijf naar op zoek is. Het meest verontrustende cijfer is dat 82 procent van de bedrijven vindt dat ze er niet in slagen het juiste talent aan boord te halen.[70]
De juiste mensen vinden, die opleiden en hen daarna lang aan boord weten te houden is een van de grootste uitdagingen van het hedendaagse management van een bedrijf. Die conclusie zorgt voor een grote urgentie om meer te investeren in de totale *employee experience*. Uitzoeken waar medewerkers naar op zoek zijn en daar gepast op inspelen is momenteel een topprioriteit van veel bedrijven.

The Offer You Can't Refuse voor medewerkers

'Klanten zijn net mensen', zegt mijn Nederlandse collega-spreker en schrijver Jos Burgers wel eens. Wel, hetzelfde geldt voor de medewerkers van een bedrijf. Medewerkers zijn net mensen. Daardoor is het mijn overtuiging dat vele elementen die belangrijk zijn in een klantenrelatie evenzeer van toepassing zijn voor medewerkers. Door de talentschaarste is de machtsverhouding de voorbije jaren verschoven van werkgever naar werknemer. Klanten hebben altijd al de keuze gehad bij wie ze kopen, waardoor bedrijven al langer inzetten op hun klantenrelatie. Hetzelfde geldt ondertussen echter voor medewerkers.

Ondanks de duidelijke nood aan een betere *employee experience*, geven ondernemingen zichzelf nog altijd een lage score op dit domein. 80 procent van de bedrijfsleiders vindt *employee experience* heel belangrijk, maar slechts 22 procent vindt dat ze zelf een differentiërende *employee experience* aanbieden.[71]
Steeds meer lijken de uitdagingen om medewerkers tevreden te houden op de uitdagingen om klanten tevreden te houden. Natuurlijk komt het er niet louter op neer het woord klant door het woord medewerker te vervangen in een presentatie of model. Vandaar dat ik het volledige Offer You Can't Refuse-model heb aangepast voor medewerkers.

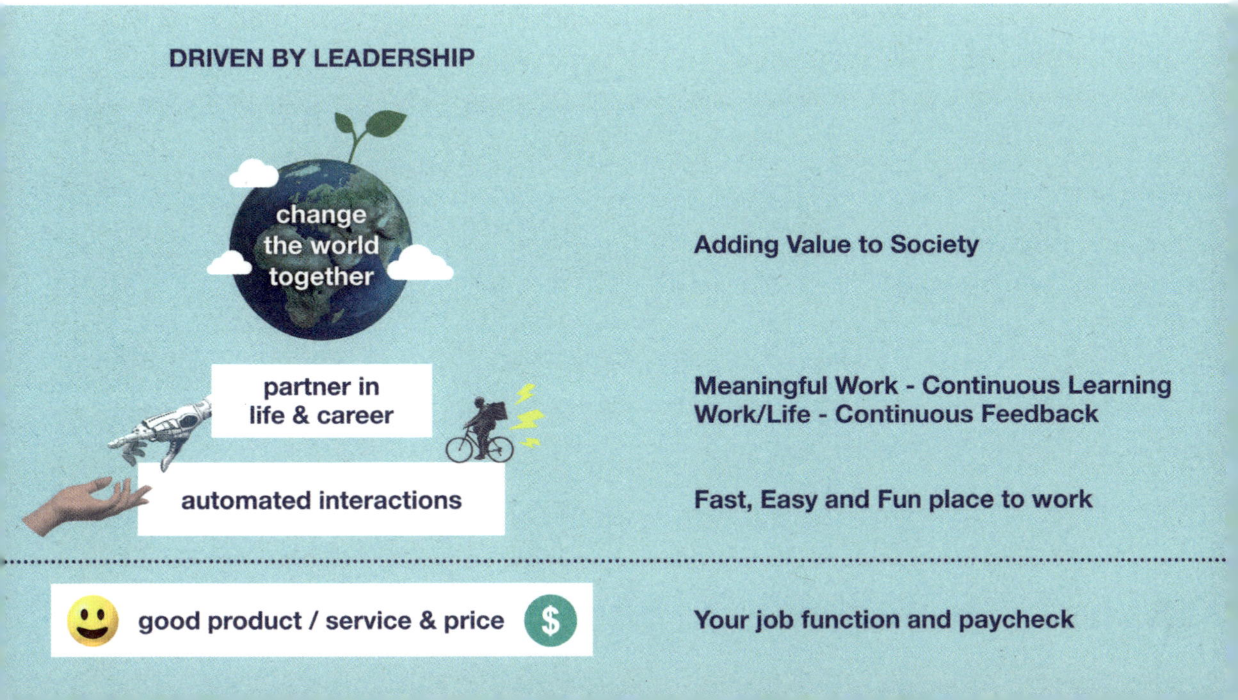

Bij klanten stonden op de onderste laag van het model een goed product, een goede service en een goede prijs. Voor medewerkers gaat het om de jobinhoud en hun loon. Die elementen zijn een minimumvoorwaarde. Ze zijn uiteraard belangrijk, maar het is moeilijk om je er als werkgever mee te onderscheiden.
Op de tweede laag staat er voor klanten 'ultieme convenience'. Daar gelden voor medewerkers dezelfde wetten als voor een klant. Iedereen wil graag gemakkelijke, vlot te gebruiken tools die tijd uitsparen. Als bedrijf is het belangrijk je medewerkers een gebruiksvriendelijke werkplek te geven, met handige hulpmiddelen en goede ondersteuning, zodat hun tijd naar de belangrijke zaken van hun baan kan gaan. Uiteraard is het minstens even belangrijk dat je ervoor zorgt dat die tools even feilloos werken van thuis uit.

Deze eerste twee niveaus vormen samen een transactionele *experience:* is de functie goed, word ik goed betaald en is het hier gemakkelijk werken? De volgende twee niveaus van het model spelen in op de emotionele *experience* voor medewerkers: wat is mijn gevoel als werknemer, zowel op persoonlijk als op maatschappelijk vlak?
Het derde niveau gaat om de *partner-in-life*-filosofie. Bij medewerkers gaat het er niet alleen om een partner in hun leven te zijn, maar ook een partner in hun professionele loopbaan. Hoe kun je als bedrijf een *'partner in life and career'* worden? Medewerkers continu meerwaarde bieden en op hetzelfde moment hun leven aangenaam maken, is een belangrijke uitdaging om talent aan te trekken en te houden. Talent zal verlangen dat het dankzij de samenwerking met de werkgever steeds interessanter wordt voor de arbeidsmarkt en dat het tegelijkertijd voldoende tijd over heeft om zijn persoonlijke dromen en privédoelstellingen waar te maken.
Het vierde en hoogste niveau van deze versie van het Offer You Can't Refuse-model is *'save the world'*. Voor medewerkers is dit niveau van het model nog belangrijker dan voor klanten. Als je al je professionele energie in een onderneming stopt, wil je dat die energie tot iets leidt dat verder gaat dan jezelf of zelfs het bedrijf. Dan hoop je een positieve bijdrage te kunnen leveren aan de maatschappij.

Om de implementatie van dit model succesvol te kunnen implementeren, is leiderschap cruciaal. Hoe de CEO en het topmanagement communiceren en handelen tijdens de verschillende stappen ervan, heeft een heel grote invloed op de perceptie bij de medewerkers.

De ultieme convenience

Vereenvoudiging van de processen op de werkvloer is een belangrijk beginpunt om de *employee experience* te verbeteren. Uit een studie van Deloitte blijkt dat 74 procent van de werknemers de processen in hun bedrijf complex vindt. Slechts 4 procent werkt in een eenvoudige werkomgeving.[72] Die cijfers zijn trouwens identiek voor grote en kleine bedrijven. Het is een algemeen probleem in ons professionele leven.

In mijn vorige boek, *Customers the Day After Tomorrow*, werkte ik met drie investeringsassen die bedrijven in staat stellen om een betere convenience aan te bieden aan klanten. Die drie dimensies zijn perfect vertaalbaar naar medewerkers:

- **Faster than real time:** als medewerkers met een probleem zitten, kun je daar als bedrijf op anticiperen. Door gebruik te maken van data kun je bijvoorbeeld een goed zicht hebben op de (on)tevredenheid van de medewerker. Dat inzicht helpt om proactief in te spelen op bepaalde noden of bezorgdheden.
- **Hyperpersonalisatie:** iedereen heeft een eigen manier van werken. Hoe kun je communicatie en tools personaliseren op een manier dat elke medewerker zijn eigen aanpak kan blijven gebruiken? Mensen personaliseren alles. Er bestaan allicht geen twee iPhones in de wereld met dezelfde samenstelling van apps op het *home*-scherm. Ik zou het best creepy vinden als er nog iemand op de wereld is met exact dezelfde apps op die eerste pagina als ikzelf. Mensen personaliseren graag en in alle aspecten van de *employee*-ervaring kun je daarmee rekening houden.
- **Convenience:** ten slotte is gebruiksvriendelijkheid van de tools cruciaal om medewerkers frustraties te besparen. Ik zag het meer dan eens dat het zo moeilijk werken is op computers van bedrijven dat medewerkers uiteindelijk via hun persoonlijke Gmailadres en hun privécomputer met mij begonnen te communiceren. Heel veel mensen hebben in hun privéleven betere en gemakkelijkere digitale tools ter beschikking dan op hun werk.

De Evernote-automaat

Enkele jaren geleden waren we te gast bij het Amerikaanse bedrijf Evernote, een digitale notitieapp. Tijdens de rondleiding in hun kantoor kwamen we voorbij een automaat. Die zag er aan de buitenkant zoals elke automaat uit, maar binnenin zaten er geen drankjes of ongezonde snacks. De automaat was volledig gevuld met technologiespullen: toetsenborden, muizen, USB-sticks ... We bleven even staan en vroegen wat het doel van die automaat was. 'Hier kunnen onze medewerkers IT-spullen komen halen, als ze iets nodig hebben. Ze drukken gewoon de juiste lettercode in en krijgen dan bijvoorbeeld een nieuw toetsenbord', klonk de logische en eenvoudige uitleg. Ik zag zelfs enige verbazing op het gezicht van deze vriendelijke man bij het horen van de, in zijn ogen, evidente vraag.
Iedereen van onze groep stond te knikken, maar één kaderlid van een groot bedrijf keek toch heel bedenkelijk. 'Hoe kunnen jullie weten dat iemand écht een nieuw toetsenbord nodig heeft?', klonk het. De Evernote-medewerker vond het wat vreemd, maar antwoordde heel beleefd en vriendelijk: 'We gaan er gewoon van uit dat medewerkers dat zelf kunnen beslissen.' 'Hoe verloopt dit bij jullie bedrijf?', kaatste hij de vraag terug. De blik van het kaderlid werd iets minder zelfzeker. 'Wel, als wij een nieuw toetsenbord nodig hebben, moeten we op onze interne portal een verzoek indienen bij de IT-helpdesk. Dan komen die mensen kijken of er echt een probleem is. Soms vragen ze dan toestemming aan een leidinggevende, om de definitieve beslissing te nemen. Daarna halen ze het nodige materiaal en brengen het naar mijn bureau. Zo gaat dat bij ons.' Er volgde een korte, maar toch ongemakkelijke stilte. 'Wel, wij vertrouwen onze mensen iets meer, veronderstel ik', straalde de Evernote-medewerker.
Het kaderlid van het grote bedrijf had een paar seconden bedenktijd gekregen en stond klaar met een laatste vraag, waarmee hij dacht de beperkingen van deze automaten nogmaals aan te tonen. 'En wat als mensen USB-sticks of computermuizen uit de automaat halen voor privégebruik? Wat als ze stelen?' Dat was de genadeslag, daar was hij zeker van.
'Wel, dat is een goed punt. Wij weten dat sommige van onze medewerkers wel eens iets stelen of meenemen voor privégebruik, zoals wij het noemen, maar dat vinden wij oké.

Als het echt uit de hand zou lopen en we fout gedrag ontdekken, zullen we die medewerker daarover aanspreken. Wij blijven ervan overtuigd dat, zelfs als 5 procent van de medewerkers af en toe iets meeneemt naar huis, ons systeem toch veel sneller en efficiënter is dan een proces zoals in jullie bedrijf. We vragen onze medewerkers elke dag om het beste van zichzelf te geven. Dan gaan we ze toch niet lastigvallen met complexe processen voor heel eenvoudige, dagelijkse beslissingen?'

De 95%-5%-regel

De discussie bij Evernote toont aan hoe de meeste regels en procedures in bedrijven zijn opgemaakt. De grote meerderheid van de procedures bestaat enkel en alleen om misbruik te vermijden. Als er in jouw bedrijf een gekke regel opduikt, dan is het meestal omdat één iemand misbruik heeft gemaakt van iets. Om dat misbruik tegen te gaan, wordt dan een nieuwe regel ingevoerd. In tal van ondernemingen worden interne processen voor medewerkers moeilijk gemaakt, zodat er nooit misbruik kan ontstaan.
Het is de illusie van controle. Mensen die misbruik willen maken, zijn vaak creatiever dan gedacht wordt. Met andere woorden: de foute medewerkers vinden een oplossing, de brave medewerkers krijgen een omslachtig proces cadeau. In werkelijkheid worden de goede, betrouwbare medewerkers (meestal 95 procent van het team) gestraft voor het onwenselijke gedrag van een kleine groep (meestal 5 procent van het team).
Elk bedrijf heeft mensen die er de kantjes vanaf lopen en minder betrouwbaar zijn. Een 100 procent perfecte aanwervingsstrategie is onmogelijk. Bovendien kunnen externe aspecten een rol spelen bij het onwenselijke gedrag van deze kleine groep. Mensen kunnen thuis in financiële problemen zitten, met ziektes kampen ...
De meeste bedrijven hebben echter voor 95 procent aan goede en betrouwbare medewerkers, die eerlijk en correct zijn. Stel jezelf dus de vraag: zijn je processen en systemen gemaakt met de 95 procent aan betrouwbare medewerkers in het hoofd, of met de 5 procent die slechte intenties heeft?

Het is menselijk om te focussen op de groep van 5 procent. Wij kunnen daar niets aan doen. Onze hersenen geven veel meer emotioneel gewicht aan negatieve zaken dan aan positieve zaken.

Beeld je even in dat je op één dag honderd e-mails krijgt. Stel dat 95 van die mails heel neutraal zijn qua toon, dat vier mails heel positief zijn en je positieve feedback over je werk geven, maar dat één e-mail echt vernietigend negatief is. Als je dan 's avonds naar huis rijdt, aan welke mail denk je? Juist! Die ene negatieve boodschap blijft in je hoofd malen. Misschien slaap je er zelfs slecht van. Mochten wij robots zijn, dan zouden we daar anders op reageren. Dan zouden we zeggen: 'Vandaag was een TOP-dag, 99 procent van de boodschappen was neutraal tot heel positief, slechts 1 procent was negatief.' Wij zijn echter mensen en hechten veel meer belang aan die ene negatieve boodschap.

Om de ultieme convenience voor medewerkers te creëren, is het noodzakelijk om de systemen voor de 95 procent te bouwen. Maak het makkelijk voor mensen. Zadel ze niet op met vervelende en omslachtige interne procedures om eenvoudige zaken geregeld te krijgen. Door de ultieme convenience is er immers meer tijd en energie om het verschil te maken voor klanten en collega's.
Het is een heel interessante mentale oefening om elke dag te blijven focussen op de positieve medewerkers en gebeurtenissen. Dat helpt gewoon om het leven van medewerkers (en jezelf) een pak gemakkelijker te maken.

Werken van thuis versus werken op kantoor

Heel veel organisaties hebben tijdens de COVID-19-lockdown een boost in het vertrouwen in hun medewerkers gekregen. Plots werkten heel veel mensen van thuis uit en dat bleek beter te gaan dan gedacht. Een manager van een groot contactcenter zei me in die periode: 'Steven, wij hadden één groot contactcenter met vijfhonderd medewerkers in ons bedrijf. Wel, vandaag hebben wij vijfhonderd heel kleine contactcenters. Iedereen zit thuis. Ik was tégen thuiswerk voor onze medewerkers uit het contactcenter. Nu moet ik vaststellen dat de klanten uitstekend geholpen worden, zelfs al hebben we vandaag meer binnenkomende vragen dan ooit. Het blijkt dat de mensen hun werk goed doen. We zien zelfs dat onze mensen meer relaxed en tevreden zijn. Hun *work-life balance* is beter in orde. Kortom, ik was een grote tegenstander van thuiswerk, maar nu stel ik vast dat het heel goed kan werken.'
Vóór de coronalockdown wou deze manager zijn teams niet van thuis uit laten werken. Hij had schrik voor de 5 procent medewerkers die hun job niet meer goed zouden doen. Nu wordt hij met zijn neus op de positieve impact van de 95 procent gedrukt.

Frank Plehiers is de manager van het contactcenter van ING. Ook zijn contactcenter is op enkele dagen tijd volledig omgeschakeld naar *remote*-werk, toen de lockdown startte. Na de lockdown is het center nooit meer naar de vorige situatie teruggekeerd. Na de crisis bleven medewerkers gemiddeld twee dagen per week van thuis uit werken. Ze mogen zelf kiezen om welke dagen het gaat, zodat ze dit zo goed mogelijk op hun privéagenda kunnen afstemmen. De andere dagen komen ze nog naar kantoor, om het groepsgevoel en de interactie met collega's te versterken.
Het is mooi om te zien hoe een crisis het vertrouwen in de eigen medewerkers een boost gaf. Plots kregen velen de 95 procent in het oog.

GE: een cultuur van vereenvoudiging

General Electric (GE) is opgericht in 1892. Het bedrijf heeft al verschillende transformaties meegemaakt in zijn bestaan. Vandaag handelt het in technologie, elektronica en professionele diensten. Volgens de Forbes Global 2000 staat GE in de lijst van de honderd grootste bedrijven ter wereld. Het heeft vandaag ongeveer 280.000 mensen in dienst. Het hoofdkantoor bevindt zich in Fairfield, in de staat Connecticut in de Verenigde Staten.[73]
De voorbije jaren heeft GE sterk ingezet op het eenvoudiger maken van de interne processen. GE maakt complexe en innovatieve producten, maar klanten en medewerkers vonden steeds meer dat de samenwerkingen stroever en trager verliepen. Dus maakte Jeff Immelt, de toenmalige CEO van GE, in 2014 die 'eenvoud' onderdeel van de strategie.
In een eerste stap vroeg de CEO aan het management om zo veel mogelijk lagen in de hiërarchie te verwijderen. De lijnen moesten korter gemaakt worden.
Daarna keken ze heel kritisch naar het aantal *approvals* dat nodig was om een bepaald type beslissing te nemen. Zodra een beslissingstraject overlap of te veel lagen kende, werden die vakkundig verwijderd. Daarnaast werd er stevig geïnvesteerd in nieuwe digitale *workforce*-tools, om de samenwerking en de snelheid van werken te bevorderen.
Een tweede stap om het leven van medewerkers meer *convenient* te maken, was het Fast Works-project. Dat draait rond het verhogen van de focus op de noden van de klant. Door die noden van de klant beter te begrijpen, werd het gemakkelijker om prioriteiten te stellen. Die stap moest leiden tot een 'cultuur van vereenvoudiging en grotere focus'. Vroeger werd wel eens gezegd: *'Do more with less.'* Vandaag is het motto: *'Do fewer things better.'*
Als een bedrijf het leven voor medewerkers wil vereenvoudigen, dan zijn technologische tools een middel, maar niet de oplossing. Een veranderende mindset, waarbij er vertrouwen is in medewerkers en waarbij het leiderschapsteam aangeeft dat het oké is om minder projecten tegelijk te doen, is een belangrijke factor op weg naar meer convenience voor je medewerkers.

Partner in life and career

Een *partner-in-life*-strategie begrijpt de zorgen, dromen, angsten en ambities die mensen hebben voor hun eigen leven. Daarbij draait het niet om het bedrijf, maar om de mens achter de medewerker. Empathie voor zijn bezorgdheden en dromen is een basisnood om de juiste stappen te kunnen zetten.
In de relatie met medewerkers gaat het natuurlijk niet enkel over een *partner in life*, maar ook over een partner in de carrière van de medewerkers zijn. Gebaseerd op research van PwC en Deloitte heb ik vier elementen beschreven die belangrijk zijn om een *partner in life* én *career* te worden voor de medewerkers van je bedrijf.

Betekenisvol werk

Een van de mooiste anekdotes omtrent betekenisvol werken werd opgetekend tijdens de *space race* tussen de Verenigde Staten en Rusland. Toen president John F. Kennedy tijdens een bezoek aan NASA een man de gang zag poetsen, ging hij erop af en vroeg hij hem: 'Wat is je baan hier bij NASA?' Met een trotse blik zei die man: *'Mister President, it is my job to help put a man on the moon.'* Mooier wordt het niet, toch?
Ik heb zelf het genoegen gehad om al enkele keren de fabriek van SpaceX te mogen bezoeken in Los Angeles. Daar krijg je exact hetzelfde gevoel. Al die medewerkers lopen er rond met Colonize Mars-T-shirts aan. Iedereen, van de poetshulp tot het hoofd van engineering, heeft het gevoel mee te werken aan een uniek project. Zij zijn ervan overtuigd dat ze binnen afzienbare tijd een mens zullen laten rondlopen op Mars. Elke keer er een SpaceX-raketlancering plaatsvindt, kijken duizenden SpaceX-medewerkers op een groot scherm in het midden van de productiehal naar die lancering. Meestal zorgt dat voor euforie en gejuich, maar als er hoogst uitzonderlijk een raket ontploft, krijg je een ijzige stilte.

Bij deze twee voorbeelden gaat het natuurlijk om unieke doelstellingen, maar dezelfde filosofie is bruikbaar in elk bedrijf. Retailer Decathlon wil sporten voor iedereen toegankelijk en haalbaar maken. Wel, dat is iets

waar je als medewerker, gaande van verkoper in de winkel tot manager in het hoofdkantoor, je schouders onder wilt zetten, zeker als je voelt dat die doelstelling oprecht is.
In 2011 schreef Daniel Pink zijn bestseller *Drive*, waaruit bleek dat als je mensen autonomie, meesterschap en betekenis kunt aanbieden in hun job, ze gelukkig worden van hun werk. Zijn onderzoek is meer dan tien jaar oud, maar de basisprincipes zijn in die tijd niet veranderd.

Continu bijleren

Telenor is een van de grootste telecomspelers ter wereld. Zijn hoofdzetel bevindt zich in Noorwegen. Het bedrijf is actief in Scandinavië, Oost-Europa en Zuidoost-Azië. Zijn hr-team nodigde mij uit om een lezing te geven voor hun top 400-medewerkers.
Een van de grote uitdagingen van het bedrijf is het juiste talent vinden voor de uitdagingen waar het in de telecomindustrie voor staat. Meer dan ooit heeft die sector nood aan technologische profielen; mensen die sterk zijn in AI, data-analyse en programmeren. Telenor had deze mensen echter niet in dienst.
Enkele jaren geleden startte het daarom met een grootschalig omscholingsprogramma. Het werkte samen met online trainingsinstituten Udacity en Coursera, om hun mensen om te scholen. Medewerkers met een administratieve achtergrond konden cursussen volgen om zich om te scholen tot *data scientist*. Extern is dergelijk talent niet altijd beschikbaar voor een bedrijf als Telenor, maar door zijn medewerkers om te scholen sloeg het bedrijf een dubbele slag: het talent werd binnenshuis beschikbaar én zijn medewerkers waren enthousiast over hun omscholing.

coursera UDACITY

Heel veel mensen zien hun job als een onderdeel van een levenslang leertraject. Door tijdens de loopbaan bij te leren, blijven ze hun profiel interessant houden op de arbeidsmarkt. Medewerkers onder de 35 zien het continu bijleren als de belangrijkste driver in hun keuze voor een werkgever.[74]
Bedrijven die in opleidingen voor hun medewerkers investeren, behalen daar ook resultaten mee. Ondernemingen met een stevige leercultuur hebben 92 procent meer kans om innovatieve producten op de markt te brengen, zijn 52 procent productiever dan andere, hebben 56 procent meer kans om als eerste met producten of diensten op de markt te komen en zijn 17 procent winstgevender dan hun tegenpartijen in de markt.[75]

Wellbeing

Ann De Bisschop schreef een schitterend boek, *Wellbeing = winst*,[76] over dit onderwerp. In haar boek bewijst ze dat bedrijven die in het welzijn van hun medewerkers investeren op alle vlakken betere resultaten boeken. Ze werkt daarbij met de definitie van Karen Danna en Ricky Griffin, die de literatuur over en het onderzoek naar *wellbeing* in de werkomgeving in kaart hebben gebracht: welzijn op het werk is het resultaat van tevredenheid op en over het werk gecombineerd met lichamelijke en psychologische gezondheid. Een studie van LinkedIn toont bovendien aan dat 49 procent van de medewerkers voordelen gelinkt aan gezondheid en welzijn verkiest boven elk ander voordeel.[77]

In de Verenigde Staten is de aanwezigheid van kwaliteitsvolle gezondheidszorg via de werkgever een essentieel onderdeel in het keuzeproces voor de juiste werkgever. Walmart is de grootste werkgever van de Verenigde Staten. In de VS alleen heeft de supermarktketen meer dan 1,6 miljoen medewerkers.
Walmart rekent niet op zorgverzekeraars, maar werkt rechtstreeks samen met gezondheidscentra, om de beste gezondheidszorg te kunnen aanbieden aan zijn medewerkers. Walmart heeft daarvoor een center of excellence opgericht. De supermarktketen focust daarbij vooral op medewerkers met ernstige aandoeningen, zoals hartproblemen, overgewicht, orgaantransplantaties of kankerbehandelingen. Het bedrijf covert in de meeste gevallen 100 procent van de medische kosten.
Op een bepaald moment zocht een van hun medewerkers naar de oorzaak van een chronische nekpijn.[78] De pijn werd erger en een lokale chirurg suggereerde een rugoperatie om het probleem op te lossen. Walmart beval zijn medewerker aan om met een medische expert in een andere staat te spreken. Dankzij het Walmartplan vloog de man samen met zijn echtgenote naar een toparts in een andere staat. Die consultatie toonde de echte oorzaak van zijn symptomen. De man had de ziekte van Parkinson. Met de juiste diagnose in de hand kon de man behandeld worden en werd een gevaarlijke en zinloze rugoperatie vermeden. Walmart betaalde heel de medische reis, maar bespaarde uiteindelijk dertigduizend Amerikaanse dollar, omdat de medewerker veel sneller weer aan het werk was. Deze case is geen uitzonderlijk verhaal binnen Walmart. Anderzijds werkt slechts 6 procent van de Amerikaanse bedrijven rechtstreeks met medische experts, waardoor deze aanpak echt differentiërend werkt voor Walmart, naar zijn medewerkers toe.[79]
Volgens een artikel in *Harvard Business Review*[80] spenderen patiënten met het Walmart-programma 14 procent minder tijd in het ziekenhuis en komen ze 20 procent sneller naar het werk terug, dan medewerkers die niet over een vergelijkbaar plan beschikken bij hun werkgever.

Apple gaat nog een stap verder in het zorgen voor de gezondheid van zijn medewerkers. Sinds 2019 biedt Apple hun de kans om gratis hun DNA te laten controleren op de aanwezigheid van bepaalde erfelijke ziektes.[81] Met die resultaten kan er een gepersonaliseerde aanpak voorgesteld worden, om de gezondheid van die medewerker zo lang mogelijk stabiel te houden.

Continue feedback

Onderzoeker Josh Bersin stelt vast dat 70 procent van de multinationals niet langer jaarlijkse evaluatiemeetings organiseert, maar is overgeschakeld naar een systeem van continue conversaties, om de performantie en de toekomst van een carrière te bepalen.[82]
De klassieke evaluatieprocedure beoordeelt vooral het gedrag uit het verleden en beloont of straft mensen via een financiële compensatie. Als partner in het leven en de carrière van medewerkers is het cruciaal om een continue conversatie met de medewerker te voeren, over de langetermijnplannen.
Dean Carter is sinds 2015 hr-directeur bij Patagonia. Toen hij bij het Californische bedrijf aankwam, was hij heel verrast. Patagonia had en heeft een fantastisch imago in de maatschappij, maar de manier van feedback geven aan medewerkers was er nog heel klassiek. Het bedrijf werkte met een jaarlijkse evaluatieprocedure, en net dat wou Dean zo snel mogelijk veranderen.
Op korte termijn werd het systeem met jaarlijkse evaluatie vervangen door een technologisch ondersteund systeem van continue evaluatie. Alle medewerkers werden aangemoedigd om op elk moment feedback aan collega's of managers te vragen.
In het begin gaf iedereen vooral positieve feedback aan elkaar: 'Je doet het schitterend!' Na een tijdje werd het: 'Je doet het vrij goed.' Uiteindelijk evolueerde dat naar: 'Je werkt goed op punt A, maar er is nog ruimte om beter te werken op domein B.' Medewerkers hadden even de tijd nodig om elkaar voldoende te vertrouwen, vooraleer ze open feedback aan elkaar durfden te geven, zowel naar onderen als naar boven in de organisatie.
Het feit dat mensen zelf om feedback vragen, is een van de succesfactoren van dit systeem. 'Wanneer je om feedback vraagt, ontstaat er een vertrouwensband. Eens bepaalde mensen dat beginnen te doen, stijgt het aantal vragen naar feedback exponentieel. Het is veel krachtiger om zelf om feedback te vragen, dan om die ongevraagd te krijgen', aldus Dean Carter.[83]

Saving the world, samen met de medewerkers

Steeds meer mensen verkiezen een werkgever met positieve, ethische en duurzame waarden. Heel vaak lees en hoor je hoe jongeren door waarden gedreven naar een geschikte werkgever zoeken. 64 procent van de jongeren zou geen job aanvaarden van een bedrijf zonder sociale en duurzame waarden en doelstellingen.[84]
Voor ondernemingen wordt het steeds belangrijker om met de mening van deze groep rekening te houden. Tegen 2025 zal 75 procent van de werkende bevolking uit millennials bestaan.[85] In de *war for talent* wordt met andere woorden het luik *'save the world'* een belangrijk criterium om het verschil te maken.
Toen ik in de eerste hoofdstukken van dit boek het Offer You Can't Refuse-model voor klanten besprak, was mijn advies om je bedrijf te benchmarken met je industrie en zo te bepalen hoever je moet gaan in het model, maar om je toch ook voor te bereiden op een evolutie waarbij klanten steeds meer zullen verwachten.
Naar medewerkers toe heb je hier geen keuze. Het *save-the-world*-gedeelte is voor deze interne doelgroep nog belangrijker. Het is bovendien een illusie dat alleen millennials belang hechten aan positieve waarden bij de keuze van een werkgever. Jongeren hechten er meer belang aan dan meer ervaren werknemers, maar ook bij de oudere groep speelt de *save-the-world*-filosofie almaar meer mee. 70 procent van de totale actieve bevolking verkiest een werkgever met een sterk klimaatbeleid. De helft van de mensen is zelfs bereid te werken voor een iets lager loon, als ze daardoor bij een werkgever met positieve waarden en maatschappelijke doelstellingen terechtkomen. Bij een op de drie jongeren is het gebrek aan maatschappelijke verantwoordelijkheidszin op dit moment zelfs een dealbreaker, bij de wat meer ervaren mensen is dat voor 17 procent onder hen het geval.[86]

Waarom kiezen medewerkers voor een bedrijf met een *'plan to save the world'*? Er spelen drie motivaties mee.
In de eerste plaats zorgt een *save-the-world*-strategie voor trots bij de medewerkers. Die trots ontstaat pas echt wanneer een bedrijf de norm van de maatschappij overstijgt. Een onderneming als Panera Bread bleef tijdens de grote coronalockdown nog steeds salades en belegde broodjes maken. Een groot deel daarvan verkocht het aan klanten via *home deliveries* en *street pick-ups*, maar het bedrijf maakte ook duizenden broodjes voor arme kinderen. Veel Amerikaanse kinderen uit armere gezinnen krijgen normaal gezien gratis eten op school. Toen de scholen wegens COVID-19 moesten sluiten, ontstond er dus nood aan gratis eten voor veel gezinnen. Panera Bread heeft zo tienduizenden broodjes geschonken aan kinderen die tijdens deze crisis honger leden, meer dan om het even welk ander voedingsbedrijf.

Dat soort activiteiten maakt medewerkers trots. De norm overstijgen maakt hen trots. En hoe meer de medewerkers bij de maatschappelijke projecten betrokken worden, hoe groter de impact.
Een tweede motivatie is de afgeleide conclusie van een *save-the-world*-strategie. Toekomstige medewerkers veronderstellen dat een bedrijf dat zorg draagt voor de maatschappij, ook heel positief zal omgaan met de eigen medewerkers.
Ten derde zorgen projecten met maatschappelijke meerwaarde voor een connectie met de persoonlijke waarden van de medewerker. Een positieve fit tussen persoonlijke waarden en de waarden van een bedrijf is een van de belangrijkste drivers voor intrinsieke motivatie.

Bij PPG is iedereen schilder

In januari 2020 maakte ik kennis met PPG, een van de grootste producenten van verf in de wereld. PPG is meer dan honderd jaar oud en blijft nog steeds groeien. Het bedrijf is niet alleen een grote producent van verf, maar wordt ook gezien als een innovatieve speler in deze markt.
Zo heeft het exclusief voor Mercedes krasvrije verf ontwikkeld. Door die verf kunnen er geen vervelende krassen meer ontstaan in de lak van een mooie auto. Verder werkt PPG aan intelligente verf. Een van hun markten is namelijk verf voor industriële toepassingen, zoals voor het verven van oliepijpleidingen. Die verf heeft niet zozeer visuele doelstellingen, maar beschermt eerder. De laag verf zorgt voor een extra beveiliging van de leidingen. Heel binnenkort zal de intelligente verf voor pijpleidingen zelf kunnen aanvoelen wanneer een nieuwe laag nodig is.
Het is immers mogelijk om minuscuul kleine sensoren in de verf te integreren, waardoor die zelf tot dergelijke conclusies kunnen komen.

Toen ik op het jaarlijkse *leadership*-congres van PPG in Miami mocht spreken, was ik enorm onder de indruk door hoe gedreven en innovatief dit bedrijf wel is.
Mijn lezing was gepland omstreeks vier uur in de namiddag, maar ik was uitgenodigd om aan te schuiven bij de lunch en zo al even kennis te

maken met een aantal mensen. Wanneer ik mag spreken op een *leadership*-event, ontmoet ik steevast heel fijne mensen. Daar hoor ik dan prachtige verhalen over innovatie. Elk *leadership*-event heeft een andere inhoud, maar op één vlak zijn ze bijna allemaal gelijk: de dresscode bij het mannelijke deel van het publiek. Op 99,9 procent van deze events zie je mannen met donkerblauwe broeken, blauwe of witte overhemden en een donkerkleurig jasje. Het is een soort ongeschreven wet die in de businesswereld bestaat.
Mijn verbazing was dan ook groot toen ik het terras waarop we mochten lunchen opstapte en daar honderden mensen zag zitten in vrolijk gekleurde T-shirts. Ik vond het eigenlijk wel een verfrissend uitzicht. Bij een tweede, meer nauwkeurige blik zag ik dat die T-shirts het logo van de PPG-community droegen. Wat was hier aan de hand?
's Ochtends had deze groep geen presentaties gekregen, maar waren ze samen scholen uit minder rijke buurten gaan schilderen. PPG zorgde voor de verf en zijn medewerkers klaarden de klus. Deze actie in Miami was bovendien geen losstaande teambuildingactiviteit, maar kaderde in de PPG-community-filosofie van dit bedrijf.
Via de PPG-community wil de verfproducent samen met zijn 47.000 medewerkers meer kleur en vrolijkheid in de maatschappij brengen. In elk van de zeventig landen waarin hij actief is, gaat de fabrikant op zoek naar gebouwen met een belangrijke rol in de maatschappij, maar waarvoor er onvoldoende budget is om ze in goede staat te houden. Geef toe: een pas geschilderd gebouw heeft een heel andere uitstraling dan een gebouw waar de schilfers van de muur vallen. PPG zorgt elke keer voor de verf en de medewerkers komen de gebouwen elke keer zelf schilderen.
Tussen 2015 en 2020 hebben ze zo 302 projecten uitgevoerd, in 41 landen. Daardoor konden meer dan 6,5 miljoen mensen genieten van een mooiere locatie voor hun maatschappelijke bijeenkomsten. Het gaat om studenten en leerkrachten in scholen, patiënten en dokters in ziekenhuizen, senioren en verplegend personeel in woonzorgcentra. In totaal hebben de PPG-medewerkers meer dan honderdduizend uren geschilderd, om die gebouwen weer mooi, fris en kleurrijk te krijgen.
Dit is een perfect voorbeeld van een *save-the-world*-project in een bedrijf. Er wordt een duidelijk maatschappelijk probleem opgelost, vanuit de eigen kracht en mogelijkheden. De toegevoegde waarde voor de maatschappij kan bovendien een-op-een gelinkt worden aan de *core* van het bedrijf. Door medewerkers te betrekken stijgen de betrokkenheid bij, de bekendheid van en de trots over dit project.

Adobe biedt medewerkers 'an offer they can't refuse'

Een goede bron om interessante werkgevers te vinden is Glassdoor. Dat is een website waarop huidige en voormalige medewerkers een werkgever anoniem kunnen beoordelen. Adobe, bekend van software als Photoshop en de uitvinder van het pdf-bestand, staat ondertussen al negen jaar op rij in de top van beste werkgevers in de Verenigde Staten. Al sinds de oprichting van het bedrijf in 1982 focust het sterk op zijn medewerkers. *'Our best asset at Adobe goes home every night'*, zeiden John Warnock en Charles Geschke, de twee oprichters, al van het begin af. Die cultuur houdt tot op vandaag stand.
Adobe is ervan overtuigd dat het enthousiasme en de drive van medewerkers allesbepalend zijn voor de tevredenheid en loyaliteit van klanten. Verder ziet de onderneming veel parallellen tussen wat klanten en medewerkers verlangen. Uiteraard zijn er belangrijke verschillen, maar er zijn ook veel gelijkenissen.
Daarom heeft Adobe beslist om een nieuwe afdeling op te richten, waarin het zowel klanten- als medewerkers-*experience* managet. In 99,9 procent van de bedrijven zijn de twee afdelingen die zich daarover ontfermen, opgesplitst, en rijden ze elk hun eigen parcours. Bij Adobe zitten ze samen in één team. Volgens het softwarebedrijf zou elke onderneming die sterk van *customer-facing*-medewerkers afhangt, deze afdelingen beter samenbrengen.
Een van de grote voordelen van de *customer-* en de *employee-experience*-afdelingen samenbrengen is dat medewerkers meteen over heel gebruiksvriendelijke digitale tools kunnen beschikken, die initieel voor klanten werden ontwikkeld.
In bedrijven waar klanten- en medewerkersteams opgesplitst zijn, wordt vaak met twee verschillende types interfaces gewerkt: iets voor de klant en iets anders voor medewerkers. De innovaties vinden met twee snelheden plaats. En vaak hebben de investeringen in de klant de bovenhand bij de opmaak van de budgetten en de prioriteitenlijst.
Bij Adobe willen ze dezelfde frictievrije omgeving bouwen voor hun medewerkers én klanten. Hun CIO, Cynthia Stoddard, ondersteunt deze filosofie:[87] 'Vanuit IT willen we een *enabler* zijn voor de business, geen *roadblock*. Wij moeten de technologie in de handen van de medewerkers geven, zodat ze zelf kunnen bepalen hoe ze met deze tools het meeste impact bereiken.'
Een van de jobs die daarvoor nodig zijn, is een *'employee experience technology partner'*. Het is een veelgevraagde job bij Adobe. Personen met dit functieprofiel streven ernaar medewerkers te helpen en hun de best mogelijke ervaring te geven bij het gebruik van technologie in hun professionele leven. Deze mensen moeten technologische fricties verwijderen en zo de ultieme convenience op de werkvloer garanderen.

Naast de ultieme convenience zet Adobe ook sterk in op de *partner in life and career*-filosofie. Het bedrijf doet tal van investeringen in de fysieke en mentale gezondheid van zijn medewerkers. Het betaalt fitnessabonnementen terug aan medewerkers, maar het kan ook in massages en voedingsadvies voorzien. Maar binnen de *partner-in-life*-gedachte focust Adobe vooral op het continu bijscholen van medewerkers.

Adobe hecht veel belang aan diversiteit en kansen geven aan iedereen in de maatschappij. Een van zijn sterke elementen inzake dit aspect van het model is de Adobe Digital Academy. Dit is een *reskilling*-programma, om mensen een andere richting in hun carrière te geven, maar de *academy* wordt vooral gebruikt om mensen met een niet-traditionele achtergrond toch te kunnen aanwerven en een mooie carrière te kunnen aanbieden.
Toen Archy Posada aan zijn laatste jaar in *high school* begon, had hij al een tiental vrienden zien sterven tijdens *gang*-oorlogen in zijn buurt. Zelf was hij op zijn achttiende dakloos. De jongen bleek echter talent voor muziek te hebben en door zijn doorzettingsvermogen slaagde hij erin om een professionele operazanger te worden.
Tijdens een trip naar Los Angeles sloeg het noodlot echter toe. Hij werd op straat neergeschoten en door zijn beperkte financiële middelen dreigde hij opnieuw dakloos te worden. Vandaag is Archy productmanager bij Adobe. Hij ontdekte de Adobe Digital Academy en schoolde zich om.

Adobe investeert in de ontwikkeling van zijn medewerkers al vóór ze in dienst zijn. Het bedrijf wil zijn *reskilling*-programma nu volledig open source maken, zodat ook andere bedrijven van zijn methodologie gebruik kunnen maken.
Dat brengt ons bij het laatste onderdeel van hun Offer You Can't Refuse-strategie: *save the world*. Adobe investeert in tal van klimaat-, gezondheids-, jongeren- en armoedebestrijdingsprojecten.

De beslissing over welke projecten er gesteund worden, wordt niet gemaakt door de top van het bedrijf. Elk jaar kunnen medewerkers projecten uit hun eigen gemeenschap voordragen. De volledige Adobe-community kan dan kiezen welke projecten weerhouden worden. In 2019 werd er op deze manier 3.840.000 Amerikaanse dollar in lokale projecten geïnvesteerd.
Op elk van de niveaus van het Offer You Can't Refuse-model werkt Adobe aan een duidelijke strategie, wat het bedrijf een mooie plaats oplevert in de lijst van meest aantrekkelijke werkgevers. De samensmelting van *customer* en *employee experience* is zonder twijfel een van de drivers achter zijn succes.

Employee experience gaat breder dan hr

Is *employee experience* de verantwoordelijkheid van hr?
Ja en nee.
Het is absoluut de verantwoordelijkheid van hr, maar niet alleen van hr. In customerservice heb je een boutade die zegt: 'Customerservice is geen afdeling, het is een mindset van het hele bedrijf.' Dit is volgens mij nog te weinig doorgetrokken naar *employee experience*. Het geluk en de tevredenheid van medewerkers mag niet als een van de projecten op de stapel van de hr-afdeling terechtkomen. Het is een verantwoordelijkheid voor het hele bedrijf. *Employee experience* zou onderdeel moeten uitmaken van de kernstrategie van elk bedrijf.

Naar medewerkers toe zie je steeds meer dezelfde fout gebeuren als in de marketing naar klanten toe: kortetermijnacties verkiezen boven impact op lange termijn. Bedrijven en merken die alleen op de korte termijn focussen, hebben af en toe een succesje, maar groeien nooit uit tot de merken waar iedereen van houdt.
Hetzelfde geldt voor medewerkers. In een artikel in *Harvard Business Review*[88] concludeert Jacob Morgan dat er miljoenen dollars geïnvesteerd worden in medewerkersprojecten die uiteindelijk nergens op uitdraaien. Vaak gaat het zo: op de board wordt opgemerkt dat de tevredenheidscijfers van medewerkers zijn gedaald. Dan vraagt men hr om daaraan te werken. Het hr-team komt met enkele leuke, maar vaak eenmalige ideeën en acties. Sommige ideeën halen het en worden uitgevoerd. Daarna stijgt de tevredenheid van de medewerkers een klein beetje, waarna die kleine opflakkering weer smelt als sneeuw voor de zon.

Langetermijneffect realiseer je alleen met een langetermijnvisie, waaruit voor elke medewerker blijkt dat de *employee experience* deel uitmaakt van de kernstrategie. Hr kan perfect verantwoordelijk zijn om de strategie mee te bepalen en die uit te rollen, maar zonder een team van senior leiders dat daar 200 procent achter staat, zal de uitgevoerde strategie nooit de gewenste impact hebben.

Elk bedrijf zegt dat het medewerkers belangrijk vindt en toch gaat een op de drie medewerkers daar niet mee akkoord.[89] Als het om *employee experience* gaat, kijken medewerkers veel meer naar de daden dan naar de woorden. Hoe gedraagt een bedrijf zich als het wat moeilijker gaat? Hoe gedraagt een bedrijf zich tegenover de verschillende groepen in de maatschappij? Hoeveel tijd wordt er op de jaarlijkse presentatie gespendeerd aan de *save-the-world*-problematiek? Niet de woorden, maar de daden zullen het oordeel van de medewerkers bepalen.

Employee experience zorgt voor een gegarandeerde return

How Investing in Employee Experience Affects Stock Price

Numbers are higher for the 15 experiential organizations—the top 6% analyzed—that invest most heavily in employees' cultural, technological, and physical work environments.

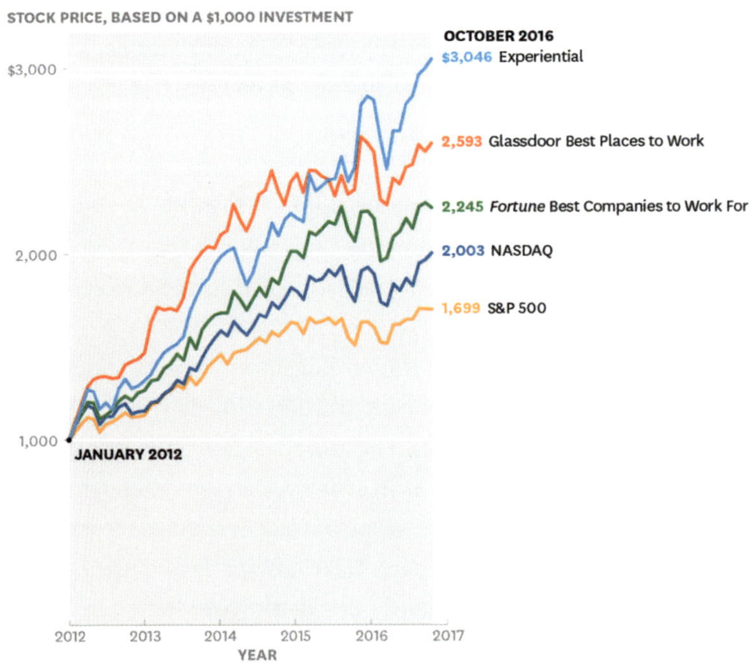

SOURCE *THE EMPLOYEE EXPERIENCE ADVANTAGE*, BY JACOB MORGAN (WILEY, 2017)

In zijn *Harvard Business Review*-artikel bestudeert Jacob Morgan de financiële return van investeringen in medewerkers.[90] Voor zijn onderzoek interviewde hij bedrijven waarvan hij wist dat ze uitzonderlijk veel investeren in alle aspecten van de *employee experience*. Hij noemde die groep de *'experiential'* groep.
Om objectief in kaart te brengen of die bedrijven op financieel vlak beter presteren dan andere, heeft hij zich gebaseerd op de evolutie van hun beurskoers tijdens de voorbije vijf jaar. Hij vergeleek zijn eigen onderzoeksgroep op dit vlak met de financiële presentaties van de bedrijven van Glassdoor's Best Places To Work, de Fortune Best Companies To Work For, de Nasdaq en de S&P 500.
De resultaten spreken voor zich. Hoe meer een onderneming een langetermijnvisie heeft omtrent *employee experience* en daar continu in investeert, hoe beter ze financieel presteert op de beurs.

Hoe begin ik aan het bouwen van een aanbod dat mijn medewerkers niet kunnen weigeren?

Bied jouw bedrijf je werknemers *'an offer they can't refuse'*?
Op welke dimensies van het model scoor je vandaag al goed en op welke minder? Misschien heb je binnen je bedrijf een prachtig *save-the-world*-project lopen, maar voel je nog steeds veel frustraties bij je medewerkers? Allicht heeft dat dan te maken met de onderkant van het model. Allicht is het niet *convenient* genoeg om in je bedrijf te werken.
Er bestaat een heel grote groep mensen die een werkgever kiest wegens de *save-the-world*-mindset, maar als de dagelijkse werking blijkt tegen te vallen, mist die strategie haar impact. Naar klanten toe zijn de verschillende stappen in het model al belangrijk, maar vanuit het standpunt van de medewerkers is het vandaag een absolute noodzaak om goed te scoren op elk aspect van het model. Je hebt geen keuze. Elke stap in het Offer You Can't Refuse-model bepaalt mee de tevredenheid, trots en loyaliteit van, net als de aantrekkingskracht voor je (toekomstige) medewerker.

Hoe begin je aan de evaluatie en verbetering van de *employee experience?*
Hier volgen enkele vragen die helpen om te kijken waar je stappen kunt zetten.

Ultieme convenience

- Waar bevinden zich *roadblocks*, die verhinderen om eenvoudige beslissingen of procedures snel te nemen of uit te voeren? Hoe kunnen we die verwijderen?
- Wat zijn digitale frustraties bij de interne werking van je bedrijf? Hoe kun je ervoor zorgen dat je technologie mee evolueert met de tools die je medewerkers in hun dagelijkse privéleven gebruiken?
- Kan je bedrijf hier dezelfde tactiek gebruiken als voor klanten? Kun je *friction hunters* aanstellen, om naar fricties te zoeken in de dagelijkse werking van je bedrijf en die daarna een voor een te verwijderen?
- Heb je regels die gemaakt zijn voor de 5 procent aan minder betrouwbare medewerkers, waarmee je het leven van de overige 95 procent aan correcte mensen moeilijk maakt?

Partner in life en carrière

- In welke mate voorziet je bedrijf in de mogelijkheid om een carrière zelf vorm te geven? Kunnen mensen hun eigen pad uitstippelen in samenwerking met een coach?
- Is er een continu opleidingstraject dat medewerkers helpt de carrière uit te bouwen die ze willen?
- In welke mate investeert je bedrijf in het welzijn van medewerkers? Is er een strategie om de fysieke en mentale gezondheid van medewerkers te verbeteren?
- Op welke manier geeft je bedrijf feedback? Is er een systeem waarbij medewerkers op een laagdrempelige manier en op om het even welk moment zelf om feedback kunnen vragen?
- Maakt je *employee-experience*-strategie deel uit van de kernstrategie van je bedrijf?

Save the world

- In welke mate gebruikt je bedrijf zijn sterktes om bij te dragen tot een betere maatschappij?
- Zijn het projecten met échte toegevoegde waarde of draait het meer rond marketing en imago? Het is belangrijk om daarover eerlijk te zijn tegenover jezelf. Medewerkers zien hier namelijk onmiddellijk door, nét als klanten.
- Zijn het projecten die coherent zijn met de *core* van en de talenten in je bedrijf? Dat is belangrijk om de continuïteit en geloofwaardigheid van deze projecten te verzekeren.
- Worden medewerkers betrokken bij het opbouwen van maatschappelijke meerwaarde?

DRIVEN BY LEADERSHIP

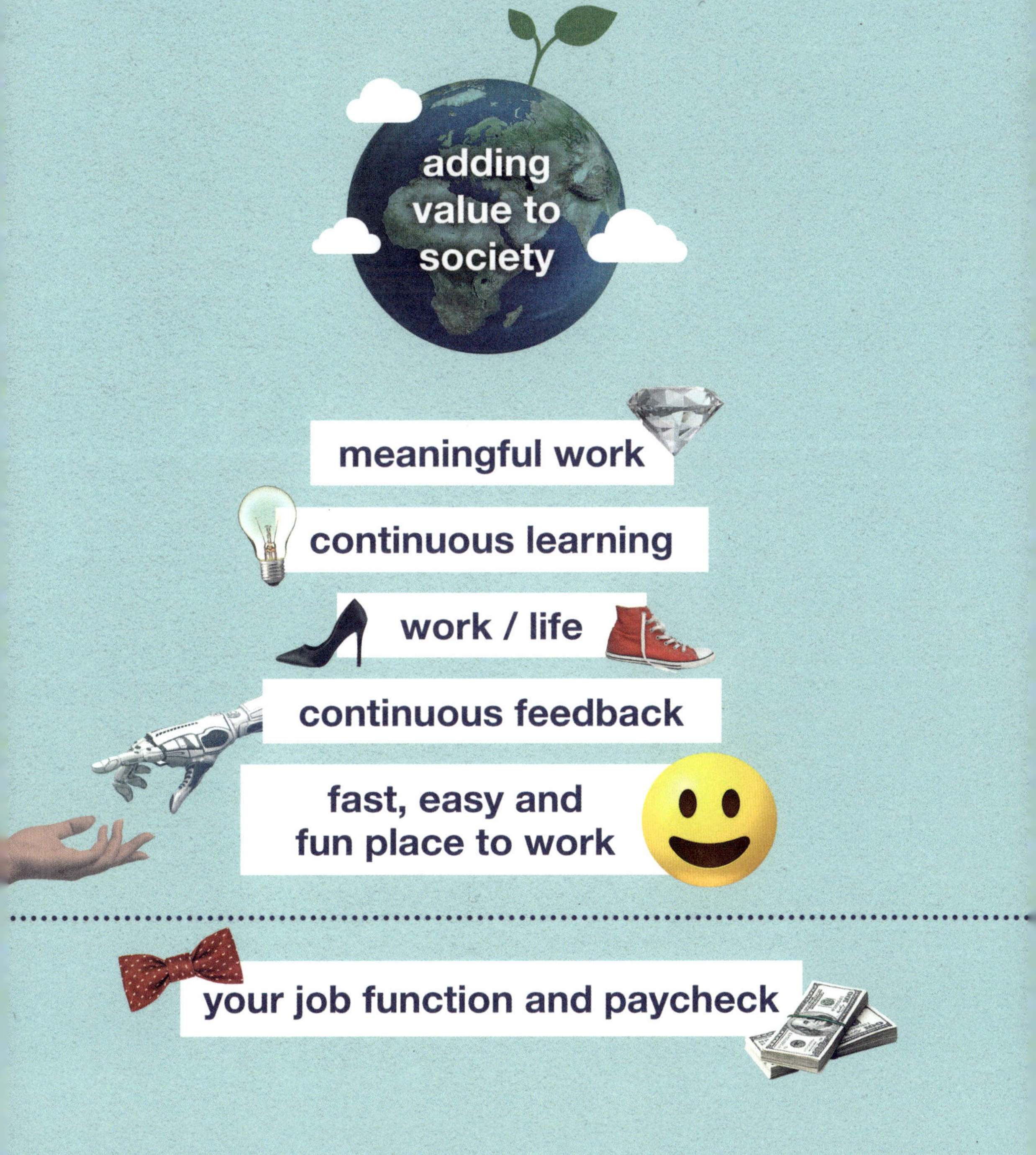

8

het zandloper model

een praktisch innovatiemodel

Bij het volgende hoofdstuk mag ik jullie voorstellen aan een gastauteur. Ik heb aan mijn goede vriend en medeoprichter van ons bedrijf nexxworks, Peter Hinssen, gevraagd om een hoofdstuk te schrijven in mijn nieuwe boek. Peter en ik werken al ruim acht jaar op een fantastische manier samen. Onze kennis en interesses vullen elkaar aan. Peter bekijkt de wereld door de bril van een technoloog en visionair strateeg; ik bekijk de wereld vanuit het standpunt van de marketeer en de klant. We zien dezelfde dingen, maar komen tot complementaire ideeën en inzichten voor ondernemingen.

In maart 2020 bracht Peter een nieuw boek op de markt, *The Phoenix and the Unicorn*. Het boek beschrijft hoe bedrijven, die al decennialang bestaan, zichzelf keer op keer kunnen heruitvinden, om zich aan te passen aan de nieuwe marktomstandigheden (the Phoenix). Het is een schitterend boek, waaraan ik met plezier één hoofdstuk heb bijgedragen.

Bij het implementeren van het Offer You Can't Refuse-model is er meer dan ooit nood aan meer innovatie. Bedrijven moeten innovaties en technologie inschakelen om de wereld gebruiksvriendelijker te maken, om klanten meer te ontzorgen en de wereld te verbeteren. In dit hoofdstuk deelt Peter een heel praktisch model om slimmer en impactvoller om te gaan met innovatie in jouw bedrijf.

Het Zandlopermodel - een praktische gids voor The Day After Tomorrow

Door Peter Hinssen, oprichter van nexxworks, serieondernemer, keynote speaker en auteur

> *Als we op lange termijn denken, kunnen we dingen voor elkaar krijgen die we anders niet zouden kunnen realiseren. Tijdshorizonten zijn belangrijk. Heel belangrijk.*
>
> **JEFF BEZOS**

De oorsprong van The Day After Tomorrow

Steven en ik kennen en inspireren elkaar al jaren. De aanzet tot het concept en het boek *The Day After Tomorrow* ontstond trouwens tijdens een masterclass in Barcelona die Steven had georganiseerd. Op de laatste avond wou ik namelijk een eenvoudige metafoor gebruiken, zodat de groep met een duidelijke laatste boodschap en opdracht naar huis kon gaan. Op dat moment herinnerde ik me een oud schema uit de tijd van mijn eerste job, als jonge ingenieur bij Alcatel, in die tijd een van 's werelds belangrijkste producenten van telecomapparatuur. Ik maakte deel uit van een team dat een video-on-demandsysteem moest ontwikkelen waarmee mensen thuis films zouden kunnen bekijken wanneer zij daar zin in hadden. Eigenlijk was het een ruw prototype van Netflix. De grootste uitdaging bij de ontwikkeling van dat systeem was dat alle films bestonden uit een aantal gecomprimeerde videobestanden die op een enorm grote harde schijf stonden. In die tijd was het heel lastig om veel gebruikers op hetzelfde moment toegang te geven tot hetzelfde bestand.

Dus als het om een razendpopulaire film ging, bijvoorbeeld de nieuwste Star Wars-film, dan kon slechts een beperkt aantal gebruikers simultaan dat gecomprimeerde videobestand bekijken. Als ingenieur kon je dan twee dingen doen. Je kon de 'klassieke' ingenieursmethode toepassen, dat wil zeggen dat je alle technologische trucjes en technieken uit de kast haalde om ervoor te zorgen dat de harde schijf meer streams aankon, zodat meer gebruikers dat bestand konden opvragen. Of je ging voor de 'andere', veel praktischere aanpak: je kopieerde de populairste filmbestanden. Zo had je verschillende exemplaren van Star Wars, die liefhebbers tegelijkertijd konden bekijken.

Een model gebaseerd op films

Ik hoef het vast niet te zeggen, maar natuurlijk kozen we voor de tweede aanpak. Dat betekende dat wij, de ingenieurs, hoorden te weten welke films heel populair waren, zodat we daar genoeg kopieën van konden voorzien. Uiteindelijk deelden we de films op in drie categorieën: 'kaskrakers', die iedereen wou zien en waarvan we veel kopieën nodig hadden, 'normale' films, die een gemiddelde populariteit genoten, en 'cultfilms', die slechts af en toe werden opgevraagd en zo'n beetje de longtail vormden van onze videobibliotheek.

Het schema dat we gebruikten, zag er ongeveer zo uit:

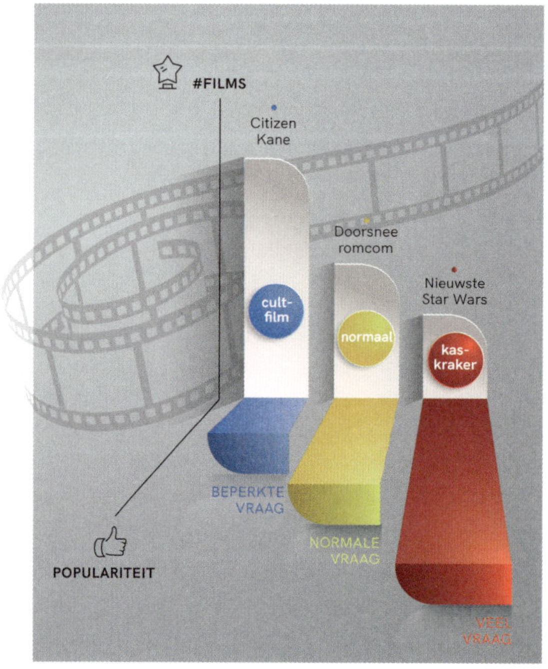

Ik hield van de eenvoud van het model, en je kon het zo makkelijk toelichten. Dus die avond in Barcelona besefte ik dat we het ook voor onze strategische horizonten konden gebruiken. Ik ging meteen aan de slag en de volgende ochtend introduceerde ik het in de workshop *The Day After Tomorrow*, en het idee sloeg meteen aan.

Drie horizonten

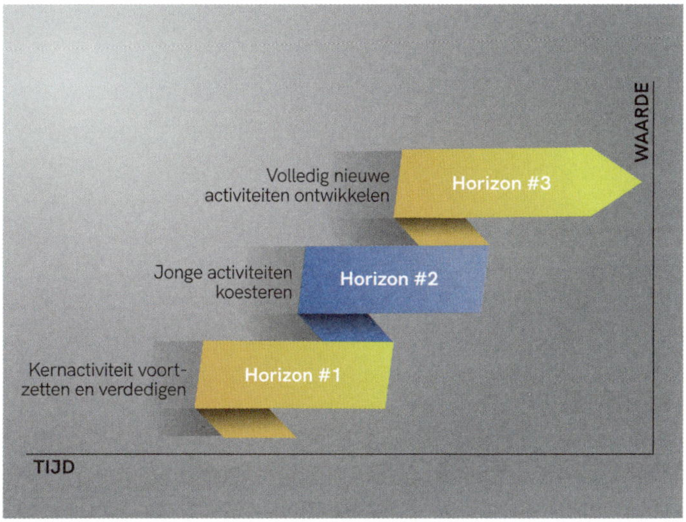

Een tijd later zei iemand me dat het Day After Tomorrow-model hem herinnerde aan McKinseys Three Horizons Framework. Tijdens het gedwongen sabbatjaar, tussen mijn eerste en mijn tweede start-up, had ik zelf een jaar lang bij McKinsey gewerkt, als ondernemer *in residence*. Het is dus goed mogelijk dat ik dat model ben tegengekomen toen ik daar werkte, maar mijn inspiratiebron was wat ik hierboven heb beschreven: die drie filmcategorieën.

Het Three Horizons Framework van McKinsey is een systeem om je strategisch plan in een schema te gieten, waarbij je waarde en tijd tegen elkaar afweegt. Het schema geeft drie duidelijke 'horizonten' aan.

De eerste horizon is het strategische kader dat een bedrijf gebruikt om zijn kernactiviteit voort te zetten en te verdedigen: het dagelijkse reilen en zeilen, de 'business as usual'.

De tweede horizon helpt je focussen op het stimuleren van opkomende activiteiten, vaak aansluitend op of redelijk verwant aan bestaande activiteiten.

De laatste horizon, de derde, is die waarbij je activiteiten ontwikkelt die volledig nieuw zijn voor het bedrijf. Het concept is dus hetzelfde als mijn Day After Tomorrow.

Dit model verscheen voor het eerst in het boek *The Alchemy of Growth*, uitgegeven in 1999 en geschreven door Stephen Coley, samen met Mehrdad Baghai en David White. Stephen is nu emeritus directeur van het kantoor van McKinsey in Chicago. In dat boek toonde hij aan dat bedrijven een heel gevaarlijk pad bewandelden: ze concentreerden zich te veel op de nabije toekomst. Het is ook logisch dat ze die neiging vertonen, omdat Horizon 1 de grootste winsten en de meeste cashflow genereert. Maar in tijden van verandering en onzekerheid mogen bedrijven zich niet blindstaren op het 'veiligstellen' van Horizon 1: ze moeten verder vooruitkijken. Het model van McKinsey laat leidinggevenden toe een evenwicht te vinden tussen aandacht voor en investeringen in de goed draaiende activiteiten van vandaag en toekomstige groeimogelijkheden.
Dus in essentie heeft dat model dezelfde inhoud als mijn Day After Tomorrow-model. Met andere woorden: hoeveel tijd, inspanningen, budget en middelen ben je bereid uit te trekken voor jouw 'vandaag' (Horizon 1), je 'morgen' (Horizon 2) en je *'day after tomorrow'* (Horizon 3)?

Voor mijn uiteindelijke Day After Tomorrow-model heb ik het oude model voor 'populaire films' aangepast en tijd op de x-as geplaatst, om de grenzen tussen vandaag, morgen en The Day After Tomorrow duidelijk af te bakenen. De belangrijkste troef van die drie categorieën (vandaag, morgen, The Day After Tomorrow) is dat ze je helpen inzien welke impact elke categorie heeft op de 'waardecreatie' voor een bedrijf. Inzetten op 'vandaag' is erg belangrijk om je huidige doelstellingen te realiseren. Het levert je je 'huidige waarde' op. 'Morgen' is belangrijk voor je 'toekomstige waarde', maar 'The Day After Tomorrow' is essentieel om de enorme 'waarde op lange termijn' te verwezenlijken die nieuwe technologieën, concepten of bedrijfsmodellen kunnen opleveren.

De meeste bedrijven zijn erg kortzichtig als ze naar de toekomst kijken. Vaak breien ze enkel een vervolg aan hun 'vandaag', in de hoop dat de situatie er morgen 'ongeveer' hetzelfde zal uitzien. Daarom vind ik de periode van de bedrijfsbegrotingen een heerlijke tijd: dat sadistische jaarlijkse ritueel dwingt tientallen werknemers fake news in spreadsheets te gieten, waaruit ze dan een verzonnen 'begroting' distilleren die bijna nooit met de werkelijkheid overeenstemt.
Maar de voorbije tijd heb ik een aantal bedrijven ontmoet die niet langer aan dat begrotingscircus meedoen. Ze beseften dat begrotingen alleen maar enorm veel middelen en energie kostten, terwijl ze nauwelijks iets opleverden. Ze waren slim genoeg om in te zien dat in een snel veranderende wereld, waarin technologie ervoor zorgt dat de veranderingen elkaar sneller opvolgen dan ooit, het concept van een jaarlijkse begroting elk jaar minder zinvol wordt.

Toen ik het Day After Tomorrow-model begon te gebruiken, leek dat mensen ertoe aan te zetten om voor het eerst na te denken over hoe zij naar de (verre) toekomst keken en hoe zij in hun strategische plannen rekening hielden met waardecreatie. Steven gebruikte trouwens dezelfde filosofie in zijn boek *Customers the Day After Tomorrow*.

Hoe ziet JOUW Day After Tomorrow eruit?

De allerbelangrijkste vraag is: 'Hoe zit het in jouw bedrijf met het evenwicht tussen vandaag, morgen en The Day After Tomorrow?'. In het ideale geval ziet de verdeling er zo uit: 70 procent vandaag, 20 procent morgen en 10 procent The Day After Tomorrow. Als bedrijven eerlijk zijn, zullen ze meestal moeten toegeven dat ze de meeste tijd besteden aan vandaag. Maar hoe zit het met jou? Als The Day After Tomorrow of morgen geen duidelijke plaats heeft in jouw bedrijf, wat ga je hier dan aan doen? Ik wil dat je ervoor gaat zitten (of staan of een rondje rennen of fietsen, wat voor jou het best werkt) en er eens echt grondig over nadenkt.

Stevens Offer You Can't Refuse-model kan volgens mij ook geëxtrapoleerd worden op dit Day After Tomorrow-model. Zijn eerste stap, 'kwaliteitsvolle producten, goede service tegen een goede prijs', is natuurlijk de vanzelfsprekendheid zelve. Maar de delen transactionele convenience, *partner in life* en *save the world* komen volgens mij goed overeen met *today, tomorrow* en de *day after tomorrow.*

Wie 'Vandaag' niet bezig is met digitaal gebruiksgemak, kan het wel schudden. Dat is overduidelijk. Het is absoluut noodzakelijk, maar tegelijkertijd ook een commodity, zoals Steven uitlegt. Een *partner in life* worden van klanten en hen helpen met hun dromen en ambities gaat dan weer een stap verder in de waardecurve: dit heeft zo een hoger Tomorrow-gehalte. En het *saving-the-world*-gedeelte stemt dan weer overeen met de Day After Tomorrow-aanpak. Net zoals bij het Day After Tomorrow-model stijgt de waarde voor klanten én bedrijven met iedere volgende stap in Stevens model. Zeg nu zelf: armoede de wereld uit helpen staat heel wat hoger op de waardeschaal dan kunnen shoppen zonder aan een kassa te hoeven aanschuiven.

Voor traditionele bedrijven (ik heb het uiteraard niet over bedrijven als Tony's Chocolonely, waarvoor die balans uiteraard volledig anders ligt), die vandaag nog grotendeels gefocust zijn op de creatie van excellente diensten en producten en hopelijk ook al bezig zijn met digitale convenience, kan de tijdsbesteding van het Day After Tomorrow-model misschien zelfs een handige indicator zijn. Spendeer 70 procent van je tijd, talent en budget aan het stroomlijnen van je producten en diensten, zeker ook door te focussen op transactionele convenience. 20 procent van je middelen kun je wijden aan emotionele convenience en het worden van een *partner in life* van klanten. En last but not least moeten bedrijven vandaag 10 procent van hun tijd, talent en budget besteden aan de creatie van maatschappelijke meerwaarde, voor en samen met hun klanten. Meerwaarde die op lange termijn enorme returns kan geven voor je klanten, voor je werknemers, voor de maatschappij én voor je inkomsten.

Volgens mij is het Day After Tomorrow-model zo populair, omdat het zo eenvoudig is. Maar toch bleven er veel mensen met grote vragen zitten. Velen van hen stapten na mijn keynote of tijdens een receptie op me af en stelden me dan vragen zoals: 'Hoe moet ik me het verschil tussen vandaag, morgen en The Day After Tomorrow voorstellen? Hoe moet ik die verschillende toekomsten organiseren? Ik begrijp het WAT, maar HOE bepaal ik mijn weg naar The Day After Tomorrow?'.
Je merkt het: het Day After Tomorrow-model zorgde ervoor dat mensen zich bewust werden van het probleem. Ze zagen in dat ze iets moesten doen, en dat vond ik prachtig. Maar achteraf gezien moest ik toegeven dat ik niet had verteld HOE je het moet aanpakken. En dat zat me echt dwars. Zo belandde het Zandlopermodel in mijn nieuwste boek, *The Phoenix and the Unicorn: waarom en hoe bedrijven moeten innoveren.*

Het zandlopermodel

> ***Ik lijk makkelijk stukjes toekomst te zien die net een tikkeltje te vroeg opduiken.***
> **WILLIAM GIBSON**

Het fantastische aan dit model is dat ik het aan een van de klanten van nexxworks te danken heb. Emile Piters is vicedirecteur IT voor EMEA bij Medtronic, 's werelds grootste producent van medische apparatuur. Wereldwijd verbetert het bedrijf elke seconde het leven van twee patiënten. Je hebt er vast wel al van gehoord: het is het grootste medische techbedrijf op onze planeet. Het werd in 1949 opgericht in Minneapolis en ontwikkelde de eerste pacemaker die op een batterij werkte. Vóór die technologie er was, konden hartpatiënten al met elektrische stimulatie geholpen worden, maar ze moesten constant op het elektriciteitsnetwerk aangesloten zijn. Tijdens een enorme stroompanne in 1957 viel in grote delen van Minnesota en Wisconsin de elektriciteit uit, waardoor verschillende hartpatiënten stierven. Dat zette

Earl Bakken, de oprichter van Medtronic, ertoe aan de eerste draagbare, op een batterij werkende en van een transistor voorziene pacemaker te ontwikkelen. In de loop der jaren is het bedrijf gigantisch gegroeid en kijkt het constant uit naar de juiste Day After Tomorrow-strategie. Vooral in de snel veranderende wereld van de gezondheidszorg – waar big data, sensoren en smartphones voor ware schokgolven zorgen – kan het bedrijf het zich niet veroorloven zijn horizon te beperken tot 'morgen'. Het beste voorbeeld van hoe Medtronic zijn markt transformeert is de Micra, de kleinste pacemaker ooit. Deze heeft de traditionele technologie een oplawaai gegeven doordat hij geen geleidingsdraden meer gebruikt.

Na de verschijning van *Digitaal is het Nieuwe Normaal* zijn Emile en ik vrienden geworden. We wisselen sindsdien geregeld ideeën uit over de nieuwste evoluties in de gezondheidszorg. Toen hij het Day After Tomorrow-concept in zijn eigen bedrijf begon toe te passen, bestond de eerste uitdaging erin de middelen voor IT correct te verdelen over de drie categorieën van het model. Een groot deel van Emiles team hield zich bezig met de legacy systems (gedateerde, maar nog steeds gebruikte IT), de implementatie van grootschalige IT-systemen zoals SAP om het bedrijf te laten draaien. Een bedrijf als Medtronic, met een jaaromzet van meer dan 30 miljard dollar, moet ervoor zorgen dat zijn systemen met de precisie van een Zwitsers horloge werken. Dus ging het grootste deel van het budget, en de mensen, naar 'vandaag', en ging er veel tijd naar het opruimen van de SOY (Shit of Yesterday). En wanneer ze *wel* aan 'morgen' dachten, deden ze meestal niet veel meer dan een verlengstuk breien aan de bestaande strategieën.
Maar Emile besefte dat de wereld van de gezondheidszorg aan de vooravond stond van een aantal erg disruptieve veranderingen, en zou evolueren naar een uiterst gepersonaliseerde vorm van geneeskunde. De markt van de pacemakers zou veranderen van een sector die bepaald werd door elektronica in een sector waarin data en digitale platforms heel belangrijk zijn. Stap voor stap stemde Emile de twee delen van zijn strategische structuur (de bestaande en de nieuwe, opkomende activiteiten) beter op elkaar af. Hij begon meer aandacht, geld en middelen vrij te maken voor The Day After Tomorrow.
De metafoor die daar langzaam maar zeker uit voortvloeide, was die van de zandloper. Ik weet niet hoe lang het geleden is dat je nog een zandloper hebt vastgehouden, maar we weten allemaal dat een zandloper twee delen heeft. De BOVENKANT van de zandloper is de helft vanwaar het zand korreltje per korreltje naar beneden stroomt, doorheen het middenstuk, zodat de ONDERKANT langzaam volloopt. Als we dit model op het strategisch denkproces toepassen, dan bestaat de BOVENKANT uit SENSE en TRY, aanvoelen en proberen.

Sense

In het Zandlopermodel staat SENSE voor het aanvoelen. Het is onze radar voor alles wat nieuw en interessant is: nieuwe ideeën, technologieën, modellen, concepten, ontwikkelingen, noem maar op. Met andere woorden, het is een manier 'om stukjes toekomst te herkennen die net een tikkeltje te vroeg zijn opgedoken', om William Gibson te citeren.

Wij leven in een Never Normal-tijdperk: een tijdperk waarin de dingen nooit normaal zijn, een periode waarin omstandigheden sneller veranderen dan ooit tevoren. Dat tempo wordt nog versneld door de niet-lineaire dynamiek van het netwerk en een reeks nieuwigheden die elkaar continu versterken. Om bij te blijven hebben we een betere radar nodig, een radar met een breder gezichtsveld, en een detectienetwerk dat dieper gaat en meer aanvoelt. We moeten allemaal alerter zijn, zodat we de signalen sneller opvangen – hoe zwak ze ook zijn – en we moeten onze voelsprieten blijven ontwikkelen en aanscherpen, om aan te voelen wat de volgende nieuwigheden zullen zijn. In Star Trek was Enterprise uitgerust met een *long-range sensor scan*, waarmee het ruimteschepen kon opsporen voordat die op de monitors zichtbaar werden. Dat is een techniek die bedrijven zichzelf moeten aanleren en ontwikkelen. Als je up-to-date wilt blijven, kun je je niet langer beperken tot het bijwonen van de jaarlijkse conferentie in je vakgebied. Je moet op zoek gaan naar evoluties buiten je normale gezichtsveld, begrijpen wat er in de omgeving gebeurt, ontwikkelingen in andere sectoren opvolgen en heel erg openstaan voor opportuniteiten en serendipiteit. Niet toevallig had Steven het in zijn *partner-in-life*-strategie ook over het belang van de verschuivende focus van de core naar het blenden van industrieën en van individuele bedrijven naar netwerken.

Try

Het tweede compartiment in de bovenste helft van de zandloper is EXPERIMENTEREN. Eens je in het Sense-gedeelte hebt vastgesteld welke ingrediënten tot verandering kunnen leiden, moet je daarmee aan de slag. Creëer een omgeving waarin je ideeën vlug en veilig kunt testen en experimenteer ermee. Bij start-ups is dat de natuurlijke werkwijze: ze zijn er ingebakken. Start-ups zijn goed in de ontwikkeling van *lean*-methodes om te experimenteren. Ze maken Minimum Viable Products en testen die bij gebruikers. Zo meteen zien we hoe.

De *lean*-methode werd ontwikkeld door Eric Ries, een jonge ingenieur uit Silicon Valley die aan den lijve ondervond dat start-ups door hun beperkte budget noodgedwongen op een bepaalde manier werken. Start-ups werken van nature met *lean*-ontwikkelingsmethodes: ze testen verschillende versies van een product bij gebruikers om al in een vroeg stadium feedback te krijgen. Ze leren daaruit, itereren zo snel mogelijk en verbeteren zo hun product. De reden waarom start-ups zo werken? Ze hebben geen keus. Ze voeren constant een race tegen de tijd. Altijd ligt de angst op de loer dat het geld op zal zijn voor er een duurzame omzet is.
Grote bedrijven hebben die luxe wel, helaas. Waarom zeg ik helaas? Omdat het trieste resultaat is dat, als zij iets ontwikkelen, dat vaak te laat komt. Of ze slaan de bal zelfs volledig mis.
Toen Ries in de durfkapitaalsector ging werken, adviseerde hij een massa start-ups. Hij besloot zijn bevindingen neer te pennen. Dat boek, *The Lean Startup*, werd een echte bestseller, en zijn ideeën vonden op veel plaatsen ingang, niet alleen bij start-ups maar ook bij veel traditionele bedrijven. Het belangrijkste element van het betoog van Ries is hoe je de feedbacklus kunt versnellen.
Wanneer start-ups een product ontwikkelen, maken ze een MVP, een Minimum Viable Product. Het verschil tussen een 'normaal' product en een MVP is dat een MVP maar net 'goed genoeg' is om getest te kunnen worden.
Uiteindelijk hoop je natuurlijk een Viable Product te maken, een product dat levensvatbaar is. Waarschijnlijk zijn bedrijven met veel meer geld dan jij daar al mee bezig. Een

Minimum Product is een ondermaats presterende – misschien zelfs een rotslechte – versie van het concept dat je wil testen. Sterker nog: het is zo slecht dat niemand het zou willen gebruiken. Als je een Viable Product en een Minimum Product met elkaar combineert, krijg je een Minimum Viable Product, de best mogelijke versie die je kunt maken om ze door vroege gebruikers te laten testen. Die tests leveren waardevolle input voor de volgende iteratie.

Volgens Ries is het een vrij eenvoudige cyclus: maken, meten, leren en opnieuw beginnen. Als je je MVP hebt, lanceer je dat en verzamel je zoveel mogelijk feedback van de gebruikers. Je analyseert hun bevindingen en trekt daar lessen uit. Zo ontdek je wat je moet doen om op heel korte termijn de volgende versie van je product te ontwikkelen. En dan begin je weer opnieuw.

Pas nadat je dat proces van de *lean* start-up een paar keer herhaald hebt, kun je je dienst of product echt beginnen ontwikkelen. Sinds Ries hem omschreef, raakt deze aanpak wijd verspreid, zowel bij gevestigde bedrijven als bij start-ups. Ries' methode wordt vaak gecombineerd met Design Thinking, want deze methode helpt om klanten beter te begrijpen en van dienst te zijn. De methode helpt zo om de eerste vereisten te bepalen waaraan het MVP moet voldoen.

Uit het TRY-compartiment van de zandloper kan een bijzonder efficiënt systeem ontstaan, om op een *lean* manier te experimenteren. Met technieken die ontleend zijn aan start-ups kunnen bedrijven een testafdeling opzetten en zoeken naar wat werkt, om dat vervolgens aan te passen en de volgende stappen te zetten.

Scale & Run

En zo komen we bij de onderste helft van de zandloper. Dat is de plek voor SCALE en RUN, opschalen en uitvoeren. Het is niet moeilijk te begrijpen dat dit onderdeel het best ontwikkeld is bij succesvolle, traditionele bedrijven. Dit is de plek waar de concepten, ideeën en projecten de vernauwing tussen de bovenste en de onderste helft van de zandloper gepasseerd zijn. Het is de plek waar bedrijven beslissen wat echt de moeite loont en waar ze in willen investeren. Wanneer een concept, project of idee door het smalle stuk heen is gekomen, en je gelooft dat het een succes kan worden, moet je het zo vlug mogelijk OPSCHALEN doorheen de hele onderneming. Nadien is het cruciaal dat je alles zo vlot, efficiënt en betrouwbaar mogelijk UITVOERT.
Je zou ervoor kunnen kiezen het Zandlopermodel enkel op de IT-afdeling toe te passen, maar sommige bedrijven hebben wellicht zin om het Zandlopermodel toe te passen op hun volledige strategie.

Leiders worden losers

Toen Google in oktober 2015 zichzelf op een nieuwe naam trakteerde, Alphabet, leek dat een vreemde zet voor een bedrijf dat zo ongelofelijk snel de markt van de zoekmachines had veroverd. Maar Google was niet de eerste speler die zich op die markt had gewaagd. Het is redelijk makkelijk om een markt te veroveren als die nieuw is en als je de eerste bent. Maar op de markt van de zoekmachines draaiden bedrijven zoals Yahoo en Altavista al een hele tijd mee. Toch walste Google in een mum van tijd over hen heen.
Maar dat was het verleden. Google wist dat het waakzaam moest blijven om niet in dezelfde val te trappen als Kodak of Xerox en misschien zelfs General Motors of General Electric: leiders die ooit waren uitgegroeid tot het symbool van hun markt, maar die ten onder gingen omdat ze er niet in waren geslaagd zichzelf opnieuw uit te vinden. Naarmate Google groeide, werd het duidelijk dat het niet makkelijk zou zijn om de kernactiviteiten te blijven innoveren. Het was doodsbang dat het hetzelfde lot zou ondergaan als zijn oude concurrenten: overbodig worden.

Alphabet bleek veel meer te zijn dan alleen een kosmetische naamsverandering. Het was een uitgekiende oefening in strategische planning. De delen van het bedrijf die hard groeiden en veel winst opleverden (onder andere de zoekmachine, YouTube en Android) werden ondergebracht in de kern van Alphabet: dat zijn de pijlers waar het leeuwendeel van de inkomsten, de cashflow en de winst vandaan moet komen. Even een voorbeeldje: in 2017 haalde Alphabet nog altijd 86 procent van zijn inkomsten uit de reclameopbrengsten van zijn zoekmachine.

Maar naast die kern heeft Alphabet ook verschillende gokjes gewaagd. We denken hierbij aan Nest, dat zich specialiseert in automatisering in huizen, Verily, toegespitst op technologie en research voor de gezondheidszorg, en Waymo, dat zich bezighoudt met zelfrijdende auto's.

En dan is er nog het beroemde Google X-lab, de bekendste 'gokfabriek' van Alphabet. Als je dit vanuit het Zandlopermodel bekijkt, zie je dat er onder de 'experimenten' van Alphabet enkele gewaagde concepten zitten, zoals geconnecteerde contactlenzen en zelfrijdende auto's. Alphabet besefte dat deze experimenten het nooit zouden overleven als het die in de kernactiviteit zou uittesten.

Van nul naar één & van één naar N

In zijn briljante boek *Zero to One* geeft de Amerikaanse entrepreneur Peter Thiel ongetwijfeld een van de meest beklijvende beschrijvingen van de wereld van de start-ups. Samen met Elon Musk richtte hij PayPal op. Hij is een van de invloedrijkste investeerders in Silicon Valley. Zijn ervaring in het leiden van en investeren in start-ups deelde hij tijdens zijn lessen in Stanford. Dit lesmateriaal verwerkte hij uiteindelijk in *Zero to One*. In het boek stelt hij dat uit niets iets maken – van nul naar één – de kern is van een start-up.

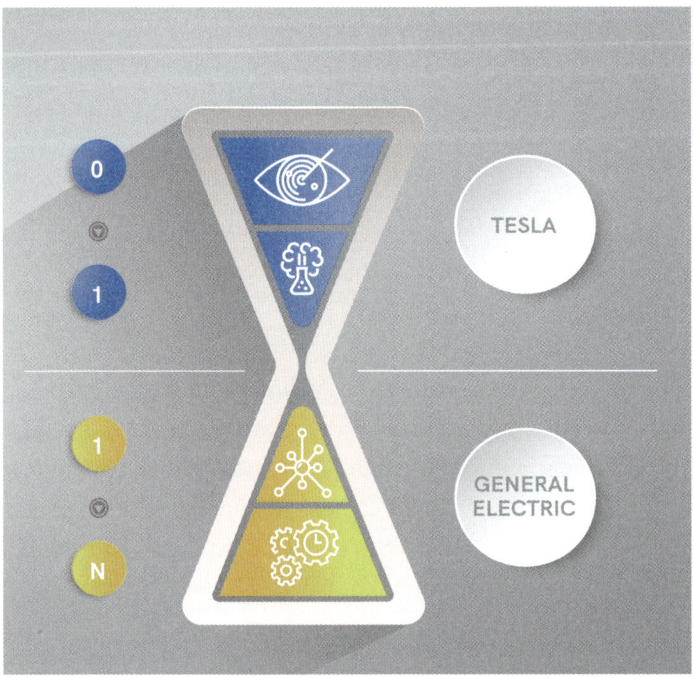

Volgens mij vormt diezelfde dynamiek ook de kern van de BOVENSTE helft van de zandloper. In beide gevallen kijk je met een brede blik naar disrupties en opportuniteiten, je stelt prioriteiten, selecteert en daarna begin je te experimenteren en te testen. Het is precies hetzelfde parcours, tot je op dat 'goudklompje' stoot. Dat moet je dan doorgeven aan de ONDERSTE helft van de zandloper. Bij dat tweede deel van het proces is het de bedoeling de stap te zetten 'van één naar N'. Daar moet je de activiteit zo efficiënt mogelijk opschalen en laten groeien (van één naar veel gaan).

Heel vaak zit dat 'OPSCHALEN' ingebakken in een project en proberen tientallen nerveuze projectmanagers gloednieuwe concepten in het bedrijf uit te rollen. Het 'UITVOEREN' is het operationele hart van het bedrijf: daar voel je de hartslag, dat is waar we naar concrete resultaten streven en traditionele managementtechnieken en Key Performance Indicators gebruiken om succesvol te zijn.

Een van mijn favoriete citaten is er eentje van Nelson Mandela: 'Ik faal nooit, ik win of ik leer bij.' Voor mij is dat de essentie van leren uit je fouten. Iedereen kent de uitspraak *'Fail fast, fail often'*, en in de wereld van de start-ups is de quote 'Misluk vlug, misluk vaak' een echt mantra. Natuurlijk is het idee achter *'Fail fast, fail often'* niet dat je moet mislukken, maar dat je uit elke mislukking iets kunt en moet leren.

Een LAT-relatie

In de bovenste helft van de zandloper – het Day After Tomorrow-deel – moet je openstaan voor nieuwe dingen, vlug mislukken en daaruit leren, en je moet meer duidelijkheid krijgen over waar je op moet inzetten. De onderste helft zet in op het opschalen en het uitvoeren: dit deel vormt de basis van je activiteiten, het staat voor wat je vandaag en morgen zult doen.

Ik heb gezien hoe Emile Piters zijn bedrijf stap voor stap, maar heel doelgericht, in de richting van het Zandlopermodel duwde. Eerst zorgde hij ervoor dat een groter deel van zijn IT-budget naar de BOVENSTE helft verhuisde: oorspronkelijk ging er 5 procent naar de bovenste helft en 95 procent naar de onderste helft, maar intussen is de verdeling eerder 30/70. Maar hij besefte ook dat het niet voldoende was om financiële middelen van de onderste naar de bovenste helft te verplaatsen: de twee helften van de zandloper vereisen ook andere vaardigheden, en een andere mentaliteit, cultuur en leiderschap. Ze moeten op verschillende manieren georganiseerd, gemanaged en gecontroleerd worden.

Maar het belangrijkste? Ze moeten met elkaar verbonden zijn. Eigenlijk moest Emile een perfecte LAT-relatie (Living Apart Together) creëren. En dus installeerde hij een nieuwe mentaliteit in de organisatie, waarbij het BOVENSTE deel van de zandloper perfect besefte dat het zijn potentieel niet kon waarmaken zonder de onderste helft van de zandloper, de helft die de noodzakelijke middelen, cashflow en schaalgrootte realiseerde. En het ONDERSTE deel van de zandloper moest zich als één blok achter het bovenste deel scharen, het moest ervan overtuigd zijn dat dat deel van levensbelang was om ook The Day After Tomorrow relevant te zijn. Beide delen hebben elkaar nodig om in de toekomst relevant te blijven.

Ik heb veel bedrijven gezien bij wie de onderste helft van de zandloper ronduit briljant is, maar die er niet in slaagden de bovenste helft zo in te richten dat ze de toekomst veilig tegemoet konden treden. Ik heb ook heel wat bedrijven bezocht bij wie de bovenste helft helemaal op punt stond, maar die het niet voor elkaar kregen de bovenste en de onderste helft van de zandloper op elkaar af te stemmen en gemeenschappelijke doelstellingen te formuleren. Alleen als je erin slaagt om beide delen, 'nul naar één' *én* 'één naar N', perfect op elkaar aan te sluiten, heb je een solide basis om met jouw Day After Tomorrow aan de slag te gaan.

Dat lijkt mij het ideale recept voor de feniks: een mechanisme dat je toelaat om een open geest te bewaren, dat je inzicht schenkt in nieuwe mogelijkheden en dat je de kans biedt om innovaties uit te werken, van een idee tot een eindproduct op schaal, en dit als een continu proces.

Apple is de ultieme feniks. Sommigen van jullie weten dat ik een fanatieke verzamelaar ben van Apple-memorabilia. En als ik zeg fanatiek, dan bedoel ik *echt* fanatiek: ik heb computers, software, reclamespullen en zo goed als elk boek dat ooit over Apple is geschreven. Ik heb zelfs een museum opgericht waarin ik alle dingen tentoonstel die ik doorheen de jaren verzameld heb. Maar ik dwaal af. Terug naar de essentie: Apple heeft een bijna-doodervaring gehad (in die tijd beweerden sommige mensen zelfs dat het bedrijf echt dood was), maar het keerde terug, sterker dan daarvoor, en uiteindelijk groeide het uit tot een van de meest waardevolle bedrijven van onze planeet.

Maar zelfs vóór dat *annus horribilis* en de daaropvolgende herrijzenis van Apple had de charismatische oprichter van het bedrijf, Steve Jobs, al voorspeld dat dat zou gebeuren. In een van de weinige interviews die hij gaf en dat in Playboy verscheen in 1985 (ja, er zijn wel degelijk mensen die de artikels lezen), een paar maanden voordat hij uit zijn eigen bedrijf werd gegooid, vertelde hij heel open dat een bedrijf zichzelf moet heruitvinden als het wil overleven.

In dat interview zei Jobs: 'Bedrijven die groot worden, zo groot dat ze miljarden dollars waard zijn, lijken op de een of andere manier hun visie kwijt te raken. Ze voegen een heleboel lagen middenmanagement toe, schakels tussen de mensen die het bedrijf leiden en de mensen die het werk doen. Die hebben niet langer een onlosmakelijke band met de producten en zijn er ook niet meer door gepassioneerd. De creatievelingen, zij die wel passie hebben, moeten nu vijf lagen managers overtuigen om beslissingen te nemen waarvan zij weten dat het de juiste zijn.'[91]

Jobs had helemaal gelijk, en uiteindelijk is dat precies wat ook bij Apple is gebeurd. De verschillende lagen middenmanagement veranderden het knetterende, levendige Apple in een bureaucratisch monster, dat fletse, ongeïnspireerde producten afleverde die niemand wou kopen.

Jobs had waarschijnlijk geen flauw idee dat hij kort erna bij Apple ontslagen zou worden, want dit is hoe hij dat interview in Playboy afsloot: 'De meeste bedrijven slagen er niet in fantastische mensen te behouden wanneer de werkomgeving individuele prestaties ontmoedigt in plaats van aanmoedigt. De fantastische mensen gaan weg en jij blijft met middelmatige medewerkers zitten. Dat weet ik, want zo is Apple kunnen groeien. Apple is een soort Ellis Island. Apple is gebouwd met mensen die andere bedrijven ontvlucht zijn. Zij zijn de extreem knappe koppen die zoveel bijdragen, maar die andere bedrijven als lastpakken beschouwden.'

De rest van het verhaal is bekend. Jobs ging boos weg bij Apple en stak zowat zijn hele fortuin in NeXT computers. Dat bedrijf werd een commerciële flop en Jobs hield er een enorme financiële kater aan over. Maar toen Apple NeXT opkocht en Jobs terughaalde, gebruikte het de innovatie en de creatieve kracht van NeXT om zichzelf een boost te geven. Op die manier herrees het uit zijn eigen as en scheerde het weer hoge toppen. Voor onze generatie is Apple het duidelijkste, meest zichtbare voorbeeld van een feniks.

Gebruik je Offer You Can't Refuse-strategie als brandstof voor het zero-to-one-gedeelte van de zandloper

In december 2017 was Beth Comstock dertig jaar lang aan de slag bij General Electric, eerst als chief marketing officer en later als vice chair innovation. Met gevleugelde uitspraken als *'marketing is about innovation'* weet ze als geen ander hoe beide onlosmakelijk met elkaar vervlochten zijn.

Gelijk heeft ze. Marketing en *customer experience* moeten zichzelf continu als feniksen heruitvinden, om het permanent veranderende gedrag van klanten te kunnen bijbenen. Ze liggen aan de oorsprong van sommige van de meest succesvolle innovaties van de voorbije jaren. Denk maar aan de McDonalds-kiosken waar Steven over schreef, de app van KBC om frictieloos een parking in en uit te rijden of de klusjesdienst van Centraal Beheer.

Bekijk daarom eens deel 3 van Stevens boek met strategieën voor The Offer You Can't Refuse als een heel handige leidraad voor het bovenste deel van de zandloper van je bedrijf. De richtlijnen die hij geeft, kunnen je perfect inspireren tot het stellen van een aantal heel relevante en intelligente vragen die eerst het Sense- en later het Try-gedeelte kunnen voeden. En dit op permanente basis.

1. Levert jouw bedrijf wel de ultieme transactional convenience?

Zoals Steven aangaf, is de interface van de toekomst proactief, vraagt hij geen inspanningen van de klant en is hij onzichtbaar én gepersonaliseerd. Is dat bij jou het geval? Vergelijk jezelf misschien even met deze producten en bedrijven op het vlak van de interactie met je klanten:

- Verloopt die even proactief als een slimme ijskast die bakboter voor jou bestelt, nog voor die op is?
- Moeten je klanten zich even weinig inspannen als een klant die een Amazon Go-winkel binnen- en buitenwandelt zonder aan te schuiven of zelf betaalacties te hoeven uitvoeren?
- Is je interface even onzichtbaar als het Facebookalgoritme dat je automatisch updates geeft?

- En lever jij in dezelfde mate personalisatie als een McDonalds die zijn menukaarten aanpast aan het individuele gebruik van klanten?

Nee? Het slechte nieuws is dat dit veel beter moet. Het goede dat dit een perfecte trigger is voor het Sense-gedeelte van het Zandlopermodel. Misschien is het wel tijd om *friction hunters* aan te duiden, zoals Steven ze zo mooi noemt. Laat hen bijvoorbeeld onderzoeken waar de klant tijd verliest in het proces, waar het té ingewikkeld is en eenvoudiger moet, of waar je de totale interactietijd met 10 procent kunt verminderen. Klantfrustraties zijn dé perfecte voedingsbodem voor innovatie.

2. Doe je voldoende je best om een partner in life van je klanten te worden?

Besteedt je bedrijf voldoende aandacht aan de *life journey* van je klanten, of focus je je nog steeds louter op de *customer journey*? Klanten verwachten meer dan dat. Zoals Steven schrijft, moet je proberen te begrijpen welke dromen, ambities en angsten consumenten hebben in hun dagelijkse leven. Bekijk hoe je jezelf onmisbaar kunt maken door hen daarmee te helpen.

Ook hier geeft Steven eigenlijk heel praktische instructies voor het Sense-gedeelte van het Zandlopermodel. Bekijk hoe je van product naar service kunt evolueren, hoe je van je kernaanbod kunt shiften naar het oplossen van het volledige probleem van de klant, hoe je van focus op de *core* naar het blenden van industrieën kunt transformeren en van individuele bedrijven naar netwerken.

Het voorbeeld van Ping An uit mijn boek *The Phoenix and the Unicorn* is overigens een heel passende illustratie van de meeste van deze verschuivingen. Ping An is een vrij klassiek Chinees verzekeringsbedrijf dat plots besloot om zich om te vormen tot 's werelds grootste platform voor gezondheidszorg. Ma Mingzhe, voorzitter en CEO van Ping An, legt eigenlijk bijna letterlijk Stevens *partner-in-life*-aanpak uit in dit citaat: 'We moeten niet alleen de verzekeringsexpert zijn van al onze klanten, we moeten ook de beste financieel consulent voor hen zijn en hen assisteren in elk aspect van hun leven.'

Een *life partner* voor elk aspect van hun leven dus, waarvan gezondheid (zeker in het postcoronatijdperk) natuurlijk een cruciaal onderdeel is. De transitie was overigens heel succesvol: tegen eind 2018 hadden al meer dan 265 miljoen klanten zich geregistreerd op Ping An Good Doctor, een platform dat artsen en patiënten met elkaar verbindt, zodat ze afspraken voor consultaties kunnen maken, online diagnoses kunnen stellen en behandelingen kunnen opstarten. In een mum van tijd hadden zich drieduizend ziekenhuizen en meer dan vijftienduizend apotheken bij het platform aangesloten. Intussen heeft het platform ook een besteldienst voor geneesmiddelen die in bijna honderd steden in China binnen het uur geneesmiddelen bezorgt.

Ping An maakte de shift van product (verzekering) naar service (gezondheidszorg), van *core* (verzekering) naar volledig probleem (gezondheid), van zijn *core*-sector (verzekering) naar andere industrie (health) en van alleenstaand speler naar netwerk van bedrijven zoals ziekenhuizen en apotheken.

De vraag is: hoe wil jij dit aanpakken? Tijd om hier een strategie voor op poten te zetten, denk je niet?

3. Wat doet jouw bedrijf om de wereld te redden?

Zoals Steven schreef over Michael Porter: 'De wereld heeft veel uitdagingen en bedrijven hebben de middelen om iets aan deze problemen te doen.' Elke vorm van innovatie lost een probleem op. Soms hebben wij niet eens door dat het een probleem was omdat ons gewoontegedrag ons daar blind voor maakt, maar het is er altijd. En de wereld heeft momenteel véél problemen te verwerken: van klimaatopwarming, migratie, armoede, geweld, vergrijzing en obesitas tot, helaas, wellicht een toekomstige golf van pandemieën waarvan COVID-19 slechts een voorbode was. Eerder dan bang te zitten wachten op de volgende ramp, denk je het best na hoe jouw bedrijf die gigantische issues kan helpen oplossen op zo'n manier dat het er zelf ook commercieel beter van wordt. Dit is een perfecte insteek om via *shared value* ideeën op te doen voor het Sense-gedeelte van de zandloper. Zoals Steven aangaf, kunnen Porters drie strategieën om de *shared-value*-filosofie toe te passen voor heel wat creatieve ideeën en inzichten zorgen. Ben jij bijvoorbeeld – zoals Sodastream dat deed om het plasticprobleem te reduceren – aan het bekijken hoe je nieuwe producten kunt ontwikkelen en nieuwe markten kunt ontdekken? Of bekijk je hoe je de volledige waardeketen kunt transformeren, zoals Levi's deed met zijn premiummerk Water<Less? Of misschien kun je het volledige ecosysteem waarin je werkzaam bent hertekenen, zoals Nestlé dat doet? Voldoende inspiratie hier om concreet aan de slag te gaan met je Sense- en Try-gedeelte, denk ik dan.

Ik hoop dat intussen duidelijk is dat *customer experience* een perfecte inspiratiebron is voor de bovenste helft van je Zandlopermodel. Het is een fantastische ideeënmachine, waar je heel uitgebreid testen (Try) mee kunt uitvoeren om die dan uiteindelijk te voeden aan de Scale- en Run-'machine'. Laat je gewoon niet verlammen door de 'vloek van de perfectie', zoals Steven ook omschrijft. Als je te veel ideeën hebt, selecteer er dan eerst een paar en test ze kleinschalig uit. Slaan ze aan? Fantastisch. Schaaf ze bij waar nodig en probeer ze op grotere schaal te lanceren. Vallen ze niet in de smaak? Jammer. Dan test je gewoon andere.

Zo simpel kan het zijn. Het geheim van succesvolle innovatie is boven alles om gewoon aan de slag te gaan. Dus, waar wacht je op? Tijd om het Zandlopermodel toe te passen en een Offer You Can't Refuse op te bouwen. Ik wens je heel veel succes!

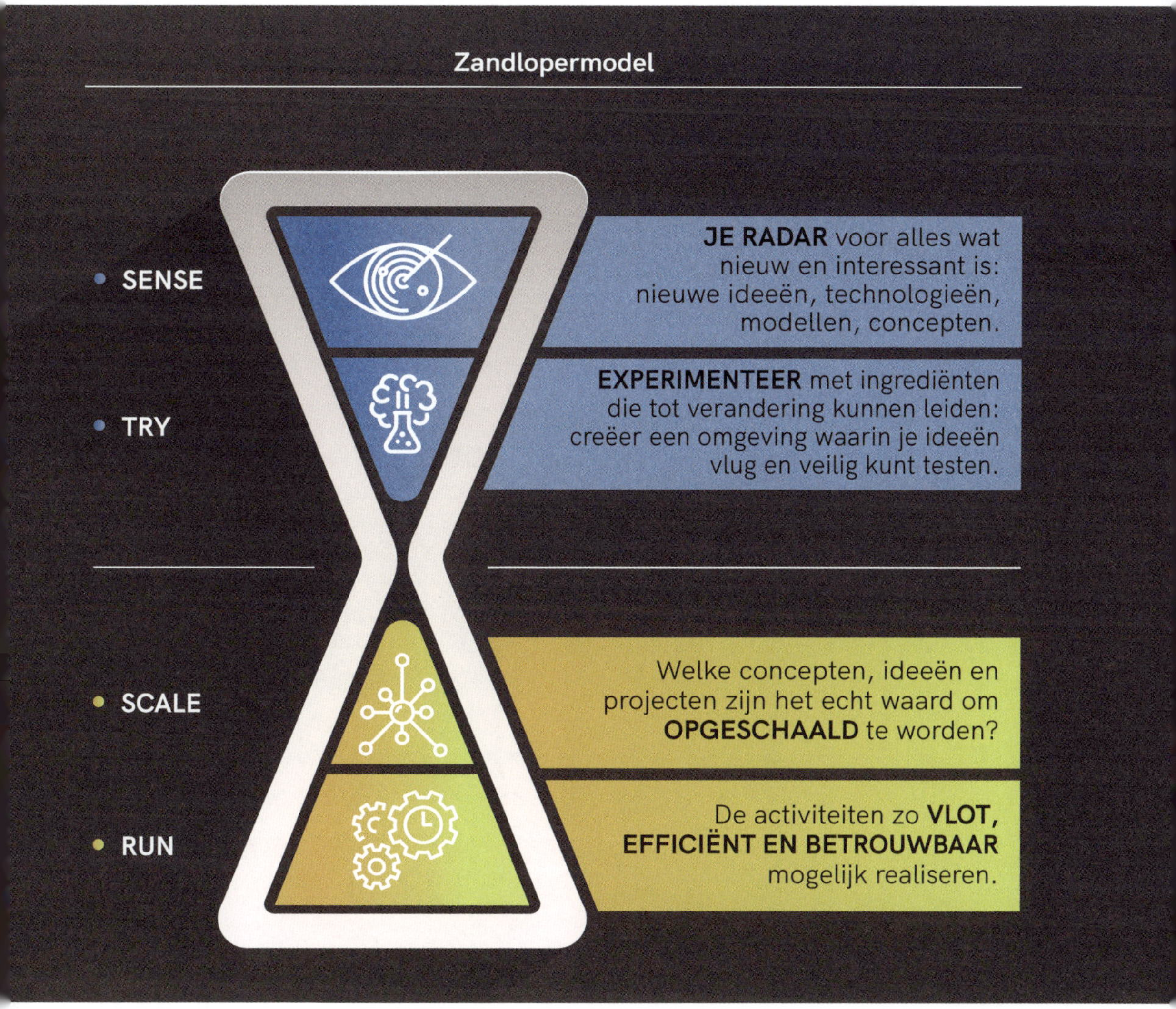

9

d it
better

Dit is het laatste hoofdstuk van mijn boek. De principes en filosofie van het Offer You Can't Refuse-model ken je ondertussen als de beste. Je kunt het niet enkel toepassen op je klanten, maar ook op je medewerkers. Dankzij Peters input in het vorige hoofdstuk, kun je nu ook de innovatieprojecten om deze filosofie waar te maken beter managen. Wat ik in dit laatste hoofdstuk nog wil meegeven, is een aantal criteria die ervoor zorgen dat je de juiste richting uitvaart. Om het Offer You Can't Refuse-concept succesvol te implementeren, zijn er enkele criteria belangrijk om je strategie en elk van je beslissingen aan af te toetsen. Ik heb ze samengebracht in het letterwoord 'BETTER'. Do it 'BETTER'.

- **B**lenden van industrieën: de oplossing zul je niet altijd in de eigen industrie vinden. Om een partner in het leven van klanten te worden en om de maatschappij vooruit te helpen, moet je soms (of definitief) durven de grenzen van de eigen industrie te verlaten.
- **E**thische keuzes maken: de verleiding zal er altijd zijn. Nieuwe technologie en brandende ambitie maakt de verleiding groot om het belang van de aandeelhouders te laten zegevieren ten opzichte van de andere stakeholders.
- **T**ransparantie in alles wat je doet: bouw vertrouwen op met je stakeholders door volledige transparantie na te streven in alles wat je doet. Enkel zo kun je op lange termijn vertrouwen creëren tussen je bedrijf en je klanten/medewerkers.
- **T**ailwind-markten opzoeken: je kunt het beste service-idee hebben dat er bestaat, je kunt de vriendelijkste medewerkers hebben die je maar kunt vinden en toch nog falen. Als je in een markt actief bent die jaar na jaar achteruitgaat en waar je moet blijven vechten om een minuscuul stukje marktaandeel of marge te veroveren, dan kan geen enkele strategie je helpen. Zoek daarom markten op die de wind in de zeilen hebben en waar je met je eigen sterktes kunt meesurfen.
- **E**indklant. Altijd. Op het einde van de rit is er maar één klant, en dat is de eindklant. Zelfs al werkt je bedrijf met verschillende tussenschakels om tot die eindklant te komen, zorg dat je de voeling en de relatie met de eindklant kunt behouden of kunt opbouwen.
- **R**esponsible decisions: de wereld heeft nood aan moedige en juiste keuzes. Durf met jouw bedrijf de juiste en moedige keuzes te maken, om zo bij te dragen tot een sterkere maatschappij.

Luigi's Café start met een online gameshow

Toen tijdens de grote COVID-19-lockdown van maart 2020 alle cafés en restaurants over zowat heel de wereld verplicht de deuren moesten sluiten, zag je het verschil in ondernemerschap aan de oppervlakte komen. Sommige zaken verdwenen als het ware van de aardbol, andere kwamen net meer aan de oppervlakte. Voor veel restaurants was het een evidentie om meteen met afhaalservices te starten: dit paste in hun *core*-industrie en ze konden het meestal vrij snel aanbieden aan klanten. Voor cafés was dat moeilijker.
Luigi's Café is een kleine kroeg in Voorhout, een kleine gemeente in Nederland. De eigenaar van het café is een gezellige, warme gastheer die zijn klanten elke dag verwent met een gezellig biertje, een koffie of een lekkere snack. Net als elk ander café in Nederland moest Luigi's in maart 2020 verplicht de deuren sluiten, maar heel snel begon het een nieuwe business. Luigi's Café werd actief in de wereld van online entertainment, wat totaal nieuw was voor de zaakvoerder. Elke zaterdagavond organiseerde het café een online bingo. Op enkele dagen tijd bouwde het een nieuwe website, waar klanten bingokaarten konden kopen voor 12,50 euro per kaart. Afhankelijk van het aantal deelnemers kochten de mensen van Luigi's te winnen prijzen bij de lokale handelaars uit de gemeente. Op zaterdag werden de bingokaarten in de brievenbus van de deelnemers gestopt. 's Avonds begon de livestream en deed iedereen mee aan de online gameshow. Na enkele weken deden er tussen de zeshonderd en zevenhonderd deelnemers mee aan deze vorm van online entertainment. Dit is een fantastisch voorbeeld van een ondernemer die gedwongen werd

om al zijn activiteiten te stoppen en die dan meteen een andere industrie opzocht. Hij had geen ervaring met dit soort activiteiten, maar door niet vast te houden aan de grenzen van zijn bestaande industrie heeft hij een nieuwe business kunnen opstarten. Zo had hij weer een mooi inkomen, steunde hij zijn collega-lokale ondernemers, is de relatie met zijn vaste klanten hierdoor versterkt en hebben heel veel nieuwe inwoners van Voorhout de charme van Luigi's Café leren kennen. De durf hebben om buiten je eigen industriegrenzen te kijken, kan heel waardevol zijn.

Blenden van industrieën

In het *partner-in-life*-hoofdstuk kwam deze strategie naar voren als een mogelijkheid om beter in te spelen op de noden van klanten. Hier herhaal ik deze aanpak, omdat die niet enkel een rol speelt bij de *partner-in-life*-filosofie, maar ook in de totale innovatiekracht van een onderneming. Vanuit de sterktes van het eigen bedrijf kunnen nieuwe services ontstaan, waardoor extra waarde voor de klant én het bedrijf gecreëerd kan worden. Door evoluties in de markt en het veranderde gedrag van klanten goed op te volgen, kun je nieuwe opportuniteiten zien die buiten de grenzen van je eigen industrie liggen.
De voorbije jaren heeft Elon Musk de wereld al verschillende keren weten te verrassen met spectaculaire innovaties. Van SpaceX tot Tesla, van zijn Boring Company tot de Hyperloop: stuk voor stuk zijn het innovaties en ideeën die het potentieel hebben de wereld te veranderen. In september 2019 lanceerde Tesla een innovatie die het nieuws niet heeft gehaald, ondanks het enorme potentieel van dit nieuwe product. Het gaat om een autoverzekering.[92] De eerste maanden wordt het verzekeringsproduct enkel maar aangeboden aan een aantal klanten in bepaalde staten van de VS. Tesla ziet dit als een testcase, vóór het met volle kracht deze nieuwe industrie instapt. De Teslaverzekering kan voorlopig enkel genomen worden door mensen met een Teslavoertuig. De prijs voor deze autoverzekering kan 20 tot 30 procent lager liggen dan het huidige marktaanbod. Tesla beschikt over de realtimedata van het rijgedrag van al zijn chauffeurs. Het bedrijf kan als de beste het risico en de mogelijke kosten per chauffeur inschatten. Hier ligt mogelijks ook de zwakte van zijn model, want zonder de data van de andere autofabrikanten kan het allicht de lagere prijzen niet hanteren voor potentiële verzekeringsklanten die geen Tesla hebben. Bedrijven als Google zullen op termijn allicht wel over die data beschikken nu er meer en meer autofabrikanten gebruikmaken van Google Assistant in de auto. De toekomst van verzekeringsproducten zal gedreven zijn door data en artificiële intelligentie, waarbij er op maat van het individu een aanbod wordt gemaakt.
De klassieke verzekeringsbedrijven moeten nu hun klanten overtuigen om een sensor in hun auto aan te brengen om zo hun rijgedrag in kaart te brengen. Dat model heeft twee

nadelen. Ten eerste moet je een klant overtuigen om zo'n sensor in de auto te leggen. Deze sensoren zijn heel zichtbaar voor de klant, waardoor de klant heel bewust de beslissing moet nemen om dit al dan niet te doen, wat moeilijker is dan werken met een geïntegreerde datacollectiemethode. Ten tweede begin je pas data te verzamelen vanaf dat moment. Hierdoor is het als verzekeraar onmogelijk om op basis van data uit het verleden een voorstel voor de klant te maken. Als gevolg gebruiken verzekeraars nu vaak een terugbetalingsmodel. Als je goed gedrag op de weg kunt aantonen met de data uit de sensor, betalen ze op het einde van het jaar een deel van de premie terug. Dat is mooi, maar minder sterk dan starten met een lagere premie. Tesla kan op die manier werken binnen zijn eigen wagenpark; bedrijven als Google kunnen dat op termijn voor heel de markt. Wie over de data van de eindklant beschikt, is met andere woorden in staat om een nieuw aanbod te lanceren dat industrieoverschrijdend is.

Er zijn verschillende mogelijkheden om buiten je eigen industrie waarde op te bouwen. Het voorbeeld van Tesla gaat uit van eigen kracht. Tesla gebruikt zijn eigen sterktes om een nieuwe industrie binnen te stappen. Dat is één manier. Een andere manier om je eigen industrie te verlaten, is samenwerken met andere bedrijven of acquisities van bedrijven uit complementaire sectoren. Toen Google Nest kocht, stapte het bedrijf sneller in de markt van het internet of things en fysieke producten. Plots kon Google slimme thermostaten en slimme camera's verkopen.
Denk ook terug aan het voorbeeld van Woven City dat ik gebruikte in hoofdstuk 5. Toyota bouwt de stad van de toekomst in samenwerking met bedrijven uit andere sectoren, waaronder de telecomindustrie, maar in de toekomst zullen nog andere bedrijven meewerken aan de uitbouw van deze innovatieve stad.

Ethische keuzes: machines die liegen?

Nieuwe technologie zou wel eens een soort *Temptation Island* kunnen worden voor marketingmensen. De meeste marketingmensen zijn heel correct en braaf, maar wat gebeurt er als je hen op *Temptation Island* zet? Wat gebeurt er als marketeers de mogelijkheid krijgen om bijvoorbeeld prijs op een ontransparante manier te personaliseren? Stel dat je in realtime de gemoedstoestand van de klant kunt inschatten en daardoor weet of iemand bereid is net iets meer of iets minder geld uit te geven voor een aankoop. Hoe ga je om met die informatie?

Zullen mensen er ooit in slagen om machines te bouwen die kunnen liegen?
Wat denk je?

We kennen het antwoord op deze vraag allemaal. Natuurlijk zullen we machines bouwen die kunnen liegen. Denk terug aan de Dieselgate-crisis waar de Volkswagengroep enkele jaren geleden in terechtkwam. Dat is een perfect voorbeeld van een liegende machine. De software manipuleerde de cijfers als een mechanicus de uitstoot van de auto met open motorkap controleerde. Als je een machine programmeert om te liegen, dan kun je er donder op zeggen dat die machine ook écht zal liegen. Het voorbeeld van Volkswagen is algemeen bekend, maar ik ben ervan overtuigd dat er veel vergelijkbare voorbeelden bestaan die (nog) niet gekend zijn. In mijn vorige boek, *Customers the Day After Tomorrow*, riep ik op om een ethische commissie te hebben die enerzijds de afspraken over het gebruik van geavanceerde technologie vastlegt en anderzijds controles uitvoert op de algoritmes die bedrijven gebruiken. De algoritmes zijn zo goed als altijd een black box voor de klant. Hoe meer algoritmes een rol spelen in onze aankoopbeslissingen, hoe groter de nood aan een controleorgaan, om er zeker van te zijn dat de klant op een correcte manier wordt behandeld. De voorbije drie jaar is hier regelmatig over gepraat, maar een algemeen aanvaard systeem staat nog niet op punt.
Als er geen ethische regels en controles zijn, dan ligt de verantwoordelijkheid om correct te handelen bij de bedrijven zelf. Elk bedrijf kan op eigen initiatief een eigen ethische gedragscode bepalen voor het gebruik van geavanceerde technologie gelinkt aan klanten en medewerkers. Dit debat proactief organiseren is een belangrijke eerste stap. Zo is Microsoft al jarenlang bezig om voor zichzelf ethische standaarden te zetten. Satya Nadella, de CEO van het softwarebedrijf, is een enorme pleiter voor *'technology for good'*. Ethisch correct handelen vindt hij een minimumvoorwaarde. De échte ethische verantwoordelijkheid is volgens Nadella de inzet van technologie om een betere maatschappij te bouwen. Pas dan ben je ten volle ethisch correct bezig.

Ethische keuzes: willen we nog afscheid nemen?

Naast de bedrijfscontext is er ook nood aan een stevig maatschappelijk debat over het gebruik van technologie. Hoever willen we de mogelijkheden van technologie laten evolueren?
Op een mooie dag in februari 2020 zette de Zuid-Koreaanse Jang Ji-Sung een virtualrealitybril op. Enkele seconden later barstte de vrouw in tranen uit. In de virtuele wereld werd ze herenigd met haar zeven jaar oude dochtertje, dat drie jaar eerder gestorven was. Ze ontmoetten elkaar in de favoriete speeltuin van het kleine meisje.

Bij het horen van haar stem: 'Mama, denk je nog veel aan mij?', werd het te veel voor de moedige vrouw.
'Altijd. Elke dag', stamelde ze.[93]
Jang Ji-Sung was blij met deze ervaring. Ze was tevreden haar dochter te zien en haar stem te horen. Niet iedereen is enthousiast over deze technologische mogelijkheden. Sommige mensen, hoezeer ze hun overledenen ook missen, willen het liever bij de menselijke herinneringen houden. Sommige mensen vrezen dat je met dit soort technologie nooit volledig afscheid kunt nemen van een geliefde.
Hoe ver willen we gaan met de technologische mogelijkheden? Dat is een heel belangrijke vraag. Vandaag staat virtual reality nog in haar kinderschoenen. Als we in 2035 een VR-ervaring zullen beleven, zal de huidige technologie middeleeuws lijken, vergelijkbaar met een Commodore 64 tegenover de huidige generatie iPhones. Dankzij data-analyses, sterke beeldvorming en krachtige artificiële intelligentie zal het perfect mogelijk zijn om een virtuele versie van een mens te maken. De technologie zal ons in staat stellen om echte gesprekken te voeren (op basis van de data uit het verleden) met een overleden persoon. Het zal levensecht lijken. De vraag is: willen we dat? Worden wij allemaal virtueel onsterfelijk op die manier? Zullen kinderen de kans krijgen om hun overgrootouders te ontmoeten? Willen we op zeker moment in ons leven nog eens raad kunnen vragen aan onze ouders? Willen we kinderen die veel te jong sterven virtueel zien voortleven?
Ik weet het eerlijk gezegd niet. Er zijn argumenten pro en contra te vinden voor beide situaties. Eenzaamheid bij oudere mensen is een groot maatschappelijk probleem. Als een van beide partners na een huwelijk van vijftig jaar sterft, rest er een grote leegte voor de

overblijver. Misschien kan een virtuele versie van de geliefde de eenzaamheid verkleinen. Of misschien wordt het gemis van de echte persoon juist erger. We weten het niet.
De komende jaren wordt technologie een pak krachtiger dan ze vandaag al is. De mogelijkheden om de grenzen van het menselijke en het goddelijke te overstijgen, komen steeds dichterbij. Een debat over de grenzen van de technologische kracht tussen overheden, bedrijven en een diverse groep experten (filosofen, gedragswetenschappers, sociologen ...) zou een mooie stap voorwaarts zijn.

Eternal

In een managementboek schrijven over ethiek blijft iets theoretisch. Daarom heb ik besloten een driedelige fictiereeks te schrijven over dit onderwerp. In november 2020 komt het eerste boek op de markt. De titel van het boek is *Eternal*.
Het gaat over een bedrijf, X-COM, dat een baanbrekende nieuwe technologie op de markt brengt: *Eternal*. Deze technologie zorgt ervoor dat mensen niet meer hoeven te sterven. Door een combinatie van nanobots en herseninterfaces worden mensen niet meer ziek. Bovendien biedt de technologie de mogelijkheid om ook de criminaliteit proactief uit de wereld te helpen. Bij de voorstelling van de technologie reageert heel de wereld enthousiast. Iedereen staat te springen om eeuwig te kunnen leven. Romy Bell, de projectleidster van *Eternal*, zit vol spanning naar de voorstelling van het nieuwe product te kijken, als ze ontdekt dat haar collega tijdens deze presentatie is gestorven in een ongeval met een zelfrijdende auto. Ergens voelt ze dat er iets niet klopt: met zelfrijdende auto's behoren ongevallen tot het verleden. Ze graaft dieper naar de oorzaak van het ongeval. Als ze plots een boodschap ontvangt van haar overleden collega, slaat de schrik haar om het hart. Iemand wil de technologie op een vreselijke wijze misbruiken. Een race tegen de klok start.

Ik wou altijd al een fictieboek schrijven en ben opgetogen dat deze droom binnenkort uitkomt. *Eternal* is een realistische sciencefictionthriller, waarin het debat over de grenzen van de technologie heel duidelijk wordt omschreven en akelig dichtbij komt. Met dit boek realiseer ik een van mijn persoonlijke dromen, maar hoop ik eveneens een debat te starten over de ethische grenzen van technologie.

Transparantie in alles wat je doet

Als mensen een bedrijf vertrouwen, dan heeft dat een positief effect op de bedrijfsresultaten. Een van de factoren met de grootste impact op vertrouwen is transparantie omtrent alle aspecten van het bedrijfsproces. Uit een consumentenonderzoek bleek dat 94 procent van de consumenten de intentie heeft om trouw te blijven aan een bedrijf dat hun volledige transparantie biedt. 73 procent is zelfs bereid meer te betalen aan een transparant bedrijf.[94] Transparantie gaat verder dan het delen van oppervlakkige informatie en vrolijke foto's uit het bedrijf. In de *Journal of Business Ethics* verscheen een studie waaruit blijkt dat bedrijven die transparant zijn over hun productieproces en hun arbeidsomstandigheden, een hoger vertrouwen krijgen van de klant, wat leidt tot sterkere resultaten en een positieve *word of mouth*.[95]

Vertrouwen is een schaars goed geworden. Mensen weten niet meer altijd wie of wat te vertrouwen. De wereld wordt overspoeld met fake news en gekleurde communicatie. De waarheid achterhalen is niet meer gemakkelijk. Een vertrouwensband op lange termijn bouw je op door consistent transparant te zijn over zaken als de bedrijfsresultaten, de interne processen, de inkoopfilosofie, de pricing, de waarden van het bedrijf, hoe je omgaat met de medewerkers ... Ook als iets fout gaat, zullen transparante bedrijven dat niet proberen te verstoppen; ze zullen er als eerste over communiceren.

Begrijp me niet verkeerd, transparant zijn betekent niet dat alles zomaar gedeeld moet worden met heel de wereld. Er is een groot verschil tussen transparantie en bedrijfsgeheimen verspreiden of de magie van het bedrijf wegnemen. Als Disneyfan ben ik heel benieuwd hoe Disney zijn medewerkers behandelt en hoe het er achter de schermen aan toegaat, maar ik wil niet weten wie er in een Mickeypak zit. Dat is geen transparantie meer, dat zou de magie wegnemen.

Case: Veja

Veja is in 2004 opgericht door Sébastien Kopp en François-Ghislain Morillion. Het hoofdkantoor van deze producent van sneakers bevindt zich in Parijs, Frankrijk. In 2018 verkocht het merk 550.000 paar schoenen en behaalde het een omzet van 21 miljoen euro.[96] Veja wordt gezien als een van de meest ethische en transparante merken in de fashionindustrie. In 2003 bezochten de twee Veja-oprichters een Chinese fabriek, als onderdeel van een audit voor een ander Frans modemerk. Op het eerste gezicht leken de werkomstandigheden best oké, maar toen ze zagen hoe deze mensen leefden, vonden ze het verschrikkelijk. Op dat moment namen ze samen de beslissing een succesvol modemerk te bouwen dat op een verantwoorde manier zou produceren.

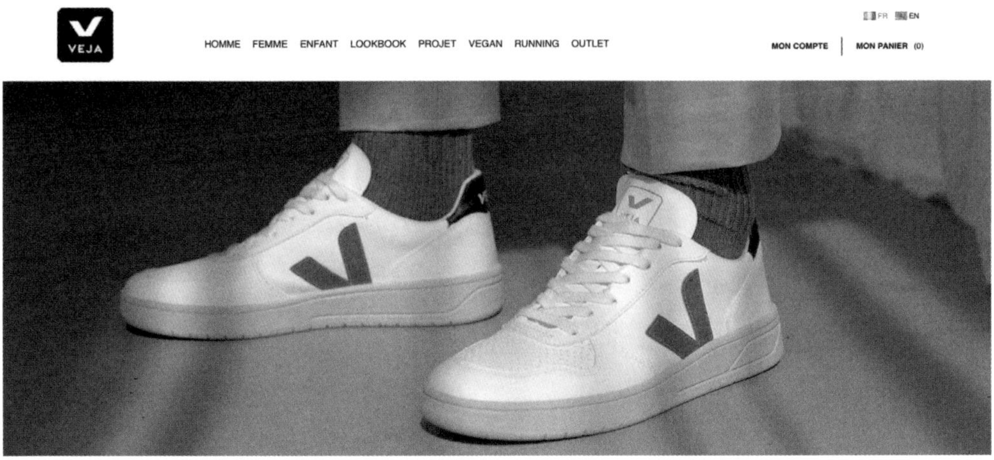

Ze kozen voor sneakers. Door hun marktkennis wisten ze immers dat als je sneakers koopt van een groot, bekend merk, 70 procent van de kostprijs opgeslorpt wordt door advertenties en communicatie. Slechts 30 procent van de kostprijs dekt de grondstoffen en productie. Hun doelstelling was duidelijk: we laten advertenties volledig weg en investeren veel meer in productie, om de schoenen tegen dezelfde prijs als die van de grote merken te kunnen verkopen.
In 2004 gingen ze aan de slag. Voor hun eerste katoencontract betaalden ze het dubbele van de marktprijs. De lokale producenten snapten er niets van. Ze kregen al snel de bijnaam 'Los Frenceses Locos', de gekke Fransen.[97] De contracten zijn opgesteld volgens de fair-trade-principes: betaal op voorhand tegen een vooraf afgesproken prijs. Op die manier weet de landbouwer al hoeveel geld hij zal ontvangen op het moment dat hij de zaden zaait. Hij loopt dus geen risico op onverwachte prijsschommelingen en krijgt een grotere financiële flexibiliteit. In het kader van volledige transparantie plaatst Veja al zijn contracten publiekelijk op zijn website. Iedereen kan tot in het kleinste detail nagaan hoe de overeenkomst is opgebouwd.

Veja gaat heel ver in zijn transparantiebeleid. Het bedrijf deelt niet alleen zijn contracten met leveranciers, alle gebruikte materialen hebben ook een eigen certificaat. Zo kan de klant nagaan waar de grondstoffen vandaan komen en welke kwaliteit ze hebben. Veja wil bovendien zo duurzaam mogelijk produceren. Via de informatie op de site kan de klant de evolutie naar die doelstelling op de voet volgen.
In zijn openheid deelt het bedrijf ook zijn imperfecties (weet je nog, de vloek van de perfectie?). Een van zijn doelstellingen is om niet met ondernemingen te werken die op hun beurt in belastingparadijzen actief zijn. Daarvoor maakt Veja gebruik van de lijst van bedrijven en hun financiële constructies die jaarlijks door La Nef gepubliceerd wordt. Op

zijn site zegt Veja er echter in alle eerlijkheid bij dat het bedrijf door zijn e-commerceactiviteiten in heel wat landen vandaag in sommige situaties nog steeds samenwerkt met financiële partners die wel van belastingparadijzen gebruikmaken. Op dit moment kan Veja nog niet alles waarmaken waar het naar streeft.[98] Dat soort openheid maakt deel uit van zijn transparantie en leidt tot een fenomenaal vertrouwen van de klant in de waarden van de onderneming.

Tailwind markets

In welke sector werk je?
Is het een sector die de wind in de zeilen heeft en steeds nieuwe horizonten kan opzoeken? Werk je in een sector waar *double digit growth* nog steeds mogelijk is?
Of zit je in een sector waarin het zoeken is? Een sector waarin er druk staat op de prijzen en de marges? Een sector waarin een nieuw type concurrent je het leven moeilijk maakt en waarin het soms zelfs aanvoelt als oneerlijke concurrentie?
In welke sector je werkt, bepaalt heel veel.

Sommigen onder jullie hebben de wind in de zeilen, anderen moeten tegen de wind in schipperen. De wind in de zeilen geeft energie, tegen de wind in schipperen kost energie. Tegen de wind in schipperen betekent dat je heel hard werkt en je niet altijd beloond wordt met de gepaste resultaten.
Zou het niet mooi zijn als elk bedrijf de wind in de zeilen had? Dat kan natuurlijk niet, dat besef ik heel goed. Alleen is er niemand die je verbiedt om die *'tailwind'*-markten zelf op te zoeken.
Op een bepaald moment was e-commerce een markt die de wind in de zeilen had. Het was moeilijk om naast de groei van de digitale bedrijven te kijken. Vanuit de andere hoek kwam op dat moment vaak kritiek op het nieuwe model. Het was niet winstgevend, mensen zouden niet alles online willen kopen enzovoort. De klemtoon lag op de nadelen van e-commerce, waardoor de opportuniteit om zelf de wind in de zeilen te krijgen via deze nieuwe markt gemist werd.
In elke sector dienen zich om de zoveel tijd nieuwe mogelijkheden aan die de wind in de zeilen kunnen brengen, doch ernaartoe varen is blijkbaar niet zo eenvoudig. Een mindset ontwikkelen om de wind in de zeilen actief op te zoeken, is nochtans een belangrijk onderdeel van een moderne bedrijfsstrategie.

Egmont zocht de wind in de zeilen

De Egmont-groep werd in Denemarken in 1878 opgericht door Egmont Harald Petersen, als een eenpersoonsdrukkerij. Al snel werd Egmont een magazinebedrijf. In 1914 veranderde de naam van het bedrijf in Gutenberghus, naar de bekende uitvinder van de drukpers. Die naam werd behouden tot 1992, waarna hij opnieuw gewijzigd werd in Egmont. Vandaag is Egmont een van de grootste contentproducenten in Europa. Het bedrijf produceert boeken en tijdschriften en maakt tal van series en films.
In het testament van de oprichter stond de wens om de middelen van het bedrijf in te zetten voor de steun van sociale, culturele en wetenschappelijke projecten. Egmont is geëvolueerd naar een stichting die de levenskwaliteit van kinderen en jongvolwassenen wil verbeteren. Sinds 1920 heeft het bedrijf al meer dan 235 miljoen euro aan projecten geschonken, om zijn missie te ondersteunen.
In september 2019 had ik het genoegen om te mogen spreken voor het management van dit indrukwekkende bedrijf. Voor ik het podium op mocht, sprak de CEO van Egmont, Steffen Kragh, het team toe. Steffen deelde de visie en de strategie van Egmont voor de komende jaren. Ik was enorm onder de indruk. Steffen zei letterlijk: 'Ik heb geen zin meer om alleen in dalende en heel competitieve markten aanwezig te zijn. Onze magazines, boeken en tv-formats doen het goed, maar het blijven heel concurrentiële markten. Ik wil actief zijn in *"tailwind markets"*.'
Het is tijdens deze meeting dat ik voor het eerst het concept *tailwind markets* hoorde. Egmont keek daarbij onder andere naar e-commerce en gaming. Zowel de e-commerce- als de gamingindustrie zitten nog steeds in een sterke groeisituatie. Alleen is het niet zo een-

voudig om in die markten nu nog het verschil te maken. Beide segmenten zijn al bevolkt door ijzersterke spelers. Toch ging Egmont voluit voor e-commerce en gaming, maar dan op een andere manier dan de huidige spelers.

Bij e-commerce koos het bedrijf bewust voor categorieën waar spelers als Amazon minder actief in zijn. Zijn focus kwam te liggen op producten voor ouders, outdoorhobby's en keukenmateriaal. Amazon verkoopt uiteraard ook producten in deze categorieën – Amazon verkoopt alles – maar door een niche te zoeken, wou Egmont het verschil maken. Ondertussen bestaat het e-commerceportfolio van het bedrijf uit zeven sterke Scandinavische e-commercemerken zoals Jollyroom, Fjellsport en Outnorth. Deze e-commerceportfolio genereert ondertussen meer dan 360 miljoen euro omzet.
Ook de steeds belangrijker wordende gamingmarkt is een strategische prioriteit voor Egmont. Sinds 2016 is de onderneming een portfolio van gamestudios beginnen uit te bouwen. Het bedrijf koos bewust niet voor de blockbusterstrategie. Veel games zijn op een bepaald moment immens populair, maar dan verandert dat weer snel en is het zoeken naar de volgende blockbuster. Egmont koos voor een ander type games voor een andere doelgroep. Een van hun succesvolste games is *theHunter: Call of the Wild*. In dat spel kunnen mensen jagen in mooie natuurgebieden.
Deze gamers zijn wat ouder dan die van bijvoorbeeld *Fortnite*. Daardoor zijn ze loyaler aan het spel. Bovendien spendeert deze doelgroep meer geld aan virtuele producten. Een mooie virtuele jachthut om al je trofeeën in te hangen, mag voor vele spelers wel wat kosten.

Egmont toont het voordeel van *tailwind markets*. Met zijn competenties als verhalenvertellers zocht het bedrijf nieuwe markten op. En zelfs al leken die markten reeds druk bezet, toch vond de onderneming vanuit haar eigen sterktes een manier om voordeel te halen uit die extra wind in de zeilen, terwijl ze trouw bleef aan haar missie.

Eindklant. Altijd.

Sommige bedrijven verkopen rechtstreeks aan de eindklant, andere verkopen aan tussenschakels in het proces. Welk model jouw bedrijf ook hanteert, de eindklant is de allerbelangrijkste. Nieuwe trends, veranderingen in de vraag, veranderingen qua gedrag: allemaal beginnen ze bij de eindklant.
Baseer je strategie dus op de eindklant. Als je je strategie te veel afstemt op de tussenschakels in het proces, bestaat de kans dat je op zekere dag wakker wordt in een totaal veranderde markt. Voeling met de eindklant zorgt ervoor dat je op tijd kunt schakelen, indien nodig.

Steeds meer bedrijven kiezen voor contact met de eindklant, zelfs al zitten er traditioneel gezien verschillende schakels tussen de producent en de eindklant. Zo verkopen de fabrikanten van consumptiegoederen hun producten traditioneel via retailers. Zelf adverteren ze naar de eindklant, maar het verkoopkanaal is retail.
In eerdere hoofdstukken besprak ik al hoe Nike nu echter voluit kiest voor de directe relatie met de klant. Ook het voorbeeld van Lumi (Pampers) was een case waar grote consumentenproducenten inzetten op de rechtstreekse relatie met de klant.

In de zomer van 2020 zal ook Unilever dat voorbeeld volgen met zijn ijsmerken Magnum en Ben & Jerry's. In verschillende grote steden zullen deze merken grote diepvriezers plaatsen, om de eindklant de mogelijkheid te bieden 'on demand' een ijsje te bestellen, als die daar zin in heeft. Waar iemand zich dan ook in de stad bevindt, het ijsje komt vanzelf naar hem of haar toe, dankzij de diensten van Uber Eat of Deliveroo. De klassieke retail- of *out-of-home*-distributiekanalen worden hier (tijdelijk) overgeslagen. Unilever kiest ervoor om rechtstreeks de eindklant te bedienen.

Eindklantfocus in b2b

Meer en meer b2b-bedrijven beginnen te redeneren vanuit een eindklantrelatie. Enkele maanden geleden installeerden wij een nieuwe centraleverwarmingsketel in ons huis. Het werd een 'slimme' ketel van Viessmann. De ketel is geïnstalleerd door een uitstekende, lokale vakman.
Na de installatie moesten wij de app van Viessmann installeren en werd de cv-ketel aan het internet gekoppeld. Op die manier kan producent Viessmann perfect volgen wat er gebeurt bij de eindklant. Onderhoud wordt voortaan niet langer uitgevoerd door de lokale vakman, maar wel door een team van Viessmann. Dat kan monitoren wanneer onze installatie onderhoud nodig heeft en daarover proactief contact met ons opnemen.

De komst van sensoren in producten biedt de producent de opportuniteit om meer informatie over de eindgebruiker te verzamelen. Vroeger was het in b2b-markten niet altijd gemakkelijk om data over de eindklant te krijgen. De tussenpersoon kende de eindklant en had kennis over zijn gebruik en feedback. Als producent hing je daardoor heel erg van die tussenpersoon af.
Nu er sensoren, data en sociale media bestaan, is de relatie met de eindklant veel meer bereikbaar voor veel b2b-bedrijven. De kennis die de producent over de eindklant heeft, zal bovendien objectiever en realtime zijn, op een niveau waaraan de puur menselijke kennis vanuit de tussenschakel niet kan tippen.

Disney+

Disney heeft een imperium opgebouwd op basis van zijn tekenfilmfiguren. Wie is er niet bekend met Mickey, Minnie, Pluto, Donald, Buzz Lightyear, Anna en Elsa? Mijn favoriete Walt Disney-quote is trouwens: *'It all started with a mouse!'*
De films worden verdeeld via de bioscoop, waarna de merchandisingafdeling op volle toeren draait. Later worden er in de diverse themaparken attracties gebouwd en ontstaan er spectaculaire Broadwayshows. Het is een indrukwekkende machine. Disney beschikt over een onschatbare bibliotheek aan content en intellectueel eigendom qua filmfiguren en -rechten. Het enige wat het bedrijf tot voor kort niet had, was een direct kanaal om de content tot bij de eindklant te krijgen. Voor de verdeling van zijn content hing het af van de bioscopen, streamingdiensten en televisiezenders.
In augustus 2017 werd duidelijk dat Disney een nieuw plan had. Het nieuws werd bekend dat Disney zijn samenwerking met Netflix zou stopzetten. In de nabije toekomst kreeg Netflix niet langer de rechten op Disneycontent. Op dat moment wist de markt het zeker: Disney zou starten met een eigen streamingservice.
In maart 2019 rondde Disney de overname van 21st Century Fox af, voor meer dan zeventig miljard dollar. Daardoor beschikte Disney plots over de allergrootste contentbibliotheek van de wereld.

Op 12 november 2019 was het dan eindelijk zover. Disney+, de eigen streamingdienst van Disney, werd gelanceerd. Voor een vast maandelijks bedrag kregen klanten toegang tot de contentbibliotheek van de Disneygroep. Zo konden ze genieten van Disney, Pixar, Star Wars, Marvel en tal van andere beroemde content.
In februari 2020 had Disney+ al 28 miljoen klanten. Toen barstte de coronacrisis uit, wat tot een spectaculaire groei leidde. Begin april had Disney+ al meer dan vijftig miljoen abonnees.[99] Ik ken weinig productlanceringen die na zes maanden al vijftig miljoen klanten hebben. Het is een groot succes.
Voor Disney was dit de ontbrekende schakel om de eindklant rechtstreeks te laten genieten van Disneyproducten. In zijn pretparken en op zijn cruiseschepen stuurt het bedrijf de hele *experience* zelf aan. Nu kan het dat ook via een directe link met hun contentklanten.

Responsible decisions

Er is nood aan moed in het bedrijfsleven. Moedige keuzes durven maken, tegen de stroom in varen, indien nodig, om te doen wat 'juist' is. Denk terug aan het voorbeeld waarbij de CEO van Twitter niet langer betalende advertenties voor politici toeliet, terwijl de CEO van Facebook dat niet wou doen. Moedige beslissingen kunnen zowel op strategisch, als op tactisch niveau plaatsgrijpen.

Tactische beslissingen kunnen tot op klantenniveau moed vragen. Als je bedrijf er alles aan doet om klanten gelukkig te maken, maar je merkt dat het bij één bepaalde klant niet blijkt te werken, dan mag je beslissen om die klant niet meer te helpen.
Soms is het beter om een klantenrelatie te verbreken. Een klantenrelatie die negatieve energie veroorzaakt voor het team en het bedrijf en waarbij je met de beste wil van de wereld geen resultaat kunt boeken, is misschien gewoon geen goede match. Zelfs al brengt die klant omzet mee, dan nog kan het een heel goede beslissing zijn om er afscheid van te nemen.
Uiteraard vergt het de meeste moed om moeilijke beslissingen op strategisch bedrijfsniveau te nemen. En het allermoeilijkste is een cultuur ontwikkelen waarbij iedereen van nature *'the right thing'* zal doen.

Er is een duidelijk verschil tussen ethisch correct zijn en je verantwoordelijkheid nemen. Uiteraard overlappen beide elkaar, maar het zijn twee verschillende dimensies. Een bedrijf kan perfect ethisch correct zijn tegenover klanten en medewerkers, maar zijn sterktes niet gebruiken om de maatschappij te verbeteren.
Verantwoordelijkheid nemen betekent je nek durven uitsteken. Het wil zeggen dat je als onderneming een opinie hebt en dat je die met al je daden concreet weet te maken. Een dergelijke cultuur maakt geen gebruik van businesscases om bepaalde ethische keuzes te maken. Op het moment dat een moeilijke keuze zich opdringt, volgen bedrijven met een dergelijke cultuur hun instinct en doen ze gewoon wat moet, zelfs al heeft dat (op korte termijn) negatieve gevolgen voor de resultaten.
Als je een *offer you can't refuse* wilt aanbieden aan klanten, zullen die op zekere dag kijken in welke mate je bedrijf consistent trouw is gebleven aan de mindset waarmee je in goede tijden te koop loopt. Het is tijdens de slechte tijden dat je écht kunt zien of iemand in staat is om *responsible choices* te maken.

Tot slot. Ik kan niet wachten!

Je bent aan het einde van mijn boek. Super dat je het helemaal uitgelezen hebt. Ik kan niet wachten om te lezen, te horen en te zien hoe jullie de nieuwe ideeën in de praktijk zullen brengen.
Ik ben benieuwd met welke ideeën jullie *friction hunters* op de proppen zullen komen. Hun input zal ongetwijfeld helpen om de convenience naar een hoger niveau te tillen. Dat is de eerste stap van de filosofie: ervoor zorgen dat het transactionele zo optimaal mogelijk functioneert.
Brainstorms over de *partner-in-life*-filosofie zijn de allerleukste. Daarbij kun je nadenken over diensten die verder gaan dan je product. Daarbij kun je dromen over de perfecte customerservice, rekening houdend met de mens achter de klant. Deze tweede stap van de filosofie biedt een groot potentieel om echt een bredere en meer volledige service aan te bieden aan klanten.
Ten slotte hoop ik dat velen onder jullie de verantwoordelijkheid zullen opnemen om een positieve impact te realiseren voor de maatschappij. Werk hierbij niet met een fluffy *purpose*, waar alle bestaande activiteiten van je bedrijf onder passen, maar zoek naar een concreet maatschappelijk probleem, waarbij je deel van de oplossing kunt zijn. Het zorgt voor zo veel positieve energie. Dat is de derde stap van de Offer You Can't Refuse-filosofie.
Waar ik heel benieuwd naar ben, is hoe jullie de filosofie zowel voor klanten als voor medewerkers zullen toepassen.
Ik kan niet wachten om jullie impact te zien, lieve lezers. Ik wens jullie heel veel enthousiasme, positieve energie en mooie resultaten toe, tijdens het uitwerken van jullie eigen Offer You Can't Refuse-strategie.

Dankjewel

Een boek schrijven vind ik een van de spannendste zaken uit mijn professionele leven. *The Offer You Can't Refuse* is mijn vijfde managementboek, maar de spanning en de kriebels in de buik blijven net dezelfde als bij het afwerken van mijn eerste boek. Elke keer hoop ik dat de reacties positief zullen zijn. Elke keer hoop ik mensen te inspireren en aan te zetten om op een andere manier over klanten na te denken.

Het proces om een boek te schrijven, ziet er bij mij nu al vijf keer hetzelfde uit. Ongeveer twaalf maanden voor het schrijven start, begin ik met het denk- en researchproces. Eens dat afgerond is, kan het schrijven starten. Daarna geef ik het manuscript in de handen van mijn uitgever, die er dan een prachtig boek van weet te maken.

In elk van deze fasen – research, schrijven, publiceren – heb ik het genoegen te kunnen samenwerken en inspiratie te mogen ontvangen van heel wat slimme, positieve en creatieve mensen. Ik wil heel graag iedereen die mij het voorbije jaar geholpen heeft om tot dit resultaat te komen, uitdrukkelijk bedanken.

Het voorbije jaar heb ik kunnen samenwerken met een schitterend researchteam, om de inhoud scherp te krijgen. Bedankt, Laurence Van Elegem en Cédric Gilissen, voor jullie passie, inzicht, harde werk en hulp bij alle mogelijke inhoudelijke aspecten. Ik heb enorm veel appreciatie voor jullie bijdrage aan dit boek.

Een grote dankjewel aan de mensen die creativiteit toevoegen aan mijn content. Karl Demoen is al tien jaar mijn vaste designer. Hij slaagt er als geen ander in om mijn ideeën op een krachtige manier en in echte 'Stevenstijl' te vertalen. Bedankt daarvoor, Karl. Wat een plezier om samen te werken. Verder bedankt aan Piet Goddaer, beter bekend als de artiest Ozark Henry, om de sound van dit boek te componeren. Ik ben ongelooflijk trots dat we dit samen konden doen en zo het eerste managementboek met soundtrack op de markt brengen. Superbedankt, Piet!

Peter Hinssen, bedankt voor het sterke hoofdstuk dat je geschreven hebt in dit boek. Het is een eer en een genoegen om al meer dan acht jaar met jou te mogen samenwerken, samen bedrijven te mogen inspireren, samen te mogen ondernemen en samen de wereld te mogen verkennen.

Graag wil ik mijn goede vriend, mentor en eerste werkgever bedanken. Professor dr. Rudy Moenaert (Tias Business School) heeft mij geleerd om kritisch naar de wereld te kijken. Bovendien gooide Rudy mij meteen in het diepe water door me twee maanden nadat ik was afgestudeerd les te laten geven op de Vlerick Business School. Dankzij hem heb ik echt geleerd goede presentaties te geven.

Dankjewel aan mijn twee uitgevers. De voorbije jaren hebben we op een schitterende manier samengewerkt. Dank aan de teams bij LannooCampus en Van Duuren Management, in het bijzonder bedankt aan Niels Janssens, Hilde Van Mechelen en Roderik Teunissen.

Dank aan alle fijne collega's, partners bij Snackbytes, nexxworks, de Vlerick Business School en Intracto. Sam Berteloot, Matthias De Clercq, Julie Vens-De Vos, Marion Debruyne en Pieter Janssens: jullie hebben fantastische teams om mee samen te werken. Ook mijn vroegere collega's bij InSites Consulting blijven mij helpen met mijn verhalen. Mijn grote dank gaat uit naar Kristof De Wulf en Tim Duhamel voor de steun, de vriendschap en de jarenlange samenwerking.

Ter voorbereiding van dit boek heb ik honderden bedrijven bezocht. Elk ervan wil ik bedanken voor zijn openheid. Verder heb ik een groep mensen specifiek mogen interviewen, dus ook aan hen een speciaal woord van dank: professor dr. Filip Caeldries (Tias Business School), Philippe Rogge (CEO Microsoft CEE), Tom Debruyne (CEO Sue Amsterdam), Albert Spijkman, Yvette Stegeman, Peggy Spaapen (Centraal Beheer), Ynzo Van Zanten (evangelist Tony's Chocolonely's), Tien Tzuo (CEO Zuora), Herman Toch (CEO Flrish), Thierry Geerts (CEO Google Belgium), Nico Van de Walle (circular economy manager Verstraete IML) en Steffen Kragh (CEO Egmont).

De grootste dank gaat uit naar mijn gezin. Normaal gezien was ik van plan om dit boek te schrijven terwijl ik de wereld rond zou vliegen, van Australië naar Kuala Lumpur naar Panama en terug naar Europa. In het voorjaar van 2020 waren er tal van presentaties gepland, in alle hoeken van de wereld. Mijn idee was om de vele uren in luchthavens, hotels en vliegtuigen te gebruiken om dit verhaal neer te pennen. COVID-19 heeft die plannen echter veranderd. Ik heb dit boek dus geschreven vanuit ons huis in Knesselare, België. Het was een leuke, soms uitdagende, af en toe stresserende, maar in het algemeen bijzonder fijne ervaring om een boek te schrijven in het bijzijn van mijn vrouw en kinderen, Siebe (elf) en Mathis (negen).

Al mijn teksten gaan eerst door de handen van Evi. Als geen ander kan ze teksten vlot leesbaar maken, fouten detecteren, onlogische gedachten aanduiden en op een goede manier de oplossing aanreiken. Het is een plezier om zo te kunnen samenwerken. Als tweede lezer kan ik trouwens al tien jaar een beroep doen op mijn papa, Pol Van Belleghem. Bedankt voor de hulp, papa.

Onze kinderen raken ook steeds meer geïnteresseerd in wat ik doe. Beiden zijn geboeid door innovatie en wetenschap. Zonder het te weten, zorgen ze voor een dagelijkse bron van inspiratie. Observeren hoe zij dingen bekijken en wat ze de normaalste zaak van de wereld vinden, is een fantastische manier om te leren kijken naar de wereld. Ik heb een fantastisch gezin en ik ben daar heel dankbaar voor.

Ten slotte wil ik elk van jullie bedanken. Bedankt om mijn boek te lezen. Bedankt om mij misschien al lang te volgen op Facebook, YouTube, Instagram, LinkedIn, Twitter of tijdens de diverse presentaties. De energie die ik krijg van het publiek is een van mijn belangrijkste energiebronnen. Grote dank daarvoor.

Steven

Eindnoten

1 https://www.edelman.com/trustbarometer
2 https://sciencebasedtargets.org/2019/09/22/87-major-companies-lead-the-way-towards-a-1-5c-future-at-un-climate-action-summit/
3 https://www.fastcompany.com/90459443/what-will-it-take-for-the-75-of-companies-that-dont-have-climate-commitments-to-step-up
4 https://www.bnnbloomberg.ca/shopify-surges-after-cto-touts-black-friday-level-traffic-1.1423058
5 https://www.microsoft.com/en-us/microsoft-365/blog/2020/04/30/2-years-digital-transformation-2-months/
6 https://www.sciencealert.com/one-third-of-the-world-s-population-are-now-restricted-in-where-they-can-go
7 https://venturebeat.com/2020/04/02/zooms-daily-active-users-jumped-from-10-million-to-over-200-million-in-3-months/
8 https://www.cnbc.com/2018/11/06/starbucks-ceo-were-going-to-apply-to-the-us-what-we-learned-in-china.html
9 https://www.forbes.com/sites/jonbird1/2019/01/15/roasted-how-china-is-showing-the-way-for-starbucks-u-s/#609405a9d443
10 https://www.fastcompany.com/90298866/meituan-grab-most-innovative-companies-2019
11 https://www.nytimes.com/2020/04/30/world/asia/coronavirus-poverty-unemployment.html
12 https://ourworldindata.org/wrong-about-the-world
13 http://www.shaperssurvey2017.org
14 Accenture's Fjord Trends 2020 Report.
15 McKinsey Quarterly, Five ways that ESG creates value, november 2019.
16 https://www.lseg.com/resources/1000-companies-inspire/2018-report-1000-companies-europe/food-drink/max-burgers
17 Carlota Perez, Technological revolutions and financial capital, 2002.
18 https://www.theguardian.com/technology/2019/jan/20/shoshana-zuboff-age-of-surveillance-capitalism-google-facebook
19 https://musically.com/2020/02/05/spotify-ended-2019-with-271m-listeners-and-124m-subscribers/
20 https://www.dailymail.co.uk/sciencetech/article-472032/Illegal-music-downloads-hit-time-high.html
21 https://scitechdaily.com/food-waste-study-reveals-much-fridge-food-goes-there-to-die/
22 https://www.verstraete-iml.com/nl/wat-is-iml
23 https://www.theguardian.com/science/2019/dec/04/china-gene-edited-baby-experiment-may-have-created-unintended-mutations
24 Ericsson Mobility Report, www.ericsson.com/mobility-report
25 https://www.zdnet.com/article/south-korea-secures-4-million-5g-subscribers/
26 Netflixcijfers.
27 Accenture's Fjord Trends 2020 Report.
28 Report MIT SMR SAS 2020.
29 https://cmo.adobe.com/articles/2019/10/can-quantum-computing-one-day-solve-all-of-our-business-problems.html#gs.0226xp
30 https://www.nature.com/articles/s41586-019-1666-5
31 https://time.com/5708220/google-quantum-supremacy/
32 https://www.tenfold.com/IT/the-vast-and-far-reaching-applications-of-quantum-computing
33 https://www.tijd.be/tech-media/technologie/de-meest-baanbrekende-technologie-ooit/10088681.html
34 https://ifr.org/ifr-press-releases/news/top-trends-robotics-2020
35 https://ifr.org/downloads/press2018/2019-09-18_Press_Release_IFR_World_Robotics_2019_Industrial_Robots_English.pdf
36 https://www.cnbc.com/2020/03/02/the-rush-to-deploy-robots-in-china-amid-the-coronavirus-outbreak.html
37 https://technode.com/2020/02/07/jd-completes-first-unmanned-delivery-for-coronavirus-aid-in-wuhan/
38 https://www.statista.com
39 https://medium.com/voiceui/journey-to-the-global-voice-market-the-us-europe-china-and-russia-8b47a4c3f8e
40 Business Insider Smart Speaker Report January 2020.
41 McKinsey, Tech For Good research 2019, https://www.mckinsey.com/featured-insights/future-of-work/five-fifty-tech-for-the-greater-good
42 https://sloanreview.mit.edu/article/dating-disruption-how-tinder-gamified-an-industry/
43 https://techcrunch.com/2019/03/25/mcdonalds-acquires-dynamic-yield/
44 https://www.brafton.com/news/95-percent-of-web-traffic-goes-to-sites-on-page-1-of-google-serps-study/
45 https://hbr.org/2018/10/do-people-trust-algorithms-more-than-companies-realize
46 https://blog.ycombinator.com/the-hidden-forces-behind-toutiao-chinas-content-king/
47 https://www.statista.com/statistics/546894/number-of-amazon-prime-paying-members/
48 https://finance.yahoo.com/news/amazon-prime-members-59-percent-of-us-households-rbc-150743767.html
49 http://www.netimperative.com/2020/01/27/the-top-5-fastest-growing-neobanks-of-2019/
50 https://monzo.com/blog/monzo-in-2020-looking-back
51 https://www.japantimes.co.jp/news/2020/03/24/business/corporate-business/toyota-ntt-smart-city/#.XpbDZC9Y7Vk
52 https://voicebot.ai/2019/10/01/amazon-alexa-has-100k-skills-but-momentum-slows-globally-here-is-the-breakdown-by-country/

53 https://automotive-online.nl/management/laatste-nieuws/internationaal/26668-bmw-en-daimler-clusteren-mobiliteit-in-your-now
54 https://expandedramblings.com/index.php/grab-facts-statistics/
55 https://www.weforum.org/agenda/2020/03/todays-coronavirus-updates/
56 2020 Edelman Trust Barometer.
57 https://www.businessinsider.com/lego-goggles-protective-a-day-for-coronavirus-outbreak-ppe-2020-4?international=true&r=US&IR=T
58 Brand authenticity: An integrative framework and measurement scale, journal of consumer pshychology, april 2015.
59 http://www.millwardbrown.com/mb-global/our-thinking/articles-opinion/articles/brandz/global/2019/people-prefer-brands-they-can-depend-on-to-do-the-right-thing
60 https://www.statista.com/chart/17646/americans-trust-in-facebook/
61 https://techcrunch.com/2019/10/30/zuckerberg-political-ads/
62 https://www.fastcompany.com/90399316/one-year-later-what-did-we-learn-from-nikes-blockbuster-colin-kaepernick-ad
63 https://www.forbes.com/sites/greatspeculations/2020/01/29/will-mastercard-miss-earnings-expectations-for-fy19/#65d5a7d477e9
64 https://nexxworks.com/blog/strategy-structure-and-leadership-are-the-holy-trinity-of-disruptive-innovation-interview
65 The relationship between employee satisfaction and customer satisfaction, Journal of Services Marketing 26, juli 2012, Hoseong Jeon en Beomjoon Choi.
66 PWC 2020 HR Technology Survey: https://www.pwc.com/us/en/library/workforce-of-the-future/hr-tech-survey.html
67 PWC 2020 HR Technology Survey: https://www.pwc.com/us/en/library/workforce-of-the-future/hr-tech-survey.html
68 https://www.mckinsey.com/business-functions/organization/our-insights/attracting-and-retaining-the-right-talent
69 https://www.vdab.be/sites/web/files/doc/trends/Knelpuntberoepen%202020.pdf
70 McKinsey Global Survey: War For Talent.
71 Deloitte Global Human Capital Trends.
72 Deloitte University Press.
73 https://nl.wikipedia.org/wiki/General_Electric
74 https://www2.deloitte.com/us/en/insights/deloitte-review/issue-16/employee-engagement-strategies.html#endnote-44
75 https://www2.deloitte.com/us/en/insights/deloitte-review/issue-16/employee-engagement-strategies.html#endnote-45
76 Wellbeing = winst, Ann De Bisschop.
77 https://business.linkedin.com/talent-solutions/blog/trends-and-research/2018/linkedin-research-perks-benefits-employees-care-about
78 https://hbr.org/cover-story/2019/03/how-employers-are-fixing-health-care
79 https://www.willistowerswatson.com/en-US/insights/2018/01/high-performance-insights-health-care-delivery
80 https://hbr.org/cover-story/2019/03/how-employers-are-fixing-health-care
81 https://www.businessinsider.com/apple-color-bring-genetic-testing-to-employees-2019-12?international=true&r=US&IR=T
82 https://hbr.org/2016/10/the-performance-management-revolution
83 https://hrexecutive.com/future-of-feedback/
84 https://www.pwc.com/m1/en/services/consulting.html
85 https://www.forbes.com/sites/workday/2016/05/05/workforce-2020-what-you-need-to-know-now/#7da7bb0a2d63
86 https://solarbuildermag.com/news/survey-employees-more-likely-to-work-for-company-with-sustainability-programs/
87 https://www.cmo.com.au/article/641639/how-adobe-cio-turning-her-team-into-customer-employee-experience-orchestrators/
88 https://hbr.org/2017/03/why-the-millions-we-spend-on-employee-engagement-buy-us-so-little
89 https://www.kincentric.com/-/media/kincentric/pdfs/kincentric_2019_trends_global_employee_engagement.pdf
90 https://hbr.org/2017/03/why-the-millions-we-spend-on-employee-engagement-buy-us-so-little
91 Interview met Steve Jobs in Playboy, februari 1985.
92 https://www.tesla.com/blog/introducing-Tesla-insurance
93 https://www.reuters.com/article/us-southkorea-virtualreality-reunion/south-korean-mother-given-tearful-vr-reunion-with-deceased-daughter-idUSKBN2081D6
94 https://www.labelinsight.com/Transparency-ROI-Study
95 Journal of Business Ethics, september 2013.
96 https://en.wikipedia.org/wiki/Veja_Sneakers
97 https://project.veja-store.com/en/story/
98 https://project.veja-store.com/en/single/limits
99 https://www.theverge.com/2020/4/8/21214236/disney-plus-50-million-subscribers-international-europe-india-netflix